선생님이 강력 추천하는

국어

개념+ PLUS 단원평가

4-1

민들레에게는
하얀 씨앗을 더 멀리 퍼뜨리고 싶은 꿈이 있고,

연어에게는
고향으로 돌아가 알알이 붉은 알을 낳고 싶은 꿈이 있습니다.

여러분도 가지각색의 아름다운 꿈을 가지고 있지요?
꿈을 향한 마음으로
좋은 결과를 얻기 위해 달려 보아요.

여러분의 그 아름답고 소중한 꿈을 응원합니다.

구성과 특징

권두 부록

국어 활동 + 핵심잡는 생각그물

『국어 활동』의 내용을 확인하고, 단원별 핵심 내용을 생각그물로 나타내었습니다.

1. 단원 요점 정리

교과서 내용 가운데 가장 중요하고 중심이 되는 내용을 보기 쉽게 정리했습니다.

2. 개념을 확인해요

교과서 개념에 대한 주요 내용을 간단한 문제를 통하여 확인할 수 있습니다.

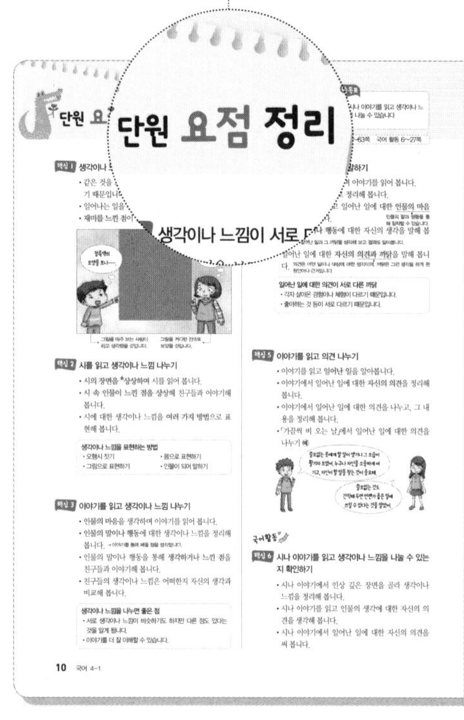

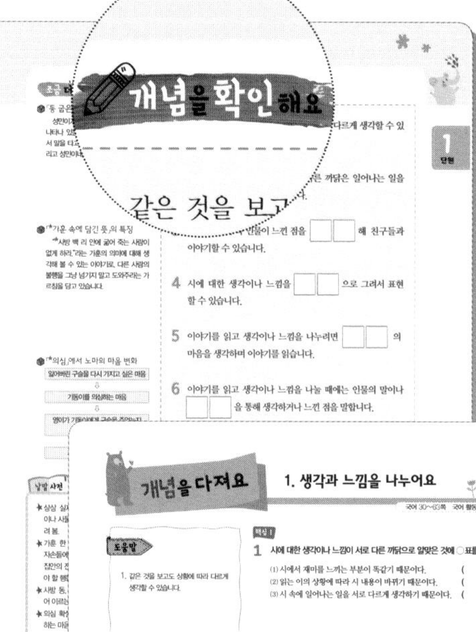

3. 개념을 다져요

꼭 알아야 할 기본 개념이나 원리와 관련된 문제로 꾸몄습니다.

4. 단원 평가 도전 실전

여러 가지 유형의 문제를 단원별로 구성하고, 도전, 실전으로 난이도를 구분하여 학습 목표를 이룰 수 있도록 하였습니다.

1회 단원 평가 도전 1. 생각과 느낌을 나누어요

5. 창의 서술형 문제

서술형 평가에 대비할 수 있도록 다양한 문제로 구성하였습니다.

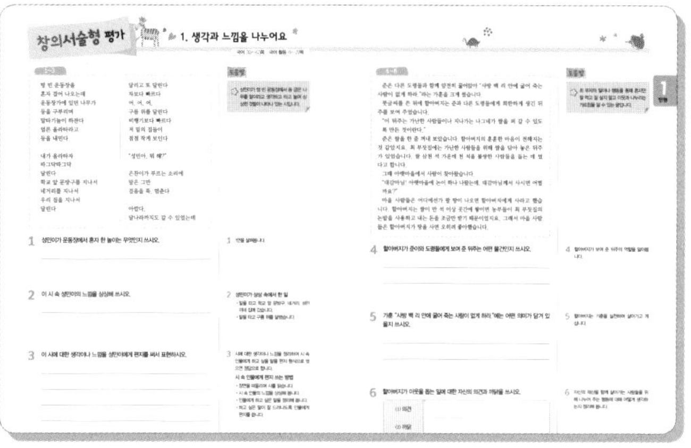
창의서술형 평가 1. 생각과 느낌을 나누어요

6. 100점 예상문제

핵심만 콕콕 짚어 중간 범위, 기말 범위, 전체 범위로 구분하여 구성하였습니다.

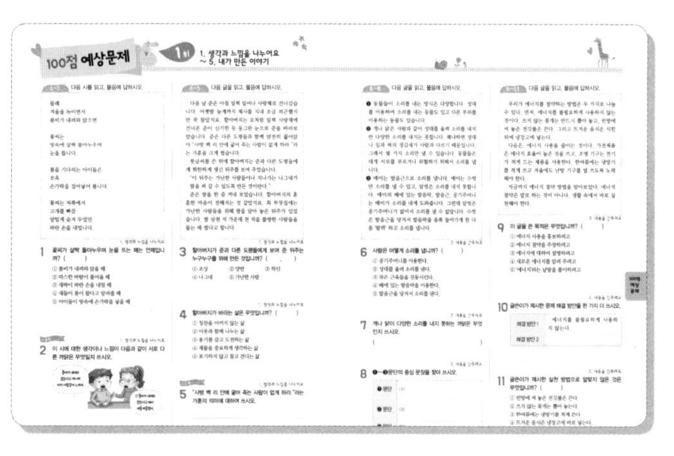
100점 예상문제 1회 1. 생각과 느낌을 나누어요 ~ 5. 내가 만든 이야기

별책 부록

정답과 풀이

스스로 학습할 수 있도록 문제마다 자세한 풀이를 넣었으며 '더 알아볼까요!' 코너를 두어 문제를 정확하고 쉽게 이해할 수 있도록 하였습니다.

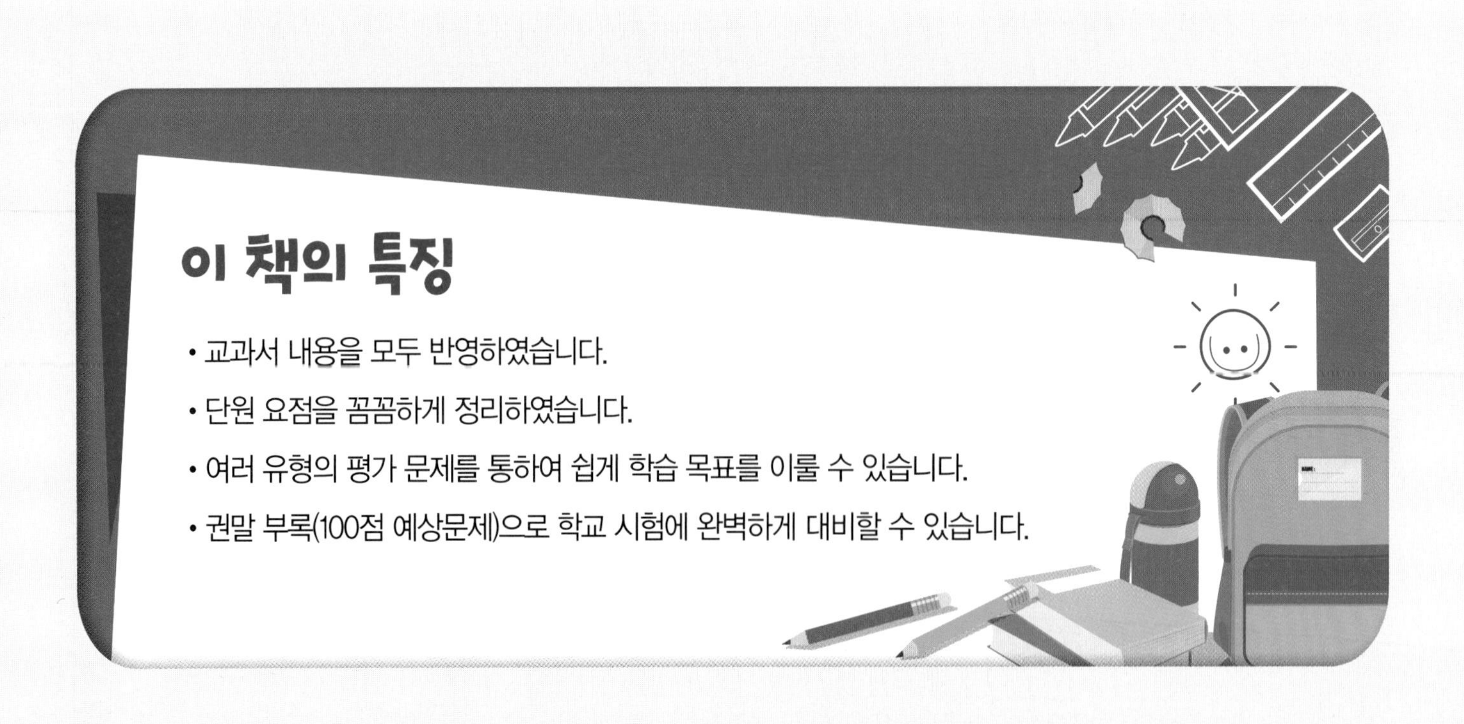
이 책의 특징
• 교과서 내용을 모두 반영하였습니다.
• 단원 요점을 꼼꼼하게 정리하였습니다.
• 여러 유형의 평가 문제를 통하여 쉽게 학습 목표를 이룰 수 있습니다.
• 권말 부록(100점 예상문제)으로 학교 시험에 완벽하게 대비할 수 있습니다.

차례

국어 4-1

3~4 학년군

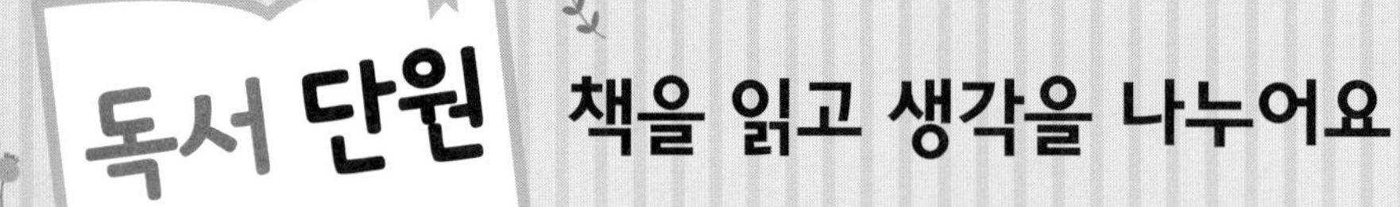

독서 단원 책을 읽고 생각을 나누어요

학습목표
책을 꼼꼼히 읽고 중요한 내용이나 인물에 대하여 말할 수 있습니다.

독서 준비 〉 읽을 책을 정하고 내용 예상하기

읽을 책 정하기

책을 골랐던 경험을 떠올려 보고 읽은 책을 정해 봅시다.

경험 나누기	• 자신이 평소에 책을 고를 때 어떤 것을 생각하는지 떠올려 보고 모두 표시해 본다. • 자신이 읽을 책을 골랐던 경험을 친구들과 나누고 그 방법으로 책을 골랐을 때 좋았던 점과 아쉬웠던 점을 이야기해 본다.	
책 찾아보기	학교 도서관 ▶ 	서점 ▶ 
누구와 읽을지 정하기	 자신이 읽고 싶은 책을 혼자 골라 읽는다.	 짝과 읽고 싶은 책을 함께 골라 읽는다. /  모둠 친구들과 의논해 읽고 싶은 책을 함께 골라 읽는다.
읽을 책 결정하기	• 읽고 싶은 책이 여러 권 있을 때에는 좀 더 자세히 살펴보고 결정해 본다. • 자신이 그 책을 읽고 싶은 까닭을 생각해서 결정해 본다.	

책의 차례와 글을 훑어보고 내용 예상하기

책의 차례, 글과 그림을 살펴보면서 무슨 내용일지 예상해 봅시다.

차례

• 차례를 살펴보면 어떤 내용이 나올지 짐작할 수 있습니다.
• 책을 훑어보고 어떤 내용이 나올지 짐작해 봅니다.

독서 〉 책 읽기 방법을 정하고 국어사전을 활용하며 읽기

읽기 방법 정하기

책을 어떤 방법으로 읽을지 정해 봅시다.

선생님께서 읽어 주시는 내용 듣기

혼자 소리 내지 않고 읽기

다른 모둠과 번갈아 가며 읽기

친구와 번갈아 가며 읽기

국어사전을 활용하며 책 읽기

국어사전에서 낱말을 찾아 가며 책을 읽어 봅시다.

뜻을 모르는 낱말을 짐작하며 읽기	• 궁금한 내용을 생각하며 읽는다. • 질문에 대한 답을 생각하며 읽는다.	• 읽다가 뜻을 모르는 낱말이 나오면 국어사전에서 정확한 뜻을 찾아 가며 읽어 본다.
낱말의 뜻 찾으며 읽기	• 어려운 낱말이 있으면 표시해 본다. • 앞뒤 글을 읽으며 낱말의 뜻을 짐작한다.	

독서 후 〉 책 내용을 간추리고 생각 나누기

책 내용 간추리기

책 한 권을 끝까지 읽고 책 내용을 간추려 봅시다.

- 설명하는 글은 설명하는 대상을 중심으로 중요한 내용을 정리한 뒤에 관련 있는 내용을 덧붙이며 간추립니다.
- 이야기 글은 인물이 한 일을 생각하며 사건의 흐름에 따라 간추려 봅니다.

생각 나누기

다음 활동 가운데에서 하나를 골라 해 봅시다.

- 생각그물 그리기 – 책을 읽고 중요한 내용 정리하기
- 이런 점이 좋아요, 이런 점을 고쳐요 – 책 속 인물을 칭찬하거나 인물이 고칠 점을 이야기하기
- 등장인물 소개하기 – 등장인물의 인상 깊은 점 정리하기

1. 생각과 느낌을 나누어요

학습목표

시나 이야기를 읽고 생각이나 느낌을 나눌 수 있습니다

국어 30~63쪽 국어 활동 6~27쪽

핵심 1 생각이나 느낌이 서로 다른 까닭 말하기

- 같은 것을 보고도 상황에 따라 다르게 생각할 수 있기 때문입니다.
- 일어나는 일을 서로 다르게 생각했기 때문입니다.
- 재미를 느낀 점이 달랐기 때문입니다.

그림을 마주 보는 사람이라고 생각했을 것입니다.

그림을 커다란 잔으로 보았을 것입니다.

핵심 2 시를 읽고 생각이나 느낌 나누기

- 시의 장면을 *상상하며 시를 읽어 봅니다.
- 시 속 인물이 느낀 점을 상상해 친구들과 이야기해 봅니다.
- 시에 대한 생각이나 느낌을 여러 가지 방법으로 표현해 봅니다.

생각이나 느낌을 표현하는 방법
- 오행시 짓기
- 몸으로 표현하기
- 그림으로 표현하기
- 인물이 되어 말하기

핵심 3 이야기를 읽고 생각이나 느낌 나누기

- 인물의 마음을 생각하며 이야기를 읽어 봅니다.
- 인물의 말이나 행동에 대한 생각이나 느낌을 정리해 봅니다. → 이야기를 통해 배울 점을 생각합니다.
- 인물의 말이나 행동을 통해 생각하거나 느낀 점을 친구들과 이야기해 봅니다.
- 친구들의 생각이나 느낌은 어떠한지 자신의 생각과 비교해 봅니다.

생각이나 느낌을 나누면 좋은 점
- 서로 생각이나 느낌이 비슷하기도 하지만 다른 점도 있다는 것을 알게 됩니다.
- 이야기를 더 잘 이해할 수 있습니다.

핵심 4 일어난 일에 대한 의견 말하기

- 인물의 마음을 생각하며 이야기를 읽어 봅니다.
- 일어난 일을 차례대로 정리해 봅니다.
- 이야기를 다시 읽고 일어난 일에 대한 인물의 마음을 정리해 봅니다. (인물의 말과 행동을 통해 짐작할 수 있습니다.)
- 인물의 말이나 행동에 대한 자신의 생각을 말해 봅니다. → 일어난 일과 그 까닭을 생각해 보고 결과도 알아봅니다.
- 일어난 일에 대한 자신의 의견과 까닭을 말해 봅니다. (의견은 어떤 일이나 대상에 대한 생각이며, 까닭은 그런 생각을 하게 된 원인이나 근거입니다.)

일어난 일에 대한 의견이 서로 다른 까닭
- 각자 살아온 경험이나 체험이 다르기 때문입니다.
- 좋아하는 것 등이 서로 다르기 때문입니다.

핵심 5 이야기를 읽고 의견 나누기

- 이야기를 읽고 일어난 일을 알아봅니다.
- 이야기에서 일어난 일에 대한 자신의 의견을 정리해 봅니다.
- 이야기에서 일어난 일에 대한 의견을 나누고, 그 내용을 정리해 봅니다.
- 「가끔씩 비 오는 날」에서 일어난 일에 대한 의견을 나누기 예

국어활동

핵심 6 시나 이야기를 읽고 생각이나 느낌을 나눌 수 있는지 확인하기

- 시나 이야기에서 인상 깊은 장면을 골라 생각이나 느낌을 정리해 봅니다.
- 시나 이야기를 읽고 인물의 생각에 대한 자신의 의견을 생각해 봅니다.
- 시나 이야기에서 일어난 일에 대한 자신의 의견을 써 봅니다.

조금 더 알기

「등 굽은 나무」 내용 파악하기

성민이가 나무에 올라타 상상한 일이 나타나 있는 시로, 성민이는 상상 속에서 말을 타고 학교 앞 문방구, 네거리 그리고 성민이네 집에 갑니다.

「★가훈 속에 담긴 뜻」의 특징

"★사방 백 리 안에 굶어 죽는 사람이 없게 하라."라는 가훈의 의미에 대해 생각해 볼 수 있는 이야기로, 다른 사람의 불행을 그냥 넘기지 말고 도와주라는 가르침을 담고 있습니다.

「★의심」에서 노마의 마음 변화

잃어버린 구슬을 다시 가지고 싶은 마음
⇩
기동이를 의심하는 마음
⇩
영이가 기동이에게 구슬을 주었는지 확인하고 싶은 마음
⇩
기동이에게 미안한 마음

낱말 사전

★**상상** 실제로 경험하지 않은 현상이나 사물에 대하여 마음속으로 그려 봄.

★**가훈** 한 집안의 조상이나 어른이 자손들에게 일러 주는 가르침. 한 집안의 전통적 도덕관(마땅히 지켜야 할 행동)으로 삼기도 함.

★**사방** 동, 서, 남, 북 네 방위를 통틀어 이르는말. 여러 곳.

★**의심** 확실히 알 수 없어서 믿지 못하는 마음.

개념을 확인해요

1 같은 것을 보고도 ☐☐에 따라 다르게 생각할 수 있습니다.

2 생각이나 ☐☐이 서로 다른 까닭은 일어나는 일을 서로 다르게 생각했기 때문입니다.

3 시를 읽고 시 속 인물이 느낀 점을 ☐☐해 친구들과 이야기할 수 있습니다.

4 시에 대한 생각이나 느낌을 ☐☐으로 그려서 표현할 수 있습니다.

5 이야기를 읽고 생각이나 느낌을 나누려면 ☐☐의 마음을 생각하며 이야기를 읽습니다.

6 이야기를 읽고 생각이나 느낌을 나눌 때에는 인물의 말이나 ☐☐을 통해 생각하거나 느낀 점을 말합니다.

7 일어난 일에 대한 의견을 말할 때에는 이야기에서 일어난 일에 따라 인물의 ☐☐을 생각합니다.

8 일어난 일에 대한 의견을 말할 때에는 그 ☐☐을 함께 말해야 합니다.

9 일어난 일에 대한 의견이 서로 다른 까닭은 각자 살아온 경험이나 ☐☐이 다르기 때문입니다.

10 이야기를 읽고 의견을 나눌 때에는 이야기에서 일어난 일에 대한 자신의 ☐☐을 정리합니다.

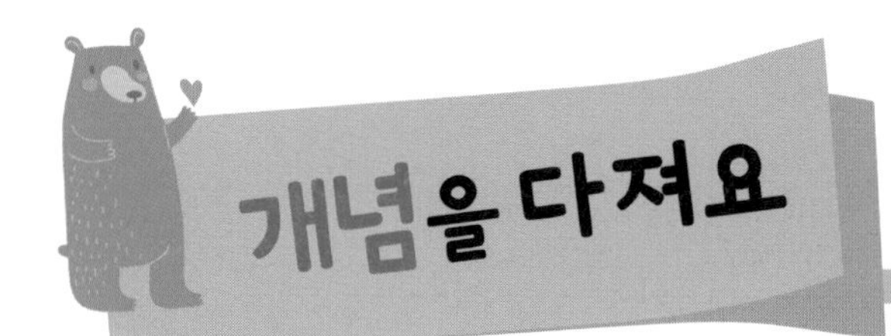

1. 생각과 느낌을 나누어요

국어 30~63쪽 국어 활동 6~27쪽

도움말

1. 같은 것을 보고도 상황에 따라 다르게 생각할 수 있습니다.

2. '오행시'는 다섯 행으로 이루어진 시를 말합니다.

3. 이야기의 내용에 대한 자신의 생각이나 느낌을 이야기하는 과정에서 인물에 대한 생각이나 느낌이 서로 다른 까닭을 알아볼 수 있습니다.

핵심 1

1 시에 대한 생각이나 느낌이 서로 다른 까닭으로 알맞은 것에 ○표를 하시오.

(1) 시에서 재미를 느끼는 부분이 똑같기 때문이다. ( )

(2) 읽는 이의 상황에 따라 시 내용이 바뀌기 때문이다. ( )

(3) 시 속에 일어나는 일을 서로 다르게 생각하기 때문이다. ( )

핵심 2

2 시 「등 굽은 나무」를 읽고 생각이나 느낌을 표현한 것입니다. 어떤 방법으로 표현했습니까? ( )

등: 등 굽은 나무는
굽: 굽은 허리로 일하시는
은: 은빛 머리
나: 나의 할머니처럼
무: 무척 포근하다

① 오행시 짓기
② 몸으로 표현하기
③ 그림으로 표현하기
④ 인물이 되어 말하기
⑤ 인물에게 편지 쓰기

핵심 3

3 이야기를 읽고 생각이나 느낌을 나누면 어떤 점이 좋습니까? ( )

① 서로 생각이 비슷해진다.
② 다른 생각을 무시할 수 있다.
③ 자신의 생각을 강요할 수 있다.
④ 이야기를 더 잘 이해할 수 있다.
⑤ 주제를 하나로 통일시킬 수 있다.

핵심 4

4 이야기를 읽고 자신의 의견을 말한 것입니다. 의견과 까닭으로 나누어 기호를 쓰시오.

> ㉠노마가 기동이를 의심하기는 했지만 안타까운 마음에 저지른 실수라고 생각합니다. ㉡자기가 소중히 여기는 물건을 잃어버렸을 때에는 누구나 속상하기 때문입니다.

(1) 의견: (　　　　　)　　　　(2) 까닭: (　　　　　)

핵심 5

5 이야기를 읽고 의견을 나누는 방법으로 알맞지 않은 것은 무엇입니까? (　　　)

① 인물의 마음을 생각해 본다.
② 일어난 일과 그 까닭을 알아본다.
③ 인물의 말에 대한 생각을 정리해 본다.
④ 일어난 일에 대한 자신의 의견을 말한다.
⑤ 의견을 말할 때에는 쉬운 낱말보다는 어려운 낱말을 쓴다.

핵심 6

6 다음은 이야기를 읽고 무엇에 대한 생각이나 느낌을 썼는지 알맞은 것에 ○표를 하시오.

> 보청기를 빼서 인사말을 듣지 못하신 할아버지를 그냥 지나친 영우가 무례한 것 같다. 나였다면 할아버지께서 계신 곳으로 가까이 다가가 인사를 드렸을 것이다.

(1) 감각적 표현에 대한 생각이나 느낌을 썼다. (　　　)
(2) 이야기의 제목에 대한 생각이나 느낌을 썼다. (　　　)
(3) 인상 깊은 장면에 대한 생각이나 느낌을 썼다. (　　　)

4. 의견은 어떤 일이나 대상에 대한 생각이고, 까닭은 그런 생각을 하게 된 원인이나 근거입니다.

5. 이야기를 읽고 의견을 나누려면 인물의 마음, 일어난 일, 결과 등 이야기를 잘 이해하고 있어야 합니다.

6. 글쓴이는 이야기 속에서 영우가 할아버지를 만난 부분에 대해 자신의 생각이나 느낌을 씁니다.

1회 단원 평가

1. 생각과 느낌을 나누어요

1~3 다음 그림을 보고, 물음에 답하시오.

1 여자아이는 어떤 색의 모양을 보며 그림을 보았는지 쓰시오.

( )

2 남자아이는 그림을 무엇으로 보았겠습니까? ( )

① 커다란 유리잔
② 마주 보는 사람
③ 장구를 치는 사람
④ 손잡이가 달린 트로피
⑤ 하늘을 나는 새 두 마리

3 같은 그림을 본 두 아이의 생각이 다른 까닭으로 알맞은 것을 두 가지 고르시오. (,)

① 키가 서로 다르기 때문이다.
② 성별이 서로 다르기 때문이다.
③ 서 있는 곳이 서로 다르기 때문이다.
④ 그림을 보고 느낀 점이 서로 다르기 때문이다.
⑤ 그림 속 상황을 서로 다르게 생각했기 때문이다.

4~5 다음 시를 읽고, 물음에 답하시오.

몰래
겨울을 녹이면서
봄비가 내려와 앉으면

꽃씨는
땅속에 살짝 돌아누우며
눈을 뜹니다.

봄을 기다리는 아이들은
쏘옥
손가락을 집어넣어 봅니다.

꽃씨는 저쪽에서
고개를 빠끔
얄밉게 숨겨 두었던
파란 손을 내밉니다.

「꽃씨」, 김완기

4 이 시에 대한 설명으로 알맞은 것은 어느 것입니까? ( )

① 계절적 배경은 여름이다.
② 꽃씨를 사람같이 표현했다.
③ 가장 많이 반복되는 말은 "빠끔"이다.
④ 겨울을 기다리는 아이들의 마음이 느껴진다.
⑤ "쏘옥"은 새싹이 돋는 모습을 흉내 낸 말이다.

5 이 시에 대한 생각이나 느낌을 알맞게 말한 것에 모두 ○표를 하시오.

(1) 봄비가 내려와 앉는다고 하니까 비가 사람같이 느껴져. ( )
(2) 겨울 풍경의 아름다움을 노래해서 눈꽃 축제에 갔던 일이 생각났어. ( )
(3) 난 봄비가 내려와 앉는다고 해서 새를 떠올렸어. ( )

6~7 다음 시를 읽고, 물음에 답하시오.

텅 빈 운동장을
혼자 걸어 나오는데
운동장가에 있던 나무가
등을 구부리며
말타기놀이하잔다
얼른 올라타라고
등을 내민다

내가 올라타자
따그닥따그닥
달린다
학교 앞 문방구를 지나서
네거리를 지나서
우리 집을 지나서
달린다

달리고 또 달린다
차보다 빠르다
어, 어, 어,
구름 위를 달린다
비행기보다 빠르다
저 밑의 집들이
점점 작게 보인다

「등 굽은 나무」, 김철순

6 '나'는 나무를 무엇이라고 생각했습니까? (   )

① 집 ② 말
③ 친구 ④ 구름
⑤ 비행기

7 이 시에 대한 생각이나 느낌을 다음과 같은 방법으로 표현해 보시오.

인물이 되어 말하기

8~10 다음 글을 읽고, 물음에 답하시오.

다음 날 준은 아침 일찍 일어나 사랑채로 건너갔습니다. 어젯밤 늦게까지 제사를 지내 조금 피곤했지만 꾹 참았지요. 할아버지는 모처럼 일찍 사랑채에 건너온 준이 신기한 듯 동그란 눈으로 준을 바라보았습니다. 준은 다른 도령들과 함께 얌전히 꿇어앉아 "사방 백 리 안에 굶어 죽는 사람이 없게 하라."라는 가훈을 크게 썼습니다.

붓글씨를 쓴 뒤에 할아버지는 준과 다른 도령들에게 희한하게 생긴 뒤주를 보여 주었습니다.

"이 뒤주는 가난한 사람들이나 지나가는 나그네가 쌀을 퍼 갈 수 있도록 만든 것이란다."

준은 쌀을 한 줌 꺼내 보았습니다. 할아버지의 훈훈한 마음이 전해지는 것 같았지요. 최 부잣집에는 가난한 사람들을 위해 쌀을 담아 놓은 뒤주가 있었습니다. 쌀 삼천 석 가운데 천 석을 불쌍한 사람들을 돕는 데 썼다고 합니다.

「가훈 속에 담긴 뜻」, 조은정

8 준이 아침 일찍 일어나 사랑채로 건너가서 한 일은 무엇입니까? (   )

① 밥을 먹었다. ② 가훈을 썼다.
③ 제사를 지냈다. ④ 쌀을 나눠 줬다.
⑤ 글자를 가르쳤다.

9 한 집안의 조상이나 어른이 자손들에게 일러 주는 가르침을 무엇이라고 하는지 찾아 쓰시오.

(   )

10 할아버지는 어떤 사람입니까? (   )

① 몹시 인색한 사람
② 용기가 없는 사람
③ 양보할 줄 모르는 사람
④ 이웃을 도울 줄 아는 사람
⑤ 재산을 중요하게 생각하는 사람

11~15 다음 글을 읽고, 물음에 답하시오.

(가) 어쩌다가 노마는 유리구슬 한 개를 잃어버렸습니다. 아주 이쁘게 생긴 파란 구슬인데요, 어디서 어떻게 하다 잃었는지 아무리 생각해도 모르겠습니다. 아마 토끼처럼 깡충깡충 뛰고 놀다가 흘렸나 하고 우물둔덕에도 가 보았습니다. 거기도 없습니다. 영이하고 나뭇잎을 줍다가 흘렸나 하고 집 뒤 버드나무 밑에도 가 보았습니다. 거기도 없습니다. 아무리 찾아도 연기처럼 아주 없어진 듯이 구슬은 간데를 모르겠습니다.

(나) "너, 이 구슬 다 어디서 났니?"

"어디서 나긴 어디서 나. 다섯 개는 가게서 사고 한 개는 영이가 준 건데, 뭐."

㉠"거짓부렁. 영이가 널 구슬을 왜 줘?"

"그럼 영이한테 가서 물어봐."

그래서 노마와 기동이는 영이를 찾아가기로 했습니다. 담 모퉁이를 돌아서 골목 밖으로 나갔습니다. 그리고 조그만 도랑 앞엘 왔습니다.

그런데 그 도랑물 속에 무엇이 햇빛에 번쩍하는 것이 있습니다. 유리구슬 같습니다. 정말 유리구슬입니다. 바로 노마가 잃어버린 그 구슬입니다.

"네 구슬 여기다 두고, 왜 남보고 집었다고 그러는 거야."

하고, 기동이가 바로 을러메는데도 할 말이 없습니다. ㉡그만 노마는 얼굴이 벌게지고 말았습니다.

「의심」, 현덕

11 노마가 동네 이곳저곳을 다닌 까닭은 무엇입니까? (　　　)

① 영이를 만나려고
② 구슬을 찾으려고
③ 나뭇잎을 주우려고
④ 보물찾기를 하려고
⑤ 숨바꼭질을 하려고

12 노마가 잃어버린 구슬의 생김새는 어떠한지 쓰시오.
(　　　　　　　　　　　　　　　　　　)

주의

13 ㉠의 말에 담긴 마음으로 알맞은 것은 무엇입니까? (　　　)

① 가슴이 벅차다.
② 슬픔이 차오른다.
③ 쥐구멍에라도 숨고 싶다.
④ 믿지 못할 만한 데가 있다.
⑤ 놀라서 어찌할 바를 모르겠다.

14 ㉡처럼 노마의 얼굴이 벌게진 까닭은 무엇이겠습니까? (　　　)

① 구슬을 찾아 기뻤기 때문이다.
② 기동이를 의심한 것이 미안했기 때문이다.
③ 영이를 좋아하는 마음에 들켰기 때문이다.
④ 기동이가 구슬을 내놓기를 바랐기 때문이다.
⑤ 기동이가 자신의 구슬들을 가져갔다고 생각하기 때문이다.

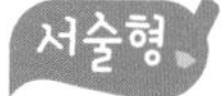

15 노마가 기동이를 의심한 일에 대한 다음 의견에 알맞은 까닭을 쓰시오.

의견	노마가 친구를 의심한 것은 잘못이다.
까닭	

국어활동

1 단원

16 「가끔씩 비 오는 날」을 읽고 일어난 일에 대한 의견을 나누었습니다. 다음 상황에 대한 의견을 말한 친구는 누구인지 이름을 쓰시오.

> 쓸모 있는 못들이 쓸모없는 못을 뽑아 버려야 한다고 말했을 때

철우

민재

하린

( )

응용

17 다음 내용을 생활 속에서 실천한 것으로 알맞지 <u>않은</u> 것은 무엇입니까? ( )

> 시나 이야기를 읽고 생각이나 느낌 표현하기

① 시를 읽고 느낀 점을 학급 게시판에 썼어.
② 시 제목으로 오행시 짓기를 해서 친구에게 들려주었어.
③ 이야기에 나오는 인물에게 하고 싶은 말을 편지로 썼어.
④ 시나 이야기를 읽자고 주장하는 글을 학급 게시판에 썼어.
⑤ 이야기를 읽고 인물의 행동에 대해 내 생각을 일기로 썼어.

18~20 다음 글을 읽고, 물음에 답하시오.

> ㈎ 할아버지는 아빠가 사다 준 보청기를 끔찍이 여겼습니다. 낮에는 물론 밤에도 빼 놓지 않았습니다. 주무실 때는 빼 놓는 것이 좋다고 아빠가 말씀드렸는데도 할아버지는 듣지 않았습니다.
>
> 그랬던 할아버지가 요즘엔 가끔 보청기를 빼 놓았습니다. 그러니 이상하다 못해 수상할 수밖에요.
>
> 그러던 어느 날, 아주 중대한 사실을 알게 되었습니다. 그건 할아버지가 경로당 할아버지를 만날 때면 보청기를 빼어 주머니에 넣는다는 것이었지요.
>
> ㈏ 뻥튀기 할아버지는 껄껄대며 또 한참이나 웃었습니다.
>
> "그래도 모르겠느냐? 여기 오는 할아버지들이 다들 귀가 어두운데 너희 할아버지 혼자만 귀가 밝으면 뭐 하겠냐. 재미 하나 없지."
>
> 「할아버지와 보청기」, 윤수천

18 '나'는 할아버지의 어떤 점을 수상하다고 생각했는지 쓰시오.

• 할아버지가 가끔 ( ) 빼 놓는 것

19 '내'가 알게 된 중대한 사실은 무엇인지 쓰시오.

주의

20 글 ㈏로 보아, 할아버지께서 경로당에서 보청기를 빼신 까닭은 무엇입니까? ( )

① 보청기를 껴도 들리지 않아서
② 잘 때만 보청기를 끼고 싶어서
③ 보청기가 귀에 잘 맞지 않아서
④ 혼자만 귀가 밝으면 재미없어서
⑤ 보청기를 끼는 것이 부끄러워서

1~2 다음 대화를 읽고, 물음에 답하시오.

1 그림 속 친구들은 무엇에 대해 이야기를 하고 있습니까? (　　　)

① 운동 경기를 보았던 경험
② 신나는 음악을 들었던 경험
③ 동생과 생각이 같았던 경험
④ 다른 사람에게 양보했던 경험
⑤ 같은 일에 대한 생각이 달랐던 경험

서술형

2 문제 1번 답을 참고하여 그림 속 친구들처럼 자신의 경험을 떠올려 쓰시오.

____

____

____

3~5 다음 시를 읽고, 물음에 답하시오.

몰래
겨울을 녹이면서
봄비가 내려와 앉으면

꽃씨는
땅속에 살짝 돌아누우며
눈을 뜹니다.

봄을 기다리는 아이들은
쏘옥
손가락을 집어넣어 봅니다.

꽃씨는 저쪽에서
고개를 빠끔
얄밉게 숨겨 두었던
파란 손을 내밉니다.

3 몰래 겨울을 녹인 것은 무엇입니까? (　　　)

① 봄비　② 꽃씨
③ 개구리　④ 봄바람
⑤ 아이들의 마음

4 이 시에서 사람같이 느껴지게 표현한 것을 두 가지 고르시오. (　　,　　)

① 겨울　② 봄비
③ 꽃씨　④ 땅속
⑤ 손가락

5 아이들은 어떤 마음을 갖고 있습니까? (　　　)

① 놀고 싶은 마음　② 쉬고 싶은 마음
③ 봄을 기다리는 마음　④ 비를 원망하는 마음
⑤ 화해하고 싶은 마음

6~10 다음 시를 읽고, 물음에 답하시오.

텅 빈 운동장을
혼자 걸어 나오는데
운동장가에 있던 나무가
등을 구부리며
말타기놀이하잔다
얼른 올라타라고
등을 내민다

내가 올라타자
따그닥따그닥
달린다
학교 앞 문방구를 지나서
네거리를 지나서
우리 집을 지나서
달린다

달리고 또 달린다
차보다 빠르다
어, 어, 어,
구름 위를 달린다
비행기보다 빠르다
저 밑의 집들이
점점 작게 보인다

"성민아, 뭐 해?"

은찬이가 부르는 소리에
말은 그만
걸음을 뚝, 멈춘다

아깝다,
달나라까지도 갈 수 있었는데

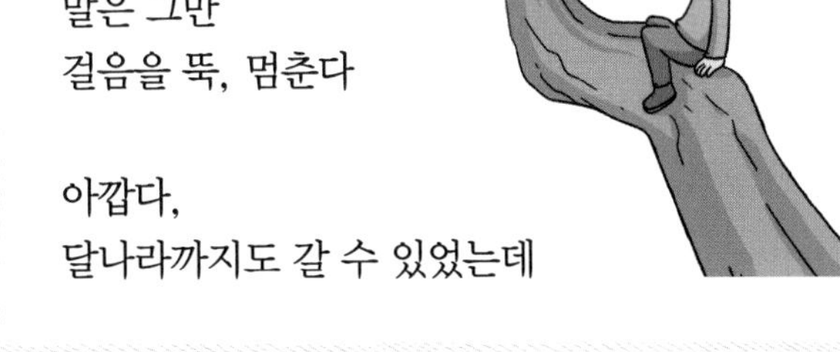

6 성민이는 어디에 올라탔습니까? (　　　)

① 장난감 말
② 은찬이의 등
③ 구부러진 나무
④ 검은색 조랑말
⑤ 높은 사다리 위

7 성민이가 상상 속에서 간 곳을 모두 고르시오.
(　　,　　,　　)

① 네거리
② 달나라
③ 성민이네 집
④ 은찬이네 집
⑤ 학교 앞 문방구

8 구름 위를 달리는 상상을 할 때 성민이의 느낌으로 알맞은 것은 무엇입니까? (　　　)

① 무섭다.　　② 아쉽다.
③ 슬프다.　　④ 재미있다.
⑤ 답답하다.

9 이 시를 읽고 생각이나 느낌을 몸짓으로 표현할 때 어울리는 것은 어느 것입니까? (　　　)

① 서서 잠을 자는 듯한 몸짓
② 제자리에서 빙글빙글 도는 몸짓
③ 말을 타고 날아오르는 듯한 몸짓
④ 앉았다 일어났다를 반복하는 몸짓
⑤ 양팔을 벌려 날갯짓을 하는 듯한 몸짓

10 이 시 속의 성민이가 되어 가 보고 싶은 곳을 쓰시오.

____

____

11~13 다음 글을 읽고, 물음에 답하시오.

준은 할아버지가 손님들과 이야기하는 틈을 타 붓글씨 쓰는 것을 내팽개치고 논으로 놀러 나갔습니다. 마을 아이들이 "흰죽 논, 흰죽 논." 하면서 논 사이를 뛰어다니고 있었습니다. 흉년에는 흰죽 한 끼 얻어먹고 논을 팔아넘긴다고 해서 흰죽 논이라는 말이 생겨났지요.

"아이고! 최 부잣집 도련님 아니십니까? 이 근방에는 흰죽 논이 없습죠. 대감마님께서 올해같이 논이 헐값일 때는 논을 사지 않으신답니다. 이거 정말 감사할 노릇입죠."

농부는 하던 일을 멈추고 논에서 나와 준에게 이야기를 해 주었습니다.

"한번은 이런 일도 있었습죠. 큰 흉년이 들어 굶어 죽는 사람이 허다했는데, 대감마님께서 곳간을 열고 굶고 있는 사람들에게 죽을 끓여 먹이라고 했습죠."

농부는 낫을 내려놓으며 말을 이었습니다.

"어디 그것뿐이겠습니까? 헐벗은 이에게는 옷까지 지어 입혔습죠."

하인들이 바깥마당에 큰솥을 걸고 연일 죽을 끓이는 모습이 준의 머릿속에 그려졌습니다. 할아버지를 칭찬하는 농부의 말에 준은 우쭐해졌습니다.

11 흉년에는 흰죽 한 끼 얻어먹고 논을 팔아넘긴다고 해서 생긴 말은 무엇인지 찾아 쓰시오.

( )

12 준이네 마을에 '흰죽 논'이 없는 까닭은 무엇입니까? ( )

① 논이나 밭이 없기 때문이다.
② 흉년이 든 적이 없기 때문이다.
③ 팔아넘길 논이 남아 있지 않기 때문이다.
④ 최 부자가 흰죽을 자주 끓여 먹기 때문이다.
⑤ 최 부자는 논이 헐값이면 사지 않기 때문이다.

13 최 부자인 할아버지의 행동을 통해 알 수 있는 생각은 무엇입니까? ( )

① 쓴 약이 몸에 더 좋다.
② 보기 좋은 떡이 먹기도 좋다.
③ 가난은 임금도 도와주지 못한다.
④ 혼자만 잘 살지 말고 이웃과 나눠야 한다.
⑤ 돈은 있다가도 없어지고 없다가도 생긴다.

14~15 다음 글을 읽고, 물음에 답하시오.

마을 사람들은 어디에선가 팔 땅이 나오면 할아버지에게 사라고 했습니다. 할아버지는 쌀이 만 석 이상 곳간에 쌓이면 농부들이 최 부잣집의 논밭을 사용하고 내는 돈을 조금만 받기 때문이었지요. 그래서 마을 사람들은 할아버지가 땅을 사면 오히려 좋아했습니다.

준은 할아버지가 무척 자랑스러웠습니다. 다른 사람들에게 베풀고, 잘 살도록 도와주며 아랫사람들에게도 나누어 줄 줄 아는 할아버지가 참 좋았습니다.

'나도 꼭 할아버지처럼 되어야지.'

준은 할아버지가 가르쳐 주신 가훈을 다시 한번 마음속 깊이 새겼습니다.

14 준은 할아버지를 어떻게 생각합니까? ( )

① 무섭다.
② 가엾고 불쌍하다.
③ 무척 자랑스럽다.
④ 대하기가 부끄럽다.
⑤ 융통성이 없어서 답답하다.

서술형

15 최 부자인 할아버지의 행동에 대한 자신의 생각이나 느낌을 정리해 쓰시오.

16~18 다음 글을 읽고, 물음에 답하시오.

노마는 더욱 의심이 났습니다. 그래서,
"내가 잃어버린 구슬 네가 집었지?"
"언제 네 구슬을 내가 집었어?"
"그럼 보여 주지 못할 게 뭐야?"
그제는 기동이도 하는 수 없나 봅니다. "자아." 하고 조끼 주머니에서 구슬을 꺼내 보입니다. 하나를 꺼냅니다. 둘을 꺼냅니다. 셋, 다섯도 넘습니다. 모두 똑같은 모양, 똑같은 빛깔입니다. 노마가 잃어버린, 모두 똑같은 그런 파란 유리구슬입니다.
어쩌면 그중에 노마가 잃어버린 구슬이 섞여 있을 성싶습니다. 그래서 노마는,
"너, 이 구슬 다 어디서 났니?"
"어디서 나긴 어디서 나. 다섯 개는 가게서 사고 한 개는 영이가 준 건데, 뭐."
"거짓부렁. 영이가 널 구슬을 왜 줘?"
"그럼 영이한테 가서 물어봐."
그래서 노마와 기동이는 영이를 찾아가기로 했습니다. 담 모퉁이를 돌아서 골목 밖으로 나갔습니다. 그리고 조그만 도랑 앞엘 왔습니다.
그런데 그 도랑물 속에 무엇이 햇빛에 번쩍하는 것이 있습니다. 유리구슬 같습니다. 정말 유리구슬입니다. 바로 노마가 잃어버린 그 구슬입니다.
"네 구슬 여기다 두고, 왜 남보고 집었다고 그러는 거야."
하고, 기동이가 바로 을러메는데도 할 말이 없습니다. 그만 노마는 얼굴이 벌게지고 말았습니다.

16 노마가 자신이 잃어버린 구슬을 집어갔다고 의심한 사람은 누구인지 쓰시오.

( )

17 노마가 잃어버린 구슬은 어디에 있었습니까? ( )

① 노마네 집
② 영이네 집
③ 기동이 주머니
④ 조그만 도랑물 속
⑤ 노마가 갔던 골목 가게

서술형

18 다음 일에 대한 자신의 의견을 까닭과 함께 쓰시오.

노마가 친구를 의심한 일

국어활동

19~20 다음 글을 읽고, 물음에 답하시오.

'내 뿔 좀 봐! 정말 멋지다니까. 하지만 내 다리는 정말 못 봐 주겠어. 왜 이렇게 가늘기만 한 걸까?'
그때 어디선가 사냥개 짖는 소리가 들려왔어요.
"앗! 사냥꾼이 가까이 왔구나. 어서 도망쳐야지."
수사슴은 깊은 숲을 향해 서둘러 뛰어갔어요.
그러다 그만 사슴의 멋진 뿔이 튀어나온 나뭇가지에 걸리고 말았어요.
"이런, 내 뿔 때문에 이제 꼼짝없이 붙잡히게 되었네. 안 돼! 그럴 수는 없어."
수사슴은 가늘지만 튼튼한 다리로 힘껏 발버둥을 쳤어요.
그리고 마침내 나뭇가지에서 빠져나올 수가 있었지요.

「수사슴의 뿔과 다리」, 이솝(차보금 엮음)

19 수사슴이 자신의 몸에서 멋지다고 생각한 것은 무엇입니까? ( )

① 뿔
② 눈
③ 팔
④ 다리
⑤ 꼬리

20 수사슴에게 해 줄 수 있는 말에 ○표를 하시오.

(1) 네 뿔도 멋지다는 것을 명심해. ( )
(2) 앞으로는 사냥개와 사이좋게 지내기를 바랄게. ( )
(3) 너는 못 봐주겠다고 했지만 그 다리 덕분에 살았다는 걸 잊지 마. ( )

국어 30~63쪽 국어 활동 6~27쪽

1~3

텅 빈 운동장을
혼자 걸어 나오는데
운동장가에 있던 나무가
등을 구부리며
말타기놀이하잔다
얼른 올라타라고
등을 내민다

내가 올라타자
따그닥따그닥
달린다
학교 앞 문방구를 지나서
네거리를 지나서
우리 집을 지나서
달린다

달리고 또 달린다
차보다 빠르다
어, 어, 어,
구름 위를 달린다
비행기보다 빠르다
저 밑의 집들이
점점 작게 보인다

"성민아, 뭐 해?"

은찬이가 부르는 소리에
말은 그만
걸음을 뚝, 멈춘다

아깝다,
달나라까지도 갈 수 있었는데

도움말

성민이가 텅 빈 운동장에서 등 굽은 나무를 말이라고 생각하고 타고 놀며 상상한 것들이 나타나 있는 시입니다.

1 성민이가 운동장에서 혼자 한 놀이는 무엇인지 쓰시오.

2 이 시 속 성민이의 느낌을 상상해 쓰시오.

3 이 시에 대한 생각이나 느낌을 성민이에게 편지를 써서 표현하시오.

1 1연을 살펴봅니다.

2 성민이가 상상 속에서 한 일
- 말을 타고 학교 앞 문방구, 네거리, 성민이네 집에 갔습니다.
- 말을 타고 구름 위를 달렸습니다.

3 시에 대한 생각이나 느낌을 정리하여 시 속 인물에게 하고 싶은 말을 편지 형식으로 썼으면 정답으로 합니다.

시 속 인물에게 편지 쓰는 방법
- 장면을 떠올리며 시를 읽습니다.
- 시 속 인물의 느낌을 상상해 봅니다.
- 인물에게 하고 싶은 말을 정리해 봅니다.
- 하고 싶은 말이 잘 드러나도록 인물에게 편지를 씁니다.

4~6

준은 다른 도령들과 함께 얌전히 꿇어앉아 "사방 백 리 안에 굶어 죽는 사람이 없게 하라."라는 가훈을 크게 썼습니다.
붓글씨를 쓴 뒤에 할아버지는 준과 다른 도령들에게 희한하게 생긴 뒤주를 보여 주었습니다.
"이 뒤주는 가난한 사람들이나 지나가는 나그네가 쌀을 퍼 갈 수 있도록 만든 것이란다."
준은 쌀을 한 줌 꺼내 보았습니다. 할아버지의 훈훈한 마음이 전해지는 것 같았지요. 최 부잣집에는 가난한 사람들을 위해 쌀을 담아 놓은 뒤주가 있었습니다. 쌀 삼천 석 가운데 천 석을 불쌍한 사람들을 돕는 데 썼다고 합니다.
그때 아랫마을에서 사람이 찾아왔습니다.
"대감마님! 아랫마을에 논이 하나 나왔는데, 대감마님께서 사시면 어떨까요?"
마을 사람들은 어디에선가 팔 땅이 나오면 할아버지에게 사라고 했습니다. 할아버지는 쌀이 만 석 이상 곳간에 쌓이면 농부들이 최 부잣집의 논밭을 사용하고 내는 돈을 조금만 받기 때문이었지요. 그래서 마을 사람들은 할아버지가 땅을 사면 오히려 좋아했습니다.

도움말

최 부자의 말이나 행동을 통해 혼자만 잘 먹고 잘 살지 말고 이웃과 나누라는 가르침을 알 수 있는 글입니다.

1 단원

4 할아버지가 준이와 도령들에게 보여 준 뒤주는 어떤 물건인지 쓰시오.

4 할아버지가 보여 준 뒤주의 역할을 알아봅니다.

5 가훈 "사방 백 리 안에 굶어 죽는 사람이 없게 하라."에는 어떤 의미가 담겨 있을지 쓰시오.

5 할아버지는 가훈을 실천하며 살아가고 계십니다.

6 할아버지가 이웃을 돕는 일에 대한 자신의 의견과 까닭을 쓰시오.

(1) 의견	
(2) 까닭	

6 자신의 재산을 함께 살아가는 사람들을 위해 나누어 주는 행동에 대해 어떻게 생각하는지 정리해 봅니다.

2. 내용을 간추려요

학습목표

글의 내용을 간추릴 수 있습니다.

국어 64~87쪽 국어 활동 28~41쪽

핵심 1 들은 내용 간추리기

- 듣는 목적을 생각합니다.
- 아는 내용이나 경험을 떠올립니다.
- 들은 내용을 어떻게 할지 생각합니다.

들으면서 중요한 내용 정리하기
- 들은 내용을 정리하기 위해서는 ★메모를 합니다.
- 중요한 낱말을 중심으로 씁니다.
- 중요한 내용만 골라서 짧게 써야 합니다.
- 들으면서 쓸 때에는 읽으면서 쓸 때보다 빨리 써야 합니다.

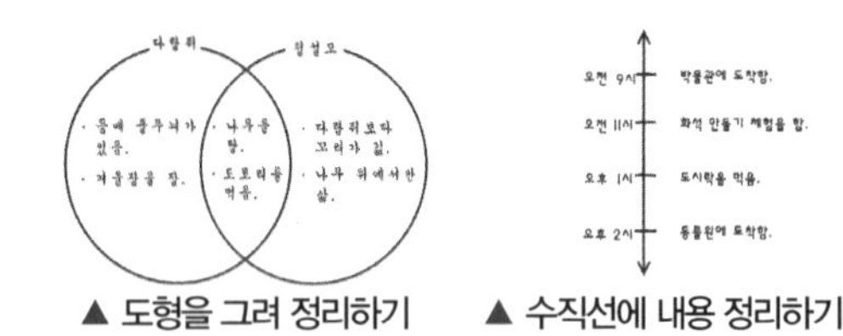
▲ 도형을 그려 정리하기 ▲ 수직선에 내용 정리하기

핵심 2 글의 내용을 간추리는 방법 알기

- 각 문단의 내용을 파악합니다.
- 문단의 내용을 대표하는 중심 문장을 찾습니다. (중심 문장은 문단의 앞이나 뒤에 나옵니다.)
- 각 문단의 중심 문장을 연결해서 글 전체의 내용을 간추립니다.
- 글의 내용을 간추리는 방법

문단의 중심 문장 찾기	문단을 구별할 수 있어야 한다. 문단에서 가장 중요한 문장을 찾아야 한다. 중요한 문장은 문단의 앞이나 뒤에 나온다.
문장을 이어 주는 말 찾기	여러 가지를 나열하는 말, 비교나 대조를 하는 말, 원인과 결과를 이어 주는 말 등을 적절하게 사용해야 한다.
글의 내용 간추리기	원래의 글보다 단순해져야 한다. 새로운 글을 쓴다는 생각으로 표현 방법을 궁리해야 한다.

글의 내용을 간추릴 때에 주의할 점
- 먼저 모든 문단의 중심 내용을 파악합니다.
- 글의 구조를 파악하여 더 중요한 문단과 보충하여 주는 문단을 찾습니다.
- 글의 구조를 바탕으로 하여 글을 간추립니다.

핵심 3 이야기의 흐름에 따라 내용 간추리기

- 이야기에서 사건이 일어난 시간의 흐름에 따라 내용을 정리합니다. (시간의 순서에 따라 간추립니다.)
- 이야기에서 사건이 일어난 장소의 변화에 따라 내용을 정리합니다.
- 「나무 그늘을 산 ★총각」을 읽고 정리하기 ㊞

시간의 변화	어느 더운 여름날 → 그날 오후 → 그날 저녁 → 다음 날 이후
장소의 변화	욕심쟁이 영감의 집 앞 느티나무 그늘 → 욕심쟁이 영감의 집 마당과 안방 → 욕심쟁이 영감의 집 → 욕심쟁이 영감의 집과 느티나무 그늘

이야기의 ★전개 요소에 따라 간추리면 좋은 점
- 전체 이야기보다 짧아서 듣는 사람이 빨리 이해할 수 있습니다.
- 중요한 내용이 무엇인지 쉽게 알 수 있습니다.

핵심 4 글의 전개에 따라 내용 간추리기

- 글의 종류에 따라 다르게 전개되는 내용을 덩어리로 바꾸어 봅니다. (예를 들어, 주장하는 글은 문제점, 해결 방안, 실천 방법의 순서로 전개됩니다.)
- 문단의 중심 문장 또는 중심 내용을 찾습니다.
- 내용 전개에 따른 분류를 활용해 자연스럽게 연결해서 전체 글의 내용을 간추립니다.

글의 전개에 따라 내용을 간추리는 방법의 좋은 점
- 더 간단히 알아보기 쉽게 간추릴 수도 있습니다.
- 중심 문장이 없는 문단이 있는 경우에도 쉽게 간추릴 수 있습니다.
- 글의 목적에 맞는 간추리기를 할 수 있습니다.

국어활동

핵심 5 글의 내용을 간추리는 방법을 아는지 확인하기

- 각 문단에서 중심 문장을 찾아 써 본 뒤, 중심 문장을 연결해 글 전체의 내용을 간추려 봅니다.
- 이야기를 간추릴 때에는 이야기에서 일어난 중요한 사건을 중심으로 간추려 봅니다.
- 글의 전개에 따라 내용을 정리해 간추려 봅니다.
- 이야기에서 중요한 일만 간단히 정리해 봅시다.

개념을 확인해요

1 들을 때에는 듣는 [ ][ ] 을 생각합니다.

2 들은 내용을 간추릴 때에는 아는 [ ][ ] 이나 경험을 떠올립니다.

3 들으면서 내용을 정리할 때에는 [ ][ ][ ] 낱말을 중심으로 씁니다.

4 들으면서 쓸 때에는 읽으면서 쓸 때보다 [ ][ ] 써야 합니다.

5 글의 내용을 간추릴 때에는 각 [ ][ ] 의 내용을 파악합니다.

6 문단의 내용을 대표하는 [ ][ ] 문장을 찾으면 글의 내용을 간추릴 수 있습니다.

7 이야기에서 사건이 일어난 [ ][ ] 의 흐름에 따라 내용을 정리합니다.

8 이야기에서 사건이 일어난 [ ][ ] 의 변화에 따라 내용을 정리합니다.

9 글의 전개에 따라 내용을 간추릴 때에는 문단의 [ ][ ] 내용을 찾습니다.

10 내용 [ ][ ] 에 따른 분류를 활용해 자연스럽게 연결해서 전체 글의 내용을 간추립니다.

「동물이 내는 소리」 간추리기

처음	동물들이 소리를 내는 방식은 다양합니다.
가운데	개나 닭은 사람과 같이 성대를 울려 소리를 내지만 다양한 소리를 내지는 못합니다.
	매미는 발음근으로 소리를 냅니다.
	물고기는 몸속에 있는 부레로 여러 가지 소리를 냅니다.
끝	동물들은 저마다 다른 방법으로 소리를 낼 수 있습니다.

「나무 그늘을 산 총각」의 중요한 사건 정리하기

총각이 욕심쟁이 영감에게 나무 그늘을 삼. → 총각은 그늘을 따라 욕심쟁이 영감의 집 마당과 안방으로 들어감. → 그늘이 사라지자 총각이 집으로 돌아감. → 총각이 동네 사람들을 그늘로 부르자 욕심쟁이 영감이 마을을 떠남.

「에너지를 절약하자」의 중요한 내용 간추리기 예

문제점	
지구의 에너지 자원은 한없이 있는 것이 아니라 다 쓰고 나면 더는 에너지 자원을 구할 수 없게 된다.	
해결 방안 1	해결 방안 2
에너지를 불필요하게 사용하지 않는다.	에너지 사용을 줄인다.

낱말 사전

★ 메모 다른 사람에게 말을 전하거나 자신의 기억을 돕기 위하여 짤막하게 글로 남김.
★ 총각 결혼하지 않은 성년 남자.
★ 전개 내용을 진전시켜 펴 나감.

2 단원

2. 내용을 간추려요

국어 64~87쪽 국어 활동 28~41쪽

도움말

1. 일기 예보는 날씨의 변화를 예측하여 미리 알리는 일을 말합니다.

2. 글을 읽으면서 쓰는 것과 들으면서 쓰는 것은 어떻게 다른지 생각해 봅시다.

3. 문단에서 가장 중심이 되는 문장을 중심 문장이라고 합니다.

핵심 1

1 가족 나들이를 준비하면서 일기 예보를 들을 때 다음은 무엇과 관련된 것인지 보기 에서 찾아 기호를 쓰시오.

일요일에 춘천으로 나들이 가도 좋은 날씨인지 확인하며 들어야겠어.

보기

㉠ 듣는 목적을 생각한다.
㉡ 아는 내용이나 경험을 떠올린다.
㉢ 들은 내용을 어떻게 할지 생각한다.

(   )

핵심 1

2 들으면서 쓰는 방법으로 알맞지 않은 것에 × 표를 하시오.

(1) 중요한 낱말을 중심으로 쓴다. (   )
(2) 중요한 내용만 골라서 짧게 쓴다. (   )
(3) 읽으면서 쓸 때보다 천천히 써야 한다. (   )

핵심 2

3 글의 내용을 간추리는 과정에 맞게 기호를 쓰시오.

㉠ 각 문단의 내용을 파악한다.
㉡ 문단의 내용을 대표하는 중심 문장을 찾는다.
㉢ 각 문단의 중심 문장을 연결해서 글 전체의 내용을 간추린다.

(   ) → (   ) → (   )

핵심 3

4 이야기의 흐름에 따라 내용을 간추리는 방법으로 알맞은 것을 두 가지 고르시오. (　　,　　)

① 문제점과 해결 방안으로 나누어 간추린다.
② 글쓴이의 주장과 근거로 나누어 간추린다.
③ 사건이 일어난 시간의 흐름에 따라 간추린다.
④ 사건이 일어난 장소의 변화에 따라 간추린다.
⑤ 기억에 남는 인물의 말과 행동을 중심으로 간추린다.

핵심 4

5 다음 빈칸에 들어갈 알맞은 말은 무엇입니까? (　　　)

> 글의 전개에 따라 내용을 간추리는 방법의 좋은 점은 ＿＿＿에 맞는 간추리기를 할 수 있다는 것이다.

① 글의 목적　　② 글의 분량
③ 인물의 성격　　④ 문단의 개수
⑤ 글쓴이의 마음 변화

핵심 5

6 글의 종류에 따라 알맞게 내용을 간추린 것에 ○표를 하시오.

(1) 주장하는 글을 읽고 중요한 사건을 중심으로 내용을 간추렸다. (　　　)
(2) 이야기를 읽고 '문제점 – 해결 방안 – 실천 방법'으로 내용을 간추렸다. (　　　)
(3) 설명하는 글을 읽고 각 문단의 중심 문장을 연결해서 글 전체의 내용을 간추렸다. (　　　)

도움말

4. 이야기의 내용을 간추릴 때에는 일어난 사건을 중심으로 간추립니다.

5. 글이 전개되는 방식은 글의 목적과 아주 가깝게 맞닿아 있습니다.

6. 글의 종류에 따라 중심 내용이나 간추리는 방법이 달라집니다.

2 단원

1회 단원 평가

도전

국어 64~87쪽 국어 활동 28~41쪽

1~3 다음 글을 읽고, 물음에 답하시오.

날씨가 따뜻해지면서 공원에는 나들이를 나온 시민들이 많아졌습니다. 활짝 핀 벚꽃이 성큼 찾아온 봄을 느끼게 해 줍니다. 오늘 하루는 전국적으로 맑은 날씨가 되겠습니다. 서울, 춘천은 19도, 강릉, 청주, 전주 등은 20도까지 낮 기온이 올라가겠습니다. 일요일에도 산책하기 좋은 날씨가 되겠습니다. 서울, 춘천은 20도, 청주와 진주 등은 21도의 따뜻한 날씨가 예상됩니다. 하지만 아침저녁으로는 5도에서 6도의 쌀쌀한 날씨가 예상됩니다. 일교차가 크니 감기에 걸리지 않도록 조심하세요.

1 이 글은 어떤 정보를 담고 있습니까? (　　　)

① 음식　② 날씨
③ 민속놀이　④ 교통사고
⑤ 대중교통

주의

2 오늘 서울의 낮 기온은 몇 도라고 예상했습니까? (　　　)

① 17도　② 18도　③ 19도
④ 20도　⑤ 21도

3 이 글을 읽으면서 아는 내용이나 경험을 떠올려 말한 것은 무엇입니까? (　　　)

① 나에게 필요한 내용을 써 놔야겠어.
② 오후에 비가 오는지 확인하며 들어야겠어.
③ 봄에 피는 꽃에는 어떤 것인지 알아봐야겠어.
④ 작년 이맘때는 봄이었는데도 추웠던 것 같아.
⑤ 일요일에 춘천으로 나들이 가도 좋은 날씨인지 확인하며 들어야겠어.

4~5 다음 글을 읽고, 물음에 답하시오.

일기 예보

- 오늘 날씨: 전국적으로 맑음.
- 일요일 날씨-산책하기 좋은 날씨
  - 춘천 낮 기온 20도
  - 아침저녁으로 기온 차가 큼.

➡ · 나들이 가능
· 따뜻한 옷 필요

4 이와 같이 일기 예보를 들으며 메모를 하면 좋은 점은 무엇입니까? (　　　)

① 친구에게 반가운 마음을 전할 수 있다.
② 말하는 사람의 주장을 정확히 알 수 있다.
③ 중요한 날씨 정보를 나중에 기억하기 쉽다.
④ 어떤 일을 하는 방법을 순서대로 기억하기 쉽다.
⑤ 말하는 사람이 언제 어디에서 무엇을 겪었는지 알 수 있다.

중요

5 이 메모로 보아 일기 예보를 들었을 때에 글쓴이에게 필요한 정보는 무엇이겠습니까? (　　　)

① 일요일에 문을 여는 서울 부근 미술관에 대한 정보
② 오늘 날씨와 춘천의 일요일 날씨가 어떠할지에 대한 정보
③ 전국적으로 유명한 여러 봄나들이 장소에 대한 정확한 정보
④ 나들이를 가서 가져온 음식을 먹을 수 있는 곳에 대한 정보
⑤ 서울에서 춘천으로 갈 때 이용할 여러 가지 교통수단에 대한 정보

6~7 다음 글을 읽고, 물음에 답하시오.

❶ 동물들이 소리를 내는 방식은 다양합니다. 성대를 이용하여 소리를 내는 동물도 있고 다른 부위를 이용하는 동물도 있습니다.
❷ 개나 닭은 사람과 같이 성대를 울려 소리를 내지만 다양한 소리를 내지는 못합니다. 왜냐하면 성대나 입과 혀의 생김새가 사람과 다르기 때문입니다. 그래서 몇 가지 소리만 낼 수 있습니다. 동물들은 대개 서로를 부르거나 위협하기 위해서 소리를 냅니다.
❸ 매미는 발음근으로 소리를 냅니다. 매미는 수컷만 소리를 낼 수 있고, 암컷은 소리를 내지 못합니다. 매미의 배에 있는 발음막, 발음근, 공기주머니는 매미가 소리를 내게 도와줍니다. 그런데 암컷은 발음근이 발달되어 있지 않고 발음막이 없어서 소리를 낼 수 없답니다. 수컷은 발음근을 당겨서 발음막을 움푹 들어가게 한 다음 '딸깍' 하고 소리를 냅니다. 이 소리가 커지고 반복되면 '찌이이' 하고 소리가 납니다.

「동물이 내는 소리」, 문희숙

6 이 글의 내용으로 알맞지 않은 것은 무엇입니까? (　　)

① 매미는 발음근으로 소리를 낸다.
② 매미는 수컷만 소리를 낼 수 있다.
③ 개나 닭은 성대를 울려 소리를 낸다.
④ 모든 매미의 배에는 발음막과 발음근이 있다.
⑤ 동물들은 대개 서로를 부르거나 위협하기 위해서 소리를 낸다.

7 ❷, ❸문단의 중심 문장을 찾아 ○표를 하시오.

(1) 개나 닭은 사람과 같이 성대를 울려 소리를 내지만 다양한 소리를 내지는 못합니다. (　　)
(2) 왜냐하면 성대나 입과 혀의 생김새가 사람과 다르기 때문입니다. (　　)
(3) 매미는 발음근으로 소리를 냅니다. (　　)
(4) 매미의 배에 있는 발음막, 발음근, 공기주머니는 매미가 소리를 내게 도와줍니다. (　　)

8~10 다음 글을 읽고, 물음에 답하시오.

물고기는 몸속에 있는 부레로 여러 가지 소리를 냅니다. 부레 안쪽 근육을 수축하거나 부레의 얇은 막을 진동해 소리를 낼 수 있습니다. 물고기가 조용하다고 느끼는 이유는 우리가 들을 수 없는 높낮이로 소리를 내기 때문입니다.
㉠이와 같이 동물들은 성대나 발음근, 부레를 이용해 소리를 냅니다. ㉡그 밖에도 날개를 비비거나 꼬리를 흔들어 소리를 내는 동물들도 있습니다. ㉢이렇게 동물들은 저마다 다른 방법으로 소리를 낼 수 있습니다.

8 물고기는 어떻게 소리를 냅니까? (　　)

① 성대를 울려 소리를 낸다.
② 부레를 이용해 소리를 낸다.
③ 날개를 비벼서 소리를 낸다.
④ 꼬리를 흔들어 소리를 낸다.
⑤ 발음근을 이용해 소리를 낸다.

9 우리가 물고기의 소리를 들을 수 없는 까닭은 무엇입니까? (　　)

① 물고기는 소리를 낼 수 없기 때문이다.
② 물고기가 밤에만 소리를 내기 때문이다.
③ 우리가 바다와 먼 곳에서 살기 때문이다.
④ 우리가 물고기한테 관심을 갖지 않기 때문이다.
⑤ 우리가 들을 수 없는 높낮이로 소리를 내기 때문이다.

10 ㉠~㉢을 중심 문장과 뒷받침 문장으로 나누어 기호를 쓰시오.

(1) 중심 문장	
(2) 뒷받침 문장	

2 단원

11~15 다음 글을 읽고, 물음에 답하시오.

> 총각은 욕심쟁이 부자를 혼내 주기로 했어요.
> "영감님, 저한테 이 나무 그늘을 파는 건 어때요?"
> 부자는 귀가 솔깃했어요.
> '아니, 이런 멍청한 녀석을 봤나?'
> 부자는 억지로 웃음을 참으며 말했어요.
> "흠, 자네가 원한다면 할 수 없지. 대신 나중에 무르자고 하면 절대로 안 되네!"
> 부자는 못 이기는 척 나무 그늘을 팔았답니다.
> 총각은 열 냥을 주고 나무 그늘을 샀어요.
> "영감님, 제 나무 그늘에서 나가 주시지요."
> "허허, 그러지. 이제 자네 것이니까."
> 부자는 콧노래를 부르며 집으로 돌아갔어요. 총각은 나무 그늘에 벌렁 드러누웠어요. 그리고 해님을 보며 빙긋이 웃었지요. 시간이 지나자 나무 그늘은 점점 부자 영감의 집 쪽으로 옮겨 갔어요.
> 마침내 나무 그늘은 부자 영감의 집 마당까지 길어졌지요.
> '슬슬 시작해 볼까?'
> 총각은 성큼성큼 부자 영감의 집 안으로 들어갔어요.
> "아니, 남의 집엔 왜 들어오는 거냐?"
> 부자 영감은 담뱃대를 휘둘렀어요. 총각은 나무 그늘에 서서 말했어요.
> "하하하, 영감님, 여기는 제 그늘인걸요."
> 마당까지 들어온 그늘을 보고 부자 영감은 아무 말도 할 수 없었지요.
> 총각은 부자의 마당에서 뒹굴뒹굴 신이 났어요.
>
> 「나무 그늘을 산 총각」, 권규헌

11 총각이 부자 영감에게 산 것은 무엇인지 쓰시오.

( )

12 부자 영감의 성격은 어떠합니까? ( )

① 겁이 많다. ② 부지런하다.
③ 욕심이 많다. ④ 부끄러움이 많다.
⑤ 은혜를 갚을 줄 안다.

중요

13 사건이 일어난 장소의 변화로 알맞은 것은 무엇입니까? ( )

① 나무 그늘 → 총각의 집 안방
② 나무 그늘 → 총각의 집 마당
③ 나무 그늘 → 영감의 집 마당
④ 나무 위 → 총각의 집 앞 나무 밑
⑤ 영감의 집 마당 → 영감의 집 안방

14 총각은 부자 영감을 어떻게 혼내 주었습니까?

( )

① 영감의 나무 아래 집을 지었다.
② 나무 그늘이 생긴 곳에서 농사를 지었다.
③ 동네 사람들에게 돈을 받고 나무 그늘을 빌려주었다.
④ 매일 집을 찾아가 나무 그늘을 다시 사 달라고 부탁했다.
⑤ 나무 그늘이 옮겨 가자 부자 영감의 집 안까지 마음대로 들어갔다.

서술형

15 이 글의 내용을 이야기의 전개에 따라 간추려 쓸 때 빈 곳에 들어갈 알맞은 내용을 쓰시오.

> 총각은 욕심쟁이 영감을 혼내 주려고 나무 그늘을 샀다. 그날 오후, 욕심쟁이 영감의 집 쪽으로 나무 그늘이 옮겨 가자 ________________

____

____

응용

16~18 다음 글을 읽고, 물음에 답하시오.

석탄, 석유, 가스, 전기 같은 에너지 자원은 한없이 있는 것이 아니다. 다 쓰고 나면 더는 에너지 자원을 구할 수 없게 된다. 특히 석유는 우리나라에서는 나지 않아 외국에서 수입해 오고 있다. 이처럼 중요한 에너지를 어떻게 절약해야 할까?

에너지를 절약하는 것은 그리 어렵지 않다. 관심을 가지고 내가 할 수 있는 작은 일부터 실천하면 된다.

우리가 에너지를 절약하는 방법은 두 가지로 나눌 수 있다. 먼저, 에너지를 불필요하게 사용하지 않는 것이다. 쓰지 않는 꽂개는 반드시 뽑아 놓고, 빈방에 켜 놓은 전깃불은 끈다. 그리고 뜨거운 음식은 식힌 뒤에 냉장고에 넣는다.

다음은, ㉠에너지 사용을 줄이는 것이다. 가전제품은 에너지 효율이 높은 것을 쓰고, 조명 기구는 전기가 적게 드는 제품을 사용한다. 한여름에는 냉방기를 적게 쓰고 겨울에도 난방 기구를 덜 쓰도록 노력해야 한다.

「에너지를 절약하자」

16 에너지 자원의 예가 아닌 것은 무엇입니까? (　　)

① 석탄　② 석유
③ 공기　④ 가스
⑤ 전기

17 에너지를 절약해야 하는 까닭으로 알맞은 것은 무엇입니까? (　　)

① 여름이 점점 짧아지고 있기 때문이다.
② 전기제품의 종류가 늘고 있기 때문이다.
③ 각 나라의 인구수가 줄고 있기 때문이다.
④ 에너지 자원을 만드는 데 많은 돈이 들기 때문이다.
⑤ 석탄, 석유, 가스, 전기 같은 에너지 자원은 한없이 있는 것이 아니기 때문이다.

18 ㉠의 실천 방법으로 알맞은 것을 두 가지 고르시오. (　　,　　)

① 빈방에 켜 놓은 전깃불을 끈다.
② 한여름에는 냉방기를 적게 쓴다.
③ 쓰지 않는 꽂개는 반드시 뽑아 놓는다.
④ 뜨거운 음식은 식힌 뒤에 냉장고에 넣는다.
⑤ 조명 기구는 전기가 적게 드는 제품을 사용한다.

2 단원

국어활동

19~20 다음 글을 읽고, 물음에 답하시오.

㈎ 아가씨는 오른쪽 다리를 절며 거지 소년에게 걸어가 꽃신을 벗어 주었어.
"이걸 저에게 주시면 아가씨는요?"
"나는 가마를 타고 가면 돼요."
꼬마 아가씨는 생긋 웃으며 가마에 올라탔어.

㈏ 디딤이는 어릴 적 아가씨가 주었던 꽃신을 가슴에 품고 그 모습을 지켜보았어.
아가씨의 혼례에 작은 선물이나마 드릴 수 있어 한없이 기뻤지.
디딤이는 앞으로도 힘이 닿는 한 사람들의 마음을 헤아릴 수 있는 신을 만들겠다고 다짐했어.

「꽃신」, 윤아해

19 글 ㈎에서 아가씨가 꽃신을 주었을 때 소년은 어떤 마음이 들었습니까? (　　)

① 답답한 마음　② 고마운 마음
③ 얄미운 마음　④ 서운한 마음
⑤ 실망스러운 마음

서술형

20 글 ㈏에서 일어난 일을 정리해 쓰시오.

2회 단원 평가

실전

2. 내용을 간추려요

국어 64~87쪽 국어 활동 28~41쪽

1~5 다음 일기 예보를 읽고, 물음에 답하시오.

안녕하십니까? 날씨 정보입니다. 저는 지금 봄꽃이 가득한 공원에 나와 있습니다. 날씨가 따뜻해지면서 공원에는 나들이를 나온 시민들이 많아졌습니다. 활짝 핀 벚꽃이 성큼 찾아온 봄을 느끼게 해 줍니다. 오늘 하루는 전국적으로 맑은 날씨가 되겠습니다. 서울, 춘천은 19도, 강릉, 청주, 전주 등은 20도까지 낮 기온이 올라가겠습니다. 일요일에도 산책하기 좋은 날씨가 되겠습니다. 서울, 춘천은 20도, 청주와 진주 등은 21도의 따뜻한 날씨가 예상됩니다. 하지만 아침저녁으로는 5도에서 6도의 쌀쌀한 날씨가 예상됩니다. 일교차가 크니 감기에 걸리지 않도록 조심하세요.

1 말하는 사람은 누구겠습니까? (　　　)

① 관광지를 안내하는 사람
② 새 상품을 소개하는 사람
③ 날씨 소식을 알려 주는 사람
④ 공원에서 시간을 안내하는 사람
⑤ 기차에서 내릴 곳을 안내하는 사람

2 어느 계절의 날씨가 나타나 있는지 쓰시오.

(　　　　　　　　　　)

3 오늘 날씨를 어떻게 예상했습니까? (　　　)

① 전국적으로 맑다.
② 대부분의 지역이 흐리다.
③ 곳곳에 소나기가 내린다.
④ 동쪽 지역에만 눈이 온다.
⑤ 남쪽 지역이 태풍의 영향을 받는다.

4 이 일기 예보를 통해 아는 내용이나 경험을 떠올린 친구를 찾아 ○표를 하시오.

(1) (　　)
(2) (　　)
(3) (　　)

서술형

5 다음 상황에서 필요한 정보를 일기 예보에서 찾아 정리해 쓰시오.

일요일에 진주로 체험 학습을 갈 예정이다.

6~10 다음 글을 읽고, 물음에 답하시오.

❶ 동물들이 소리를 내는 방식은 다양합니다. 성대를 이용하여 소리를 내는 동물도 있고 다른 부위를 이용하는 동물도 있습니다.
❷ 개나 닭은 사람과 같이 성대를 울려 소리를 내지만 다양한 소리를 내지는 못합니다. 왜냐하면 성대나 입과 혀의 생김새가 사람과 다르기 때문입니다. 그래서 몇 가지 소리만 낼 수 있습니다. 동물들은 대개 서로를 부르거나 위협하기 위해서 소리를 냅니다.
❸ 매미는 발음근으로 소리를 냅니다. 매미는 수컷만 소리를 낼 수 있고, 암컷은 소리를 내지 못합니다. 매미의 배에 있는 발음막, 발음근, 공기주머니는 매미가 소리를 내게 도와줍니다. 그런데 암컷은 발음근이 발달되어 있지 않고 발음막이 없어서 소리를 낼 수 없답니다. 수컷은 발음근을 당겨서 발음막을 움푹 들어가게 한 다음 '딸깍' 하고 소리를 냅니다. 이 소리가 커지고 반복되면 '찌이이' 하고 소리가 납니다.
❹ 물고기는 몸속에 있는 부레로 여러 가지 소리를 냅니다. 부레 안쪽 근육을 수축하거나 부레의 얇은 막을 진동해 소리를 낼 수 있습니다. 물고기가 조용하다고 느끼는 이유는 우리가 들을 수 없는 높낮이로 소리를 내기 때문입니다.

6 사람은 어떻게 소리를 냅니까? (　　　)

① 부레로 소리를 낸다.
② 발음근으로 소리를 낸다.
③ 성대를 울려 소리를 낸다.
④ 이를 부딪쳐 소리를 낸다.
⑤ 손바닥을 비벼 소리를 낸다.

7 매미의 수컷과 암컷 가운데 소리를 낼 수 있는 매미는 무엇인지 쓰시오.

(　　　　　　　　)

8 ❸문단의 중심 문장은 무엇입니까? (　　　)

① 매미는 발음근으로 소리를 냅니다.
② 매미의 배에 있는 발음막, 발음근, 공기주머니는 매미가 소리를 내게 도와줍니다.
③ 그런데 암컷은 발음근이 발달되어 있지 않고 발음막이 없어서 소리를 낼 수 없답니다.
④ 수컷은 발음근을 당겨서 발음막을 움푹 들어가게 한 다음 '딸깍' 하고 소리를 냅니다.
⑤ 이 소리가 커지고 반복되면 '찌이이' 하고 소리가 납니다.

9 ❹문단에서 가장 중요한 내용은 무엇입니까?

(　　　)

① 우리는 물고기가 조용하다고 느낀다.
② 물고기는 부레 안쪽 근육을 수축한다.
③ 물고기는 부레의 막을 진동해 소리를 낸다.
④ 물고기는 몸속에 있는 부레로 여러 가지 소리를 낸다.
⑤ 물고기는 우리가 들을 수 없는 높낮이로 소리를 내기 때문에 매우 조용하다.

서술형

10 각 문단의 중심 문장을 연결해 이 글의 내용을 간추릴 때 빈 곳에 들어갈 알맞은 내용을 쓰시오.

동물들이 소리를 내는 방식은 다양합니다. 개나 닭은 사람과 같이 성대를 울려 소리를 내지만 다양한 소리를 내지는 못합니다. 매미는 발음근으로 소리를 냅니다. ______________________

2 단원

11~15 다음 글을 읽고, 물음에 답하시오.

(가) "너 이놈, 허락도 없이 남의 나무 그늘에서 잠을 자다니!"

총각이 부스스 눈을 뜨며 물었어요.

"나무 그늘에 무슨 주인이 있다고 그러세요?"

"이건 우리 할아버지의 할아버지가 심은 나무야. 그러니 그늘도 당연히 내 것이지!"

(나) 총각은 열 냥을 주고 나무 그늘을 샀어요.

"영감님, 제 나무 그늘에서 나가 주시지요."

"허허, 그러지. 이제 자네 것이니까."

부자는 콧노래를 부르며 집으로 돌아갔어요. 총각은 나무 그늘에 벌렁 드러누웠어요. 그리고 해님을 보며 빙긋이 웃었지요. 시간이 지나자 나무 그늘은 점점 부자 영감의 집 쪽으로 옮겨 갔어요.

마침내 나무 그늘은 부자 영감의 집 마당까지 길어졌지요.

'슬슬 시작해 볼까?'

총각은 성큼성큼 부자 영감의 집 안으로 들어갔어요.

"아니, 남의 집엔 왜 들어오는 거냐?"

부자 영감은 담뱃대를 휘둘렀어요. 총각은 나무 그늘에 서서 말했어요.

"하하하, 영감님, 여기는 제 그늘인걸요."

마당까지 들어온 그늘을 보고 부자 영감은 아무 말도 할 수 없었지요.

총각은 부자의 마당에서 뒹굴뒹굴 신이 났어요.

"역시 비싼 나무 그늘이라 시원하군!"

마당을 빼앗긴 부자는 그늘을 피해 다니며 부글부글 속을 끓였지요. 시간이 지날수록 나무 그늘은 점점 더 길어져 안방까지 들어갔어요.

총각은 그늘을 따라 안방으로 들어갔어요.

11 나무 그늘이 옮겨 간 곳을 차례대로 바르게 쓴 것은 어느 것입니까? (　　　)

① 집의 지붕 위 → 집의 지붕 아래
② 집 밖 → 집의 마당 → 집의 안방
③ 집 밖 → 집의 안방 → 집의 마당
④ 집의 안방 → 집의 마당 → 집 밖
⑤ 집의 마당 → 집의 안방 → 집 밖

12 총각이 부잣집 안으로 들어가도 부자 영감이 내쫓지 못한 까닭은 무엇입니까? (　　　)

① 영감이 총각을 초대했기 때문에
② 총각이 영감보다 신분이 높았기 때문에
③ 부자의 집이 원래 총각의 집이었기 때문에
④ 영감이 총각에게 은혜를 갚아야 했기 때문에
⑤ 총각이 돈을 주고 산 나무 그늘을 따라 들어왔기 때문에

13 총각은 부자 영감의 마당에서 무엇을 했습니까? (　　　)

① 마당 청소를 하였다.
② 그늘에서 뒹굴뒹굴하였다.
③ 나무를 구해 와 비싸게 팔았다.
④ 부자 영감에게 심부름을 시켰다.
⑤ 부잣집 식구들의 심부름을 하였다.

14 이 글에서 중요한 사건을 알맞게 정리한 것은 어느 것입니까? (　　　)

① 총각은 비싼 그늘이 마음에 들었다.
② 부자 영감은 총각 때문에 속을 끓였다.
③ 시간이 지날수록 나무 그늘은 점점 더 길어져 총각네 안방까지 들어갔다.
④ 부자에게 그늘을 산 총각은 그늘이 부자의 집 안으로 옮겨 가자 안방까지 들어갔다.
⑤ 총각이 부자의 마당에서 뒹굴뒹굴하자 부자 영감은 비싼 값을 받고 마당까지 팔았다.

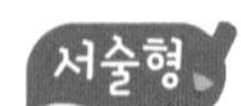

서술형

15 이 글을 읽고 깨달은 점을 쓰시오.

16~18 다음 글을 읽고, 물음에 답하시오.

석탄, 석유, 가스, 전기 같은 에너지 자원은 한없이 있는 것이 아니다. 다 쓰고 나면 더는 에너지 자원을 구할 수 없게 된다. 특히 석유는 우리나라에서는 나지 않아 외국에서 수입해 오고 있다. 이처럼 중요한 에너지를 어떻게 절약해야 할까?

에너지를 절약하는 것은 그리 어렵지 않다. 관심을 가지고 내가 할 수 있는 작은 일부터 실천하면 된다.

우리가 에너지를 절약하는 방법은 두 가지로 나눌 수 있다. 먼저, 에너지를 불필요하게 사용하지 않는 것이다. 쓰지 않는 꽂개는 반드시 뽑아 놓고, 빈방에 켜 놓은 전깃불은 끈다. 그리고 뜨거운 음식은 식힌 뒤에 냉장고에 넣는다.

다음은, 에너지 사용을 줄이는 것이다. 가전제품은 에너지 효율이 높은 것을 쓰고, 조명 기구는 전기가 적게 드는 제품을 사용한다. 한여름에는 냉방기를 적게 쓰고 겨울에도 난방 기구를 덜 쓰도록 노력해야 한다.

16 이 글을 쓴 목적은 무엇입니까? (　　　)

① 에너지 절약을 주장하기 위해서
② 자원의 종류에 대해 설명하기 위해서
③ 전기를 만드는 과정을 설명하기 위해서
④ 전기용품의 사용 방법을 안내하기 위해서
⑤ 대체 에너지의 필요성을 주장하기 위해서

17 다음은 이 글의 전개 방식입니다. 빈칸에 들어갈 말은 무엇입니까? (　　　)

> 문제점 제시, [　　　] 제안, 실천 방법 제안으로 전개되고 있다.

① 중심 내용　② 해결 방안
③ 중심 문장　④ 원인과 결과
⑤ 중요한 사건

서술형

18 집에서 에너지를 절약하는 방법을 생각해 쓰시오.

____

____

국어활동

19~20 다음 글을 읽고, 물음에 답하시오.

비가 올 때 사용하는 도구에는 어떤 것이 있을까? [　㉠　] 삿갓은 대오리나 갈대로 거칠게 엮어 만든 모자이다. 반면 도롱이는 짚이나 띠 같은 풀을 두껍게 엮어 만든 망토이다. 삿갓과 도롱이를 함께 쓰면 비를 맞지 않고 양손을 자유롭게 움직일 수 있다. 그래서 농부들은 삿갓과 도롱이를 많이 활용했다.

「옛날과 오늘날의 우비」

19 ㉠ 안에 들어갈 중심 문장으로 알맞은 것은 어느 것입니까? (　　　)

① 옛날에는 비가 오지 않았다.
② 모자의 종류에는 여러 가지가 있다.
③ 삿갓과 도롱이는 만들기가 어려웠다.
④ 옛날 사람들은 비가 올 때면 삿갓이나 도롱이를 사용했다.
⑤ 오늘날 사람들은 헝겊이나 비닐로 만든 가벼운 우산을 쓴다.

20 오늘날의 우산에 비해 삿갓과 도롱이를 함께 쓰면 좋은 점은 무엇입니까? (　　　)

① 값이 비싸다.　② 크기가 작다.
③ 비가 조금 샌다.　④ 만들기 어렵다.
⑤ 양손이 자유롭다.

2 단원

창의서술형 평가

2. 내용을 간추려요

국어 64~87쪽 국어 활동 28~41쪽

1~3 다음 글을 읽고, 물음에 답하시오.

일기 예보

- 오늘 날씨: 전국적으로 맑음.
- 일요일 날씨-산책하기 좋은 날씨
  - -춘천 낮 기온 20도
  - -아침저녁으로 기온 차가 큼.

➡ · 나들이 가능
· 따뜻한 옷 필요

1 오늘 날씨와 함께 언제 어느 지역의 날씨 정보를 메모했는지 쓰시오.

2 이 메모로 보아 글쓴이가 일기 예보를 들을 때에 목적은 무엇이었을지 쓰시오.

3 다음은 글쓴이가 들으면서 쓴 방법에 대해 이야기한 모습입니다. 빈 말풍선 안에 들어갈 알맞은 말을 쓰시오.

도움말

일기 예보를 들으면서 춘천의 일요일 날씨, 나들이 갈 때 필요한 준비물 등을 적은 메모입니다.

1 메모에는 춘천의 일요일 날씨에 대한 정보와 나들이 갈 때 필요한 준비물을 적었습니다.

2 듣는 목적 무엇이냐에 따라 들으면서 적는 중요한 내용이 달라지므로, 중요하게 적은 내용을 바탕으로 하여 들을 때의 목적을 짐작할 수 있습니다.

3 글쓴이는 중요한 날씨 정보를 적고, 기호를 사용하여 자신의 생각을 눈에 띄게 나타냈습니다.

4~5

동물들이 소리를 내는 방식은 다양합니다. 성대를 이용하여 소리를 내는 동물도 있고 다른 부위를 이용하는 동물도 있습니다.

개나 닭은 사람과 같이 성대를 울려 소리를 내지만 다양한 소리를 내지는 못합니다. 왜냐하면 성대나 입과 혀의 생김새가 사람과 다르기 때문입니다. 그래서 몇 가지 소리만 낼 수 있습니다. 동물들은 대개 서로를 부르거나 위협하기 위해서 소리를 냅니다.

매미는 발음근으로 소리를 냅니다. 매미는 수컷만 소리를 낼 수 있고, 암컷은 소리를 내지 못합니다. 매미의 배에 있는 발음막, 발음근, 공기주머니는 매미가 소리를 내게 도와줍니다. 그런데 암컷은 발음근이 발달되어 있지 않고 발음막이 없어서 소리를 낼 수 없답니다. 수컷은 발음근을 당겨서 발음막을 움푹 들어가게 한 다음 '딸깍' 하고 소리를 냅니다. 이 소리가 커지고 반복되면 '찌이이' 하고 소리가 납니다.

물고기는 몸속에 있는 부레로 여러 가지 소리를 냅니다. 부레 안쪽 근육을 수축하거나 부레의 얇은 막을 진동해 소리를 낼 수 있습니다. 물고기가 조용하다고 느끼는 이유는 우리가 들을 수 없는 높낮이로 소리를 내기 때문입니다.

4 각 문단의 중심 문장을 찾아 쓰시오.

1문단	동물들이 소리를 내는 방식은 다양합니다.
2문단	(1)
3문단	(2)
4문단	(3)

5 각 문단의 중심 문장을 연결해 글 전체의 내용을 간추려 쓰시오.

도움말

동물들이 소리를 내는 방식에 대해 설명하는 글로, 개나 닭, 매미, 물고기가 어떻게 소리를 낼 수 있는지 알 수 있는 글입니다.

2 단원

4 문단은 내용이 바뀌거나 들여쓰기가 되어 있는 곳을 찾아서 구별할 수 있습니다.

5 뜻이 자연스럽게 통하도록 중심 문장을 연결해 써야 합니다.

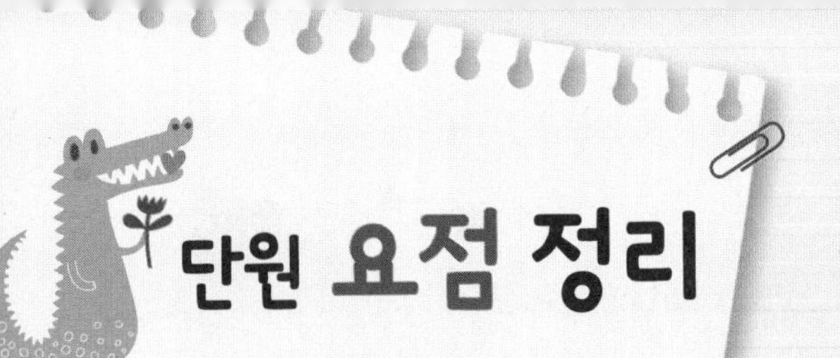

3. 느낌을 살려 말해요

학습목표
자신의 생각과 느낌을 효과적으로 전달할 수 있습니다.

국어 88~113쪽 국어 활동 42~47쪽

핵심 1 상황에 알맞은 *표정, 몸짓, 말투의 효과 알기

- 자신의 생각을 분명하게 전달할 수 있습니다.
- 느낌을 잘 표현할 수 있습니다.
- 듣는 사람이 잘 알아들을 수 있습니다.
  - 듣는 사람을 배려해 표정, 몸짓, 말투를 선택해야 합니다.

핵심 2 적절한 표정, 몸짓, 말투를 사용해 말하기

- 듣는 사람에게 맞게 사용합니다.
- 표정, 몸짓, 말투가 서로 어울리게 말합니다.
- 사용하려는 목적을 생각합니다.
- 상황에 알맞은 표정, 몸짓, 말투 예

겪은 일을 설명할 때	• 자신 있는 표정을 짓는다. • 손을 적절하게 활용한다. • 정확하게 말한다.
다른 사람을 설득할 때	• 따뜻한 표정으로 상대를 바라본다. • 손을 적절하게 사용한다. • 부드러운 말투를 사용한다.
감정을 표현할 때	• 감정이 잘 드러나는 표정을 짓는다. • 손을 적절하게 활용한다. • 감정이 솔직하게 드러나는 말투를 사용한다.

- 대화할 때 표정을 살펴보려면 상대의 얼굴을 잘 바라보며 특히 눈이나 입 등을 주의 깊게 살펴봐야 합니다.

핵심 3 듣는 사람을 고려해 상황에 맞게 말하기

- 동생에게는 알기 쉬운 말로 말합니다.
- 친구에게는 친구가 관심을 보일만한 내용을 설명합니다.
- 여러 사람 앞에서는 높임말을 사용합니다.

듣는 사람에 고려해 상황에 맞게 말하면 좋은 점
- 듣는 사람이 잘 이해할 수 있습니다.
- 상대와 오해가 줄어듭니다.

듣는 사람에게 맞게 말하기
- 듣는 사람과 들을 상황을 고려합니다.
- 말할 내용을 알맞은 표정, 몸짓, 말투로 표현합니다.

핵심 4 읽는 사람을 고려해 생각 쓰기

- 읽는 사람의 나이를 고려해야 합니다.
- 내용을 잘 알고 있는지 살펴봐야 합니다.
- 읽는 사람의 처지를 생각해 보고 써야 합니다.
- 기분이 상하지 않도록 예의를 지켜야 합니다.

자신의 생각을 글로 쓰기
- 글을 읽는 사람이 쉽게 이해할 수 있도록 자신의 의견과 까닭이 잘 드러나게 씁니다.
- 읽는 사람의 나이를 고려해 어휘를 고릅니다.
- 읽는 사람의 상황을 떠올립니다.

핵심 5 자신이 겪은 일을 실감 나게 말하기

- 자신이 겪은 일 가운데에서 재미있었던 일을 떠올려 봅니다. → 예 친구들과 역할극을 한 일, 부모님과 함께 경주에 놀러 갔던 일
- 재미있었던 일 가운데에서 한 가지를 정합니다.
- 겪은 일을 들려줄 대상을 정합니다.
- 언제 어디에서 누구와 무엇을 했는지 정리합니다.
- 그때의 기분을 떠올리며 기분에 어울리는 표정과 말투로 이야기합니다.
- 겪은 일을 몸짓으로 흉내 내면 더욱 실감이 납니다.

겪은 일을 들려줄 대상에 따라 달라지는 점
- 할아버지께 말씀드릴 때에는 천천히 또박또박 이야기합니다.
- 내용을 잘 모르는 친구에게 자세히 설명하려면 행동이나 몸짓으로 보여 주면 도움이 됩니다.
- 여러 친구 앞에서 겪은 일을 이야기할 때에는 높임말을 해야 합니다.
  - 여러 사람 앞에서 공식적으로 말하는 상황

국어활동

핵심 6 듣는 사람을 고려해 상황에 맞게 말하고 읽는 사람을 고려해 생각이나 느낌을 쓸 수 있는지 확인하기

- 바른 표정, 몸짓, 말투로 예의를 지켜 말해야 합니다.
- 듣는 사람의 사정이나 마음을 생각하며 말해야 합니다.
  - 예 시각 장애인이 길을 물어보아서 점자 블록으로 안내해 드렸어.
- 읽는 사람이 무엇을 궁금해할지 떠올려 봅니다.
- 읽는 사람이 이해할 수 있을지 생각해 봅니다.

조금 더 알기

「가방 들어 주는 아이」에서 석우의 표정과 몸짓 살펴보기 예

말	
오, 민영택! 센데!	
표정	몸짓
친구의 성공을 반기는 표정	엄지손가락을 위로 올림.

「돈을 왜 만들었을까?」의 내용

돈의 역할에 대해 설명한 글로, ★물물 교환을 할 때 사람들은 서로 원하는 것도 다르고 각자가 생각하는 물건의 가치도 달라서 불편했습니다. 그래서 사람들은 물건의 가격을 매길 수 있는 돈을 생각해 냈습니다.

「생태 마을 보봉」을 읽고 글을 쓸 때에 생각할 점 예

읽을 사람	글의 내용
학급 신문을 읽는 친구들	우리나라의 생태 마을을 조사한 내용
마을 온라인 게시판을 이용하는 주민들	보봉 마을 사람들처럼 환경을 위해 자동차 사용을 줄이자고 제안하는 내용

낱말 사전

★**표정** 마음속에 품은 감정이나 정서 등의 심리 상태가 겉으로 드러남. 또는 그런 모습.

★**물물 교환** 돈으로 매매하지 않고 직접 물건과 물건을 바꾸는 일.

개념을 확인해요

1 상황에 알맞은 □□, 몸짓, 말투를 사용하면 자신의 생각을 분명하게 전달할 수 있습니다.

2 □□에 알맞은 표정, 몸짓, 말투를 사용해야 듣는 사람이 잘 알아들을 수 있습니다.

3 표정, 몸짓, 말투는 □□ 사람에게 맞게 사용합니다.

4 적절한 표정, 몸짓, 말투로 말할 때에는 □□, 몸짓, 말투가 서로 어울리게 말합니다.

5 사용하려는 □□을 생각하며 적절한 표정, 몸짓, 말투로 말합니다.

6 동생에게는 □□ 쉬운 말로 말합니다.

7 듣는 사람을 고려해 □□에 맞게 말하면 상대와 오해가 줄어듭니다.

8 글을 쓸 때에는 읽는 사람의 □□를 고려해 어휘를 고릅니다.

9 읽는 사람을 고려해 생각이나 느낌을 쓸 때에는 읽는 사람의 처지를 생각하고, □□를 지켜야 합니다.

10 겪은 일을 들려줄 때에는 그때의 □□을 떠올리며 기분에 어울리는 표정과 말투로 이야기합니다.

3 단원

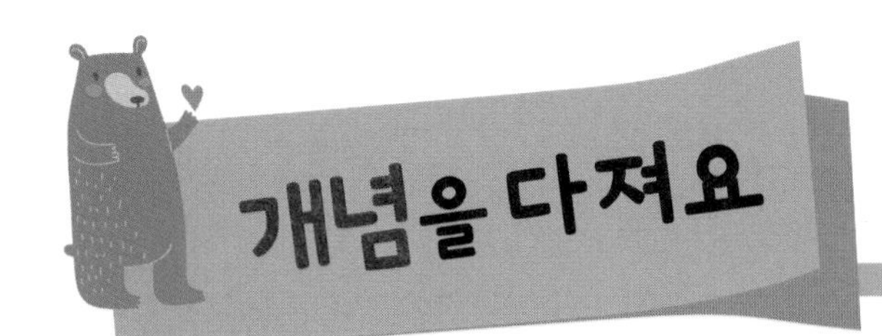

3. 느낌을 살려 말해요

국어 88~113쪽 국어 활동 42~47쪽

도움말

1. 상황에 맞지 않는 표정, 몸짓, 말투를 사용하면 생각이나 느낌이 잘못 전달될 수 있습니다.

2. 상황에 따라 알맞은 표정, 몸짓, 말투가 다르다는 것을 알아야 합니다.

3. 상대에 따라 내가 어떻게 말할 때 듣는 사람이 이해하기 쉬울지 생각해 봅시다.

핵심 1

1 상황에 알맞은 표정, 몸짓, 말투를 사용하면 어떤 점이 좋은지 알맞은 것에 ○표를 하시오.

(1) 느낌을 표현하기 어려워진다. ( )
(2) 듣는 사람이 잘 알아들 수 없다. ( )
(3) 자신의 생각을 분명하게 전달할 수 있다. ( )

핵심 2

2 다음은 어떤 상황에서 말할 때에 알맞은 표정, 몸짓, 말투입니까? ( )

- 손을 적절하게 활용한다.
- 자신 있는 표정을 짓는다.
- 또박또박 정확하게 말한다.

① 아픈 친구를 위로해 줄 때
② 친구에게 서운한 마음을 전할 때
③ 할머니께 감사하는 마음을 전할 때
④ 친구들에게 어제 있었던 일을 설명할 때
⑤ 장난감을 놓고 다툰 동생에게 화해하자고 말할 때

핵심 3

3 '돈의 역할'에 대해 설명할 때 듣는 사람에 따라 말하는 방법에 알맞게 선으로 이으시오.

(1) 동생 •　　　　• ㉠ 높임말을 사용한다.
(2) 친구 •　　　　• ㉡ 알기 쉬운 말로 말한다.
(3) 여러 사람 •　　　　• ㉢ 친구가 관심을 보일 만한 내용을 설명한다.

핵심 4

4 글을 쓸 때 읽는 사람을 위해 고려해야 할 점이 아닌 것은 무엇입니까? (　　　)

① 읽는 사람의 나이를 고려해야 한다.
② 내용을 잘 알고 있는지 살펴봐야 한다.
③ 읽는 사람의 외모를 상상하며 써야 한다.
④ 기분이 상하지 않도록 예의를 지켜야 한다.
⑤ 읽는 사람의 처지를 생각해 보고 써야 한다.

핵심 5

5 겪은 일을 이야기로 들려줄 때 내용을 잘 모르는 친구에게 자세히 설명하려면 어떻게 해야 합니까? (　　　)

① 높임말을 사용해 말한다.
② 긴 문장으로만 이야기한다.
③ 친구와 멀리 떨어져 말한다.
④ 행동이나 몸짓으로 보여 준다.
⑤ 아주 큰 목소리로 이야기한다.

핵심 6

6 듣는 사람을 고려해 상황에 맞게 말하거나 행동한 것의 기호를 쓰시오.

㉠ 외국인이 길을 물어봤는데 외국어를 잘 못해서 도망쳤다.
㉡ 시각 장애인이 길을 물어보아서 점자 블록으로 안내해 드렸다.
㉢ 학교 친구들에 대해 설명할 때 우리 할머니니까 반말로 이야기했다.

(　　　　　　　　　　)

도움말

4. 읽는 사람의 나이, 처한 상황, 배경 지식 등을 생각해 보고 글을 쓰면 생각이나 느낌을 더 잘 전달할 수 있습니다.

5. 겪은 일을 직접 행동으로 흉내 내면 듣는 사람이 더 이해하기 쉽습니다.

6. 듣는 사람의 처지와 마음을 생각하며 예의를 지켜 말했는지 알아봅시다.

3 단원

1회 단원 평가

3. 느낌을 살려 말해요

도전

국어 88~113쪽 국어 활동 42~47쪽

1~2 다음 그림을 보고, 물음에 답하시오.

(가)

(나)

1 그림 (가)와 (나)는 어떤 말하기 상황입니까? (　　　)

① 학급 회의를 진행하고 있다.
② 축제에서 장기 자랑을 하고 있다.
③ 공개 수업 시간에 발표하고 있다.
④ 일 등을 해서 소감을 발표하고 있다.
⑤ 회장 선거에 나가 의견을 말하고 있다.

2 그림 (가)와 (나) 가운데 말하는 사람의 표정이 알맞은 것에 ○표를 하시오.

(가) 
(　　　　　)

(나) 
(　　　　　)

3 상황에 알맞은 표정을 지으며 말하면 좋은 점이 아닌 것은 어느 것입니까? (　　　)

① 느낌을 잘 표현할 수 있다.
② 듣는 사람이 이해하기 쉽다.
③ 긴 시간 동안 이야기할 수 있다.
④ 생각을 분명하게 전달할 수 있다.
⑤ 듣는 사람이 잘 알아들을 수 있다

4~5 다음 그림을 보고, 물음에 답하시오.

4 달리기를 잘하는 친구에게 해 줄 수 있는 말은 무엇입니까? (　　　)

① 고마워.　　② 잘했어!
③ 재미있다.　　④ 미안하다.
⑤ 많이 아프냐?

5 선생님이 밝은 표정으로 엄지를 올리는 것은 무엇을 의미합니까? (　　　)

① 빨리 나으라는 뜻
② 잘했다고 칭찬하는 뜻
③ 배가 몹시 아프다는 뜻
④ 진심으로 미안하다는 뜻
⑤ 어떻게 할지 잘 모르겠다는 뜻

6~8 다음 글을 읽고, 물음에 답하시오.

석우: 자, 멀리 찼지? 자, 네 차례야.
영택: ㉠잘 못할 것 같은데…….
석우: ㉡에이, 해 봐. 오, 민영택! 센데!

6 석우가 영택이에게 해 보라고 한 일은 무엇입니까? (　　　)

① 멀리 차기
② 빨리 달리기
③ 제자리에서 뛰기
④ 무거운 물건 들기
⑤ 높은 곳을 뛰어넘기

7 ㉠에서 영택이의 말투는 어떠하겠습니까? (　　　)

① 밝고 장난스럽다.
② 짜증나고 불만스럽다.
③ 말이 빠르고 불안하다.
④ 소리가 작고 걱정스럽다.
⑤ 소리가 크고 자신감이 있다.

8 ㉡에서 석우의 몸짓으로 어울리는 것은 무엇입니까? (　　　)

① 친구의 등을 두드림.
② 양손으로 두 눈을 가림.
③ 엉덩이를 위아래로 흔듦.
④ 엄지손가락을 아래로 내림.
⑤ 손가락으로 영택이의 집을 가리킴.

9~10 다음 글을 읽고, 물음에 답하시오.

육천 년 전, 드디어 사람들은 저마다 남는 물건을 바꾸기 시작했어요. 물물 교환이 시작된 거예요.

하지만 물물 교환은 쉽지 않았어요. 쌀을 가져온 농부가 어부의 고등어와 맞바꾸려면 어부 역시 쌀을 원해야 하잖아요? 그런데 어부가 원하는 것이 사냥꾼의 곰 가죽이라면 이 거래는 이루어질 수 없겠지요. 또 운 좋게 그런 상대방을 만나도 교환이 늘 순조롭지만은 않았어요.

"어부야, 고등어 한 마리랑 쌀 한 봉지랑 바꾸자."

"두 봉지는 줘야지."

그래서 인류는 물건의 가격을 매길 수 있는 제삼의 물건을 생각해 냈어요. 바로 돈이었지요. 기록에 전해지는 최초의 돈은 중국인들이 사용한 조개껍데기예요.

「돈을 왜 만들었을까?」, 김성호

9 돈이 없을 때 사람들은 원하는 물건을 어떻게 구했습니까? (　　　)

① 마을 어른들께 물건을 부탁했다.
② 시장에서 필요한 물건을 집어 왔다.
③ 마을 사람들이 회의를 한 뒤 구입했다.
④ 필요한 물건을 서로 교환하여 사용했다.
⑤ 상인을 통해 보석으로 교환하여 사용했다.

10 이 글의 내용을 동생에게 알려 줄 때 상황에 맞게 말한 것에 ○표를 하시오.

(1) 물건과 물건을 바꾸어 쓰던 사람들이 불편해서 물건의 가격을 매길 수 있는 돈을 만들어 낸 거야. (　　　)

(2) 물물 교환을 할 때 사람들은 서로 원하는 것도 다르고 각자가 생각하는 물건의 가치도 달라서 불편했다고 합니다. 그래서 사람들은 물건의 가격을 매길 수 있는 새로운 물건을 생각해 낸 것이죠. 그것이 바로 돈이랍니다. (　　　)

3 단원

11~13 다음 글을 읽고, 물음에 답하시오.

돈은 크게 동전과 지폐로 나눌 수 있어요.
동전은 주재료가 구리인데, 여기에 아연이나 니켈, 알루미늄 같은 금속을 조금씩 섞어서 만들어요. 이 섞는 금속에 따라서 동전 색깔이 달라지지요.
옛날 10원 동전은 지금과 달리 누런색이었어요. 그것은 동전에 섞인 아연 때문이에요. 새로 나온 10원짜리는 구릿빛으로 붉어요. 그 이유는 아연을 빼고 구리를 씌운 알루미늄을 사용했기 때문이지요. 반면 100원, 500원 동전이 은백색인 것은 니켈 때문이에요. 지금은 쓰이지 않지만 1원짜리 동전은 구리가 전혀 섞이지 않은 100퍼센트 알루미늄으로 만들었어요.

「돈의 재료」, 김성호

11 이 글에서 설명하는 내용은 무엇입니까? (   )

① 동전의 모양 ② 동전의 재료
③ 동전의 가격 ④ 동전이 생긴 때
⑤ 동전이 생긴 까닭

12 100원, 500원 동전이 은백색인 것은 무엇 때문입니까? (   )

① 구리 ② 아연
③ 니켈 ④ 유리
⑤ 알루미늄

서술형

13 이 글의 내용을 정리해 여러 사람 앞에서 말할 때 주의할 점은 무엇인지 쓰시오.

14~15 다음 글을 읽고, 물음에 답하시오.

보봉은 독일에 있는 생태 마을로, 태양 에너지, 녹색 교통, 주민 자치 등 환경 정책이 두루 잘 실현되고 있는 곳입니다. 보봉은 1992년까지 군대가 있던 곳이었습니다. 군대가 철수하고 난 뒤 마을 사람들은 이 지역을 어떻게 활용할지에 대해 고민하게 되었습니다. 여러 가지 활용 방안을 놓고 회의를 한 결과, 주민들은 이곳을 생태 마을로 만들기로 합의하였습니다. 마을 사람들은 이곳을 어떻게 생태 마을로 만들까 고민했습니다. 오랫동안 토론한 끝에 다음과 같은 실천 조항들을 만들었습니다.

"태양열을 우리 마을의 주 에너지원으로 합시다."
"자동차 사용을 줄이고 물을 아낄 수 있는 곳으로 만듭시다."
"콘크리트를 쓰지 않는 곳으로 만듭시다."
이런 노력으로 보봉은 생태 마을이 되었습니다.

「생태 마을 보봉」, 김영숙

14 보봉은 어떤 마을입니까? (   )

① 교통이 복잡하고 어수선한 마을
② 대규모 군대가 머무르게 될 마을
③ 군인 가족이 많이 살고 있는 마을
④ 환경 정책이 잘 실현되고 있는 마을
⑤ 독일에서 에너지를 가장 많이 쓰는 마을

주의

15 보봉을 생태 마을로 만들기 위해 주민들이 만든 실천 조항이 아닌 것은 무엇입니까? (   )

① 자동차 사용을 줄이자.
② 쓰레기가 없는 곳으로 만들자.
③ 물을 아낄 수 있는 곳으로 만들자.
④ 콘크리트를 쓰지 않는 곳으로 만들자.
⑤ 태양열을 마을의 주 에너지원으로 하자.

16~17 다음 글을 읽고, 물음에 답하시오.

"보봉 마을에는 개인 주차장이 없습니다. 그 대신 정원과 공원, 어린이 놀이터, 자전거 주차장이 있습니다. 이 마을에 들어와 살려면 개인 주차장을 짓지 않겠다고 약속해야 합니다. 그 대신 유료 공동 주차장이 있는데, 차 한 대당 주차장 이용료로 3700유로(약 500만 원)를 내야 합니다. 상황이 이렇다 보니 아예 차를 사지 않는 주민이 많습니다.

전차 같은 대중교통을 이용하거나 자동차를 함께 타거나 빌려 타는 '승용차 함께 타기'가 활발하게 이루어지고 있습니다. 저도 보봉이 어린아이들의 천국이라는 점 때문에 이사를 했고, 이곳에서 아들을 낳고 길렀습니다.

보봉은 오랫동안 군대가 머무는 곳으로 묶여 있어 생기라고는 찾아볼 수 없는 스산한 마을이었습니다. 지금의 보봉으로 새롭게 태어날 수 있었던 것은 주민들의 뜻과 의지가 있었기 때문입니다. 주민들이 스스로 생태 마을을 만들자고 결정했고, 주민의 실천으로 생태 마을을 이루었습니다."

16 보봉 마을에 들어와 살려면 어떤 약속을 해야 합니까? (　　　)

① 대중교통을 이용하겠다.
② 어린이 놀이터를 만들겠다.
③ 개인 주차장을 짓지 않겠다.
④ 차를 사지 않고 빌려 타겠다.
⑤ 자전거 주차장 이용료를 내겠다.

중요

17 이 글을 읽고 전하고 싶은 생각이나 느낌을 알맞게 떠올린 것은 무엇입니까? (　　　)

① 자연을 더욱 개발해야겠다고 생각했다.
② 멋진 놀이터가 있는 마을을 찾아보고 싶다.
③ 개인을 위해서 전체가 양보해야 할 것 같다.
④ 환경을 위해서 승용차를 타야겠다고 생각했다.
⑤ 마을을 바꾸는 데에는 주민의 실천이 중요한 것 같다.

서술형

18 자신이 겪은 일을 친구에게 들려줄 때 어떤 표정과 몸짓, 말투를 사용하면 좋을지 쓰시오.

____

____

국어활동

19~20 다음 글을 읽고, 물음에 답하시오.

복도와 계단에서는 반드시 우측통행을 해야 하는데, 천천히 걸어서 다른 사람의 활동을 방해하지 않아야 해요. 여러 사람이 함께 계단을 오르내릴 때는 앞사람과 닿지 않도록 간격을 두어야 합니다.

계단에서 뛰거나 두세 칸씩 오르내리다가 헛디뎌 구를 수 있고, 한눈을 팔면 발을 잘못 디뎌 다치게 되니 주의해야 해요. 계단을 오르내릴 때는 난간을 잡고 이동해야 안전합니다.

「안전하게 계단 오르내리기」, 이성률

19 복도와 계단에서 길을 갈 때에는 어느 쪽으로 가야 합니까? (　　　)

① 창문이 있는 쪽
② 가는 길의 왼쪽
③ 가는 길의 오른쪽
④ 울타리가 없는 쪽
⑤ 앞사람이 가는 쪽

20 계단을 이용할 때 지켜야 할 점으로 알맞지 않은 것은 무엇입니까? (　　　)

① 한눈을 팔지 않는다.
② 두세 칸씩 오르내린다.
③ 계단 난간을 잡고 이동한다.
④ 앞사람과 닿지 않도록 간격을 둔다.
⑤ 다른 사람의 활동을 방해하지 않는다.

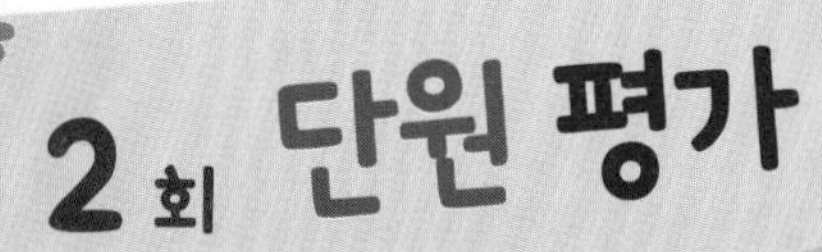

1~3 다음 그림을 보고, 물음에 답하시오.

(가)

(나)

1 그림 (가)에서 친구의 표정은 어떠합니까? (　　　)

① 밝은 미소를 짓고 있다.
② 긴장해서 굳은 얼굴이다.
③ 속상해서 찡그린 얼굴이다.
④ 귀찮아하며 눈을 감고 있다.
⑤ 놀라서 눈을 동그랗게 뜨고 있다.

2 그림 (나)의 친구와 비슷한 표정으로 말하게 되는 상황에 ○표를 하시오.

(1) 고맙다는 인사를 받았을 때 (　　　)
(2) 달리기를 잘했다고 칭찬받았을 때 (　　　)
(3) 할 일을 미루었다고 꾸중 들었을 때 (　　　)

3 학급 회장 선거에 나가 발표할 때 알맞은 몸짓은 어느 것입니까? (　　　)

① 손가락을 계속 만지작거린다.
② 비뚤게 서서 창밖을 바라본다.
③ 눈동자를 움직여서는 안 된다.
④ 바르게 서서 듣는 사람을 바라본다.
⑤ 바닥을 보며 손으로 머리를 긁적인다.

4 그림 (가), (나) 가운데 알맞은 말투로 우승 소감을 말한 것의 기호를 쓰시오.

(가)

(나)

그림 (　　　　　　　)

5 다음 그림에서 남자아이의 표정이나 몸짓으로 알 수 있는 것은 무엇입니까? (　　　)

① 자랑스럽다.
② 진심으로 고맙다.
③ 배가 몹시 아프다.
④ 이야기가 재미있다.
⑤ 방법을 잘 모르겠다.

6~7 다음 글을 읽고, 물음에 답하시오.

석우: 자, 멀리 찼지? 자, 네 차례야.
영택: 잘 못할 것 같은데…….
석우: 에이, 해 봐. 오, 민영택! 센데!

6 말투로 알 수 있는 석우의 성격은 어떠합니까? (　　　)

① 소극적이다.
② 욕심이 많다.
③ 밝고 쾌활하다.
④ 자신감이 없다.
⑤ 짜증을 잘 낸다.

7 오른쪽 그림 속 석우의 말에 어울리는 표정과 몸짓을 쓰시오.

(1) 표정: (　　　　　　　　　　)
(2) 몸짓: (　　　　　　　　　　)

서술형

8 상대를 설득하기 위해 말하는 상황에서는 어떤 표정, 몸짓, 말투를 하면 좋을지 쓰시오.

9~10 다음 글을 읽고, 물음에 답하시오.

기록에 전해지는 최초의 돈은 중국인들이 사용한 조개껍데기예요.
'애걔, 그 흔한 조개껍데기를 돈으로 사용했단 말이야?'라고 생각하겠죠? 하지만 이 조개는 우리가 흔히 볼 수 있는 그런 조개가 아니라 더운 지방에서만 나는 '자안패'라는 귀한 조개였어요. 이 조개껍데기에 구멍을 뚫어 실을 꿰면 장신구가 되기도 했지요.
조개껍데기가 나지 않는 지역은 다른 물건을 돈으로 사용했어요.
초콜릿의 원료인 카카오가 많이 나는 남아메리카에서는 카카오 열매를, 소금이 풍부했던 아프리카와 지중해 지역에서는 소금을, 농경 지역에서는 곡식과 옷감을, 가축이 재산이었던 유목민은 동물을 각각 돈으로 사용했어요. 이렇게 물건을 돈으로 사용하는 것을 '물품 화폐' 또는 '상품 화폐'라고 해요.

9 옛날에 지역에 따라 돈으로 사용되었던 물건을 잘못 짝지은 것은 어느 것입니까? (　　　)

① 유목민 – 동물
② 중국 – 조개껍데기
③ 북극 – 카카오 열매
④ 지중해 지역 – 소금
⑤ 농경 지역 – 곡식과 옷감

10 '물품 화폐'에 대한 설명으로 알맞은 것을 두 가지 고르시오. (　　,　　)

① '자안패'와 같은 말이다.
② '상품 화폐'와 같은 말이다.
③ 종이로 만든 돈을 가리키는 말이다.
④ 돈을 주고 물품을 사는 것을 가리키는 말이다.
⑤ 물건을 돈으로 사용하는 것을 가리키는 말이다.

11~15 다음 글을 읽고, 물음에 답하시오.

돈은 크게 동전과 지폐로 나눌 수 있어요.
동전은 주재료가 구리인데, 여기에 아연이나 니켈, 알루미늄 같은 금속을 조금씩 섞어서 만들어요. 이 섞는 금속에 따라서 동전 색깔이 달라지지요.
옛날 10원 동전은 지금과 달리 누런색이었어요. 그것은 동전에 섞인 아연 때문이에요. 새로 나온 10원짜리는 구릿빛으로 붉어요. 그 이유는 아연을 빼고 구리를 씌운 알루미늄을 사용했기 때문이지요. 반면 100원, 500원 동전이 은백색인 것은 니켈 때문이에요. 지금은 쓰이지 않지만 1원짜리 동전은 구리가 전혀 섞이지 않은 100퍼센트 알루미늄으로 만들었어요.
그럼 지폐는 무엇으로 만들까요?
당연히 종이라고 생각하겠지만, 지폐는 솜으로 만들어요. 방적 공장에서 옷감의 재료로 사용하고 남은 찌꺼기 솜인 낙면이 그 재료이지요. 이 솜으로 만든 지폐는 습기에도 강하고 정교하게 인쇄 작업을 할 수 있으며 위조를 방지할 수 있다는 장점이 있어요. 그래서 오늘날 대부분의 국가들은 솜으로 지폐를 만들어요.
그렇지만 특이하게 플라스틱으로 지폐를 만드는 나라도 있어요. 호주와 뉴질랜드는 플라스틱의 일종인 폴리머라는 재료로 지폐를 만들어요.
우리나라의 화폐 제조 기술은 세계적인 수준인데 동전의 경우 현재, 유럽과 미국을 포함한 40여 개 국가, 25억의 인구가 우리나라에서 생산한 소전으로 자기들의 동전을 만들어 쓰고 있어요. 소전이란 무늬를 새겨 넣기 전의 동전판을 말해요.

11 이 글에 대해 바르게 설명한 것은 어느 것입니까? (　　　)

① 돈의 재료에 대해 설명했다.
② 돈의 역할에 대해 설명했다.
③ 돈에 새기는 무늬에 대해 설명했다.
④ 화폐 제조 기술을 수출하자고 제안했다.
⑤ 돈을 훼손하지 않고 사용하자고 주장했다.

12 우리나라 동전과 지폐의 주재료는 무엇입니까? (　　　)

① 동전 – 구리, 지폐 – 솜
② 동전 – 구리, 지폐 – 종이
③ 동전 – 니켈, 지폐 – 종이
④ 동전 – 알루미늄, 지폐 – 폴리머
⑤ 동전 – 알루미늄, 지폐 – 플라스틱

13 솜으로 지폐를 만들면 좋은 점을 두 가지 고르시오. (　　,　　)

① 습기에 강하다.
② 위조하기 쉽다.
③ 잘 접히지 않는다.
④ 불에 잘 타지 않는다.
⑤ 정교한 인쇄 작업이 가능하다.

14 이 글을 읽고 동전의 재료에 대해 여러 사람 앞에서 바르게 말한 것에 ○표를 하시오.

(1) 동전은 주재료가 구리인데, 섞는 금속에 따라 동전 색깔이 달라집니다. (　　)
(2) 동전은 다양한 금속을 섞어 만들기 때문에 동전 색깔이 다양한 거야. (　　)
(3) 동전의 주재료는 구리지만 섞는 금속에 따라 동전 색깔이 달라지는 거야. (　　)

서술형

15 이 글을 읽고 우리나라의 화폐 제조 기술에 대해 동생에게 말할 내용을 정리해 쓰시오.

16~18 다음 글을 읽고, 물음에 답하시오.

"자동차 사용을 줄이고 물을 아낄 수 있는 곳으로 만듭시다."
"콘크리트를 쓰지 않는 곳으로 만듭시다."
이런 노력으로 보봉은 생태 마을이 되었습니다.
보봉 생태 마을의 주민인 알뮤트 슈스터 씨는 다음과 같이 말했습니다.
"보봉 마을에는 전력 생산 주택이 있습니다. 열 손실을 최소화한 주택에 태양 전지를 지붕 위에 얹은 공동 주택입니다. 이 주택의 태양 전지가 일 년간 생산하는 전기는 약 7000킬로와트 정도입니다. 대개 가정에서 필요한 양이 5500킬로와트 정도입니다. 남는 전력은 인근 발전소에 팔아서 월 평균 100유로(약 14만 원) 정도의 수익을 얻습니다.
또 보봉 마을에는 개인 주차장이 없습니다. 그 대신 정원과 공원, 어린이 놀이터, 자전거 주차장이 있습니다. 이 마을에 들어와 살려면 개인 주차장을 짓지 않겠다고 약속해야 합니다."

16 보봉 마을에 없는 것은 무엇입니까? (　　　)

① 개인 주차장　② 정원과 공원
③ 어린이 놀이터　④ 자전거 주차장
⑤ 전력 생산 주택

17 이 글을 읽고 다음 내용으로 글을 쓰려고 합니다. 고려할 점을 보기 에서 찾아 기호를 쓰시오.

읽을 사람	학급 신문을 읽는 친구들
글의 내용	우리나라의 생태 마을을 조사한 내용

보기
㉮ 관심을 보일 만한 내용을 쓰고, 사진을 활용한다.
㉯ 환경 보호를 함께 실천할 수 있도록 부탁한다.
㉰ 보봉 마을의 예를 자세히 제시해 생활에 어떻게 활용할지 안내한다.

(　　　　　　　　)

서술형

18 환경 보호를 위해 자신이 실천할 수 있는 일을 생각해 쓰시오.

____

____

3 단원

국어활동

19 시각 장애인이 길을 물어보았을 때 듣는 사람을 고려해 바르게 말한 것은 어느 것입니까? (　　　)

① 저 안내판 보이시죠? 저걸 보고 따라 가시면 돼요.
② 지금은 너무 바쁘니까 나중에 만나면 가르쳐 줄게요.
③ 혼자 돌아다니시면 위험해요. 집으로 가시는 게 어때요?
④ 제가 점자 블록으로 안내해 드릴게요. 그 점자 블록을 따라 가시면 돼요.
⑤ 죄송하지만 다른 사람한테 물어보세요. 외국어를 잘 못해서 어쩔 수 없어요.

20 계단에서 위험한 행동을 하는 친구에게 자신의 생각을 알맞게 쓴 글에 ○표를 하시오.

(1) 계단에서 조심해. 다치면 너만 손해야. (　　)
(2) 계단은 사람이 오르내리기 위해 건물에 만든 시설이야. 계단을 이용하는 것은 운동 효과가 있어. (　　)
(3) 계단에서 위험한 행동을 하지 않도록 해. 발을 잘못 디뎌 다치거나 계단 아래로 떨어져 다칠 수 있어. (　　)

1~3

도움말

그림에 나타난 상황
- ㈎: 선생님이 달리기를 잘한 친구를 칭찬했습니다.
- ㈏: 남자아이가 친구에게 아이스크림을 건네주었습니다.
- ㈐: 동생과 누나가 텔레비전을 보며 재미있어 합니다.
- ㈑: 배가 몹시 아픈 아이를 할머니께서 걱정하고 있습니다.

1 그림 ㈎에서 선생님의 밝은 표정과 엄지를 올리는 몸짓에는 어떤 마음이 담겨 있는지 쓰시오.

1 "잘했어!"라는 말에 담긴 뜻을 생각해 봅니다.

2 그림 ㈏의 상황에서 여자아이가 말할 때 말투에서 주의해야 할 점은 무엇인지 쓰시오.

2 그림 ㈏에서 여자아이는 고마운 감정을 표현하고 있습니다. 감정을 표현할 때 주의해야 할 점을 생각해 봅니다.

3 그림 ㈎ ~ ㈑에 나오는 인물 가운데 하나를 골라 언제 비슷한 표정이나 몸짓을 했는지 자신의 경험을 쓰시오.

3 칭찬했던 일, 고마웠던 일, 재미있었던 일, 아팠던 일 등 인물과 같은 표정이나 몸짓을 했던 경험을 떠올려 봅니다.

4~6

처음에는 겨우겨우 먹고살 만큼만 농사를 지었어요. 그러다가 괭이나 쟁기 같은 농기구가 개발되고 농사 기술이 발전하면서 수확하는 곡식의 양도 늘어났지요. 가족이 먹고도 남을 만큼요. 이렇게 남은 생산물을 '잉여 생산'이라고 해요. 이제 인류는 남는 곡식을 어떻게 처리할까 조금은 ㉠행복한 고민에 빠지게 되어요.

육천 년 전, 드디어 사람들은 저마다 남는 물건을 바꾸기 시작했어요. 물물 교환이 시작된 거예요.

하지만 물물 교환은 쉽지 않았어요. 쌀을 가져온 농부가 어부의 고등어와 맞바꾸려면 어부 역시 쌀을 원해야 하잖아요? 그런데 어부가 원하는 것이 사냥꾼의 곰 가죽이라면 이 거래는 이루어질 수 없겠지요. 또 운 좋게 그런 상대방을 만나도 교환이 늘 순조롭지만은 않았어요.

"어부야, 고등어 한 마리랑 쌀 한 봉지랑 바꾸자."

"두 봉지는 줘야지."

그래서 인류는 물건의 가격을 매길 수 있는 제삼의 물건을 생각해 냈어요. 바로 돈이었지요. 기록에 전해지는 최초의 돈은 중국인들이 사용한 조개껍데기예요.

4 ㉠ '행복한 고민'은 어떤 고민인지 쓰시오.

5 물물 교환이 쉽지 않았던 까닭은 무엇인지 쓰시오.

6 동생이 "돈은 왜 생겼을까?"라고 물었을 때, 이 글의 내용을 바탕으로 하여 알맞은 대답을 쓰시오.

도움말

물물 교환의 문제점, 돈이 생긴 까닭, 돈으로 사용되던 물건 등에 대해 이야기하듯이 자세하게 설명한 글입니다.

4 농사 기술이 발전하면서 수확하는 곡식의 양이 늘어나서 생긴 고민입니다.

5 물물 교환이란 사람들이 저마다 남는 물건을 바꾸어 쓰는 것을 말합니다.

6 동생에게 말할 때에는 이해하기 쉬운 말로 설명해야 한다는 점에 주의해야 합니다.

3 단원

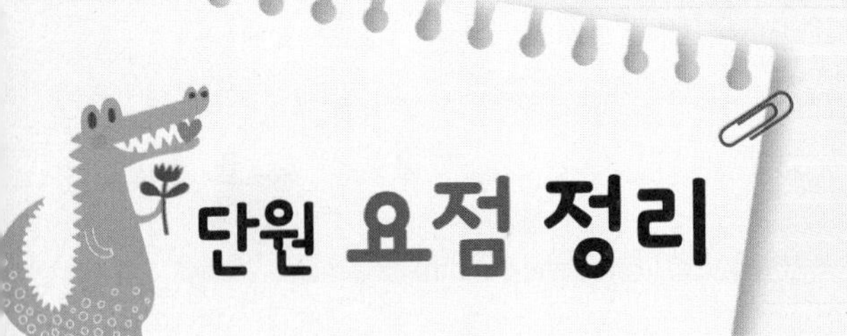

4. 일에 대한 의견

학습목표
사실과 의견을 생각하며 글을 읽고 쓸 수 있습니다.

국어 114~137쪽 국어 활동 48~53쪽

핵심 1 사실과 의견의 차이점 알기

- 현재에 벌어진 일이나 실제로 있었던 일을 사실이라고 합니다.
- 대상이나 일에 대한 생각을 의견이라고 합니다.
  - 석원이의 일기를 읽고 사실과 의견 구별하기 예

사실	정우와 함께 박물관 현장 체험학습을 다녀왔다. 박물관에는 우리 조상의 생활 모습을 담은 그림들이 전시되어 있었다.
의견	그림에 나타난 조상의 생활 모습은 오늘날과는 많이 다르다는 생각이 들었다.

사실을 나타낸 문장 예	의견을 나타낸 문장 예
• 호랑이는 동물이다.	• 여행은 즐겁다.
• 동생이 자전거를 탄다.	• 물을 아껴 쓰자.
• 엄마를 도와 설거지를 했다.	• 아침에 일찍 일어나야 한다.

핵심 2 글을 읽고 사실과 의견 구별하기

- 사실과 의견을 생각하며 글을 읽어 봅니다.
- 사실과 의견을 구별하고, 구별한 내용이 사실 또는 의견인 까닭을 생각해 봅니다.
- 사실을 나타낸 부분에 어떤 특성이 있는지 정리해 봅니다.
- 의견을 나타낸 부분에 어떤 특성이 있는지 정리해 봅니다. → 의견에 대한 근거가 들어 있습니다.

사실	의견
• 한 일입니다.	• 어떤 일에 대한 느낌입니다.
• 본 일입니다.	• 어떤 일에 대한 생각입니다.
• 들은 일입니다.	

핵심 3 사실에 대한 의견 말하기

- 글을 읽고 사실과 의견을 구별해 봅니다.
- 사실에 대한 자신의 의견을 정리해 봅니다.
- 사실에 대한 의견을 친구들과 나누어 봅니다.
  - 같은 사실에 대해서도 사람마다 의견이 다르다는 것을 알 수 있습니다.

핵심 4 사실에 대한 의견 쓰기

- 겪은 일 가운데에서 기억에 남는 일을 떠올립니다.
- 겪은 일에 대해 누구와 함께, 언제 어디에서, 무엇을, 어떻게, 왜 했는지, 어떤 생각을 했는지 써 봅니다.
- 겪은 일에 대해 떠오른 생각과 그렇게 생각한 까닭을 정리합니다.
- 겪은 일에 대한 의견을 글로 써 봅니다.

사실과 의견이 잘 드러나게 글을 쓰는 방법
- 정확한 사실을 제시합니다.
- 사실에 맞는 의견을 씁니다.

'학급 신문 기사문 쓸 준비하기 → 기사문의 내용 정리하기 → 학급 신문 기사문 쓰기 → 학급 신문 공유하기'의 차례대로 씁니다.

핵심 5 학급에서 일어난 일에 대해 의견이 드러나게 쓰기

- 학급 신문에 ★기사로 쓸 만한 일을 찾아봅니다.
  - 친구가 상을 받은 일, 복도나 교실에서 뛰는 문제, 쓰레기 분리배출이 잘되지 않는 문제 등
- 찾은 일 가운데에서 학급 신문의 기사로 쓸 내용과 쓸 사람을 정합니다.
- 기사 내용을 조사해 학급 신문 기사로 써 봅니다.
- 어떤 일이 있었는지 사실을 정확하게 조사해야 합니다.
- 선생님, 친구, 부모님이 한 말도 기록하면 좋습니다.
- 친구들이 쓴 기사를 모아 학급 신문을 편집해 봅니다.
- 학급 신문에서 ★인상적인 기사를 읽고 자신의 의견을 써 봅니다.

학급 신문 기사로 쓸 만한 일
- 친구들에게 꼭 알려야 하는 소식
- 친구들과 함께 고민해야 할 문제

국어활동

핵심 6 글을 읽고 사실과 의견을 구별하고, 사실에 대한 의견을 쓸 수 있는지 확인하기

- 글에서 실제로 있었던 일은 무엇인지, 있었던 일에 대한 생각은 무엇인지 찾아봅니다.
- 사실에 대해 드는 감정이나 기분을 떠올립니다.
- 사실에 드러난 문제를 떠올립니다.
- 사실에 드러난 문제를 해결할 수 있는 방법을 떠올립니다.

조금 더 알기

「독도를 다녀와서」를 읽고 사실과 의견 구별하기

- 사실: 지난 방학 때 나는 가족과 함께 독도를 다녀왔다. / 우리는 울릉도에 가서 다시 독도로 가는 배를 탔다. / 독도는 괭이갈매기뿐만 아니라 슴새, 바다제비 같은 텃새도 산다고 한다.
- 의견: 독도에서 동해를 바라보니 가슴이 탁 트이는 것 같았다. / 아름답고 생명력 넘치는 독도가 우리 땅이라는 것이 아주 자랑스러웠다.

「묵직한 수박 위로 나비가 훨훨!」을 읽고 알게 된 흥미로운 사실

▲「초충도」, 수박과 들쥐, 신사임당

흥미로운 사실	예 수박 껍질이 지금의 모습과 다르다.

학급 신문에 기사로 쓸 만한 일

- 우리 학급의 새로운 소식
- 우리 학급에서 있었던 즐거운 일
- 친구들과 함께 고민해야 할 문제

낱말 사전

★ **기사** 신문이나 잡지 등에서, 어떠한 사실을 알리는 글.

★ **인상적인** 어떤 대상에 대해 마음속에 새겨지는 느낌이 강하게 남는.

개념을 확인해요

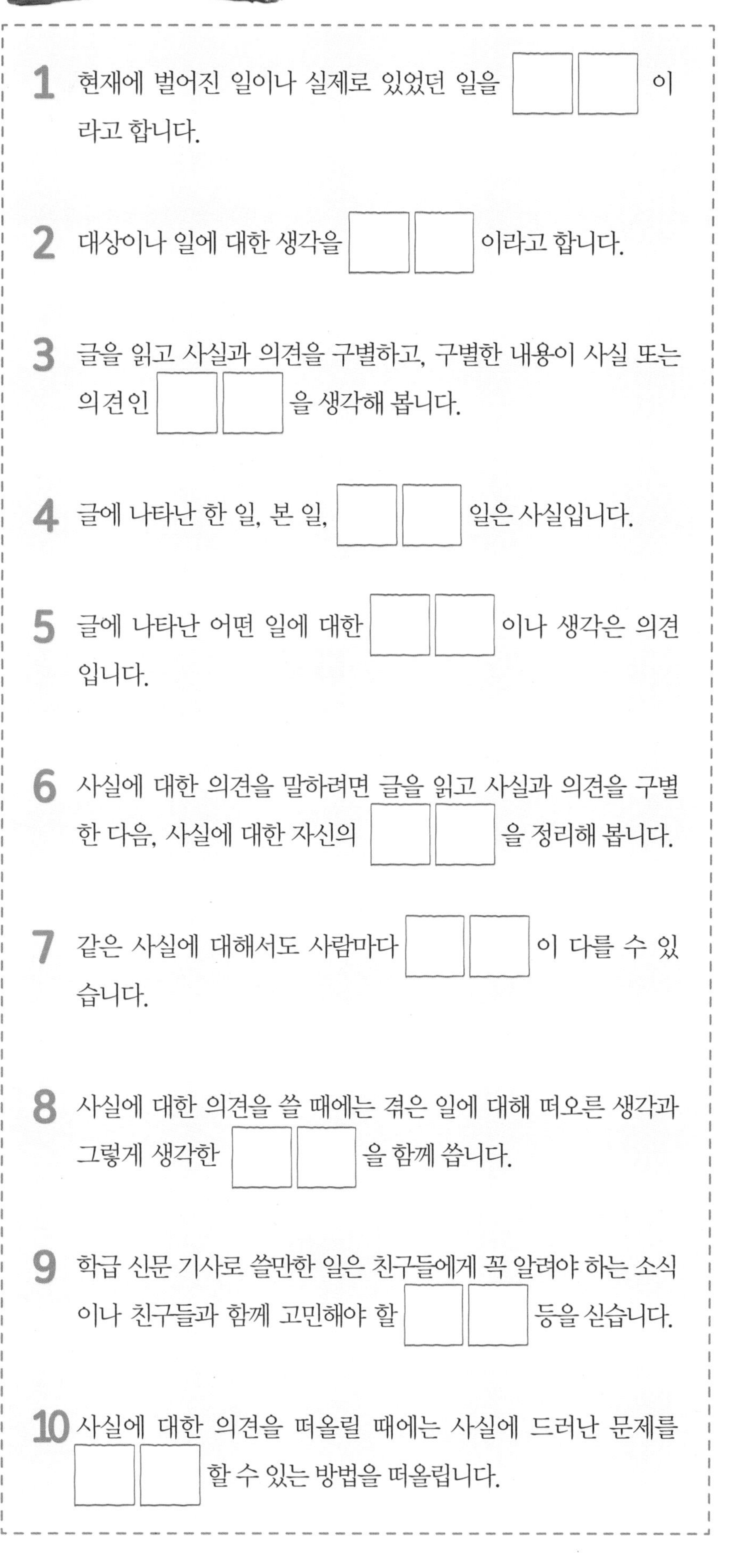

1 현재에 벌어진 일이나 실제로 있었던 일을 □□이라고 합니다.

2 대상이나 일에 대한 생각을 □□이라고 합니다.

3 글을 읽고 사실과 의견을 구별하고, 구별한 내용이 사실 또는 의견인 □□을 생각해 봅니다.

4 글에 나타난 한 일, 본 일, □□ 일은 사실입니다.

5 글에 나타난 어떤 일에 대한 □□이나 생각은 의견입니다.

6 사실에 대한 의견을 말하려면 글을 읽고 사실과 의견을 구별한 다음, 사실에 대한 자신의 □□을 정리해 봅니다.

7 같은 사실에 대해서도 사람마다 □□이 다를 수 있습니다.

8 사실에 대한 의견을 쓸 때에는 겪은 일에 대해 떠오른 생각과 그렇게 생각한 □□을 함께 씁니다.

9 학급 신문 기사로 쓸만한 일은 친구들에게 꼭 알려야 하는 소식이나 친구들과 함께 고민해야 할 □□ 등을 싣습니다.

10 사실에 대한 의견을 떠올릴 때에는 사실에 드러난 문제를 □□할 수 있는 방법을 떠올립니다.

4 단원

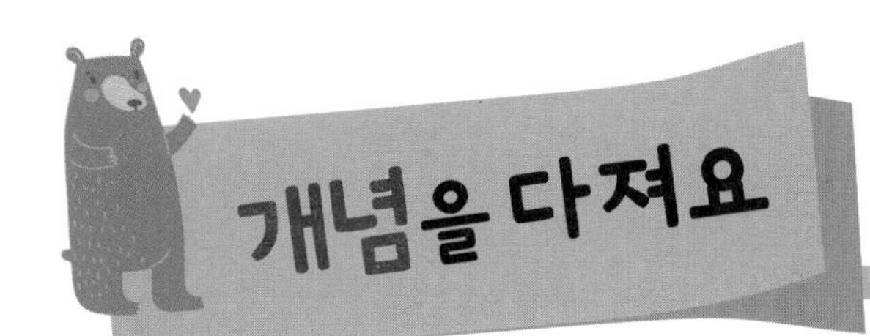

4. 일에 대한 의견

국어 114~137쪽 국어 활동 48~53쪽

도움말

1. 사실과 의견의 차이점을 생각해 봅시다.

2. 한 일, 본 일, 들은 일은 모두 실제로 있었던 일입니다.

3. 사람마다 경험한 것이 다르기 때문에 의견이 서로 다릅니다.

핵심 1

1 다음은 '사실'과 '의견' 가운데 무엇인지 각각 쓰시오.

(1) 현재에 벌어진 일을 담고 있다.	
(2) 실제로 있었던 일을 담고 있다.	
(3) 대상이나 일에 대한 생각을 담고 있다.	

핵심 2

2 사실과 의견의 특성으로 알맞은 것을 보기 에서 찾아 기호를 쓰시오.

보기

㉠ 한 일 ㉡ 본 일 ㉢ 들은 일 ㉣ 느낌 ㉤ 생각

(1) 사실: ( )
(2) 의견: ( )

핵심 3

3 글을 읽고 사실에 대한 자신의 의견을 말하는 방법으로 알맞지 않은 것은 무엇입니까? ( )

① 사실과 의견을 구별하며 글을 읽는다.
② 글에 나타난 사실을 찾아 정리해 본다.
③ 글에 나타난 사실과 관련된 의견을 말한다.
④ 사실에 대한 의견을 친구들과 나누어 본다.
⑤ 같은 사실에 대해서는 친구와 같은 의견을 말한다.

핵심 4

4 사실에 대한 의견을 쓰는 차례에 맞게 기호를 쓰시오.

보기

㉠ 겪은 일에 대한 의견을 글로 써 본다.
㉡ 겪은 일 가운데 기억에 남는 일을 떠올려 본다.
㉢ 겪은 일에 대해 떠오른 생각과 그렇게 생각한 까닭을 정리한다.
㉣ 겪은 일에 대해 누구와 함께, 언제 어디에서, 무엇을, 어떻게, 왜 했는지, 어떤 생각을 했는지 써 본다.

( ) → ( ) → ( ) → ( )

핵심 5

5 학급 신문의 기사문을 쓰는 방법으로 알맞은 것에 ○표를 하시오.

(1) 꼭 알려야 하는 소식인지 생각해 보고 쓴다. ( )
(2) 학급의 일에 대해 사실만을 쓰고 의견은 쓰지 않는다. ( )
(3) 학급에 일어나면 좋겠다고 생각되는 일을 상상해서 쓴다. ( )

핵심 6

6 글을 읽고 사실에 대한 의견을 쓰는 방법으로 알맞지 않은 것은 무엇입니까? ( )

① 사실에 드러난 문제를 떠올린다.
② 글에서 확인할 수 있는 사실을 알아본다.
③ 사실에 대해 드는 감정이나 기분을 떠올린다.
④ 글을 쓴 사람의 생각을 알아보고 그 의견을 따른다.
⑤ 사실에 드러난 문제를 해결할 수 있는 방법을 떠올린다.

도움말

4. 사실과 의견이 잘 드러나게 글을 쓰려면 정확한 사실을 제시하고, 사실에 맞는 의견을 써야합니다.

5. 기사문의 주제에 따라 사실과 의견이 잘 드러나게 신문 기사를 써야 합니다.

6. 사실에 드러난 문제를 떠올리고 문제는 해결할 수 있는 방법을 떠올려야 합니다.

4. 일에 대한 의견

국어 114~137쪽 국어 활동 48~53쪽

1~2 다음 글을 읽고, 물음에 답하시오.

정우와 함께 박물관 현장 체험학습을 다녀왔다. 박물관에는 우리 조상의 생활 모습을 담은 그림들이 전시되어 있었다. 그림에 나타난 조상의 생활 모습은 오늘날과는 많이 다르다는 생각이 들었다.

1 어디를 다녀와서 쓴 글입니까? (　　　)

① 과학관　② 박물관
③ 민속촌　④ 미술관
⑤ 사진관

응용

2 있었던 일에 대한 글쓴이의 생각은 무엇입니까? (　　　)

① 정우와 함께 다녀온 것
② 박물관으로 현장 체험학습을 간 것
③ 박물관에 그림들이 전시되어 있는 것
④ 그림이 우리 조상의 생활 모습을 나타낸 것
⑤ 그림에 나타난 조상의 생활 모습은 오늘날과는 많이 다르다는 것

주의

3 다음 문장은 사실인지 의견인지 쓰시오.

(1) 책을 많이 읽자. (　　　)
(2) 호랑이는 동물이다. (　　　)
(3) 운동을 열심히 해야 한다. (　　　)

4~5 다음 글을 읽고, 물음에 답하시오.

지난 방학 때 나는 가족과 함께 독도를 다녀왔다. 평소에 독도에 관심이 많아 독도에 대한 책도 읽고 사진도 여러 장 찾아보았다. 그런데 마침 아버지께서 독도를 다녀오자고 하셨다. 책이나 인터넷에서만 보던 독도를 직접 가 보는 것이 좋겠다고 생각했다.

㉠우리는 울릉도에 가서 다시 독도로 가는 배를 탔다. 배는 항구를 떠나 독도로 향했다. 우리는 바다를 바라보며 독도에 대한 이야기를 나누었다. 한참을 지나 드디어 독도에 도착했다. 배에서 내려 독도에 발을 내딛는 순간 이상하게 가슴이 떨렸다. 수많은 괭이갈매기가 우리를 반겨 주었다.

독도에는 괭이갈매기뿐만 아니라 슴새, 바다제비 같은 텃새도 산다고 한다. 또 멧도요, 물수리, 노랑지빠귀 들은 독도를 휴식처로 삼아 철마다 머물다 간다고 한다. 책에서만 보던 슴새나 바다제비를 직접 보니 신기하기만 했다.

「독도를 다녀와서」

4 글쓴이가 평소에 독도와 관련해 한 일을 두 가지 고르시오. (　　,　　)

① 자주 독도에 다녀왔다.
② 독도 사진을 찾아보았다.
③ 독도에 대한 책을 읽었다.
④ 독도에 계신 아버지께 편지를 썼다.
⑤ 독도에 대한 글을 써서 인터넷에 올렸다.

중요

5 ㉠에 대한 설명으로 알맞은 것은 무엇입니까? (　　　)

① 생각을 나타낸 문장이다.
② 느낌을 나타낸 문장이다.
③ 한 일을 나타낸 문장이다.
④ 본 일을 나타낸 문장이다.
⑤ 들은 일을 나타낸 문장이다.

6~10 다음 글을 읽고, 물음에 답하시오.

수박 줄기 위로는 예쁜 나비 두 마리가 아름답게 날갯짓을 하고 있어요. 붉은 나비와 호랑나비인데, 모두 사실적으로 묘사되어 있군요. ㉠나비의 색깔이 서로 대비를 이루어 인상적입니다.

이제 아래쪽으로 시선을 옮겨 수박을 자세히 들여다보죠. 수박의 껍질이 요즘 보는 수박과 다르지요? 조선 시대 사람들이 먹었던 수박은 아마도 표면이 이러했던 모양입니다. 같은 땅에서 나온 수박인데도 시대가 흐르면서 그 모습이 바뀌었다는 사실이 참 흥미롭습니다.

당시의 사람들은 수박이 아이를 많이 낳는 것을 상징하고 나비는 화목과 사랑을 상징한다고 생각했습니다. 그렇다면 이 그림 속의 수박과 나비는 아이를 많이 낳아 서로 행복하게 잘 살아가길 바라는 마음을 담고 있는 것으로 생각할 수 있겠지요.

그런데 가장 큰 수박 밑동을 보니 재미있는 일이 벌어졌습니다. 작은 쥐들이 커다란 수박을 열심히 파먹고 있는 게 아니겠어요? 수박 껍질을 뚫어 내고 수박씨를 먹고 있는 모습입니다. 그래서 수박의 붉은 속과 씨들이 그대로 드러나 있습니다. 참 재미있는 풍경입니다. 쥐들이 수박을 좋아한다는 것도 흥미로운 사실이지요. 맛있는 수박을 먹고 있기 때문인지 들쥐들의 표정이 매우 만족스러워 보입니다.

전체적으로 보면 수박 주변에서 벌어지는 다양한 생명체의 움직임을 사실적이고 섬세하게 표현해 놓았습니다.

「묵직한 수박 위로 나비가 훨훨!」, 이광표

6 ㉠은 '사실'과 '의견' 가운데 무엇인지 쓰시오.

( )

7 그림에서 볼 수 없는 모습은 무엇입니까? ( )

① 수박 줄기 ② 흰 꽃송이
③ 쥐 두 마리 ④ 나비 두 마리
⑤ 큰 수박 덩이

중요

8 그림에서 수박과 나비는 무엇을 상징합니까? ( )

① 재물과 집안의 화목
② 어린아이에 대한 부모님의 사랑
③ 가족이 건강하게 보냈으면 하는 바람
④ 아무 탈 없이 한 해를 보내고자 하는 희망
⑤ 아이를 많이 낳아 서로 행복하게 잘 살아가길 바라는 마음

9 그림 속 쥐들은 무엇을 하고 있습니까? ( )

① 커다란 수박을 옮기고 있다.
② 수박 밑에서 땅을 파고 있다.
③ 수박 줄기 위에 있는 나비를 잡고 있다.
④ 수박 껍질을 뚫어 내고 수박씨를 먹고 있다.
⑤ 수박 줄기를 타고 수박 위에 올라가고 있다.

서술형

10 이 글을 읽고 자신이 알게 된 사실과 그에 대한 의견을 쓰시오.

(1) 자신이 알게 된 사실	
(2) 그에 대한 의견	

4 단원

11 다음은 학교나 집에서 있었던 일을 말한 것입니다. 겪은 일에 알맞은 그림을 찾아 기호를 쓰시오.

겪은 일	지난 주말 친구와 함께 자전거를 탔습니다.

( )

응용

12 겪은 일을 사실과 의견으로 정리할 때 생각할 내용으로 알맞지 않은 것은 무엇입니까? ( )

① 어떻게 했는가?
② 어떤 생각을 했는가?
③ 무엇을 할 예정인가?
④ 누구와 함께 있었는가?
⑤ 언제 어디에서 있었던 일인가?

13 겪은 일에 대한 의견을 쓴 문장은 어느 것입니까? ( )

① 현장 체험학습을 갔다.→ 무엇을
② 교통안전을 지켜야겠다고 생각했다.→ 어떤 생각을
③ 교통안전의 중요성을 알기 위해서이다.→ 왜 했나
④ 우리 반 친구들, 선생님과 함께 있었다.→ 누구와
⑤ 다양한 체험을 통해 교통안전에 대해 알게 되었다.→ 어떻게

서술형

14 다음은 학급 신문에 기사로 쓸 만한 일을 찾아 말한 모습입니다. 우리 반에서 만들 학급 신문에 실을 기사의 내용을 생각해 쓰시오.

기사 내용

- 친구가 상을 받은 일
- 우리 반이 체육대회에서 이 등을 한 일
- 우리 반이 독서 우수 학급으로 선정된 일
- 쉬는 시간에 복도나 교실에서 뛰는 문제
- 학급에서 쓰레기 분리배출이 잘되지 않는 문제

주의

15 우리 학급의 일에 대한 기사문을 쓰는 방법으로 알맞은 것은 무엇입니까? ( )

① 받을 사람은 위에 보내는 사람은 아래에 쓴다.
② 누구에게 언제 어디에서 쓴 글인지 밝혀야 한다.
③ 학급의 일에 대한 사실이나 의견이 잘 드러나게 쓴다.
④ 같은 말로 끝내 읽을 때 노래 부르는 듯한 느낌이 들게 쓴다.
⑤ 기사문을 읽은 날짜, 기사문을 읽게 된 까닭 등을 밝혀야 한다.

16~17 다음 글을 읽고, 물음에 답하시오.

㉠ 중국과 일본의 지붕은 처마 양 끝이 살짝 들려 있지만 가운데는 반듯한 직선이야. ㉡ 그런데 한옥 지붕은 처마 전체가 휘어진 듯 부드러운 곡선을 이루어 좀 더 가볍고 산뜻한 느낌을 줘. ㉢ 중국, 일본과 달리 한옥 지붕이 부드러운 곡선을 이루게 된 데에는 한국의 자연환경이 큰 영향을 끼친 것 같아. 한국은 국토의 대부분이 산이기 때문에 자연스럽게 산으로 둘러싸인 곳에 건축물을 짓는 일이 많았거든. 그래서 건축물 지붕을 얹을 때도 지붕 선이 주변 산봉우리와 잘 어울리도록 부드러운 곡선이 되도록 한 거야.

「한옥 지붕」, 남궁담

16 한옥 지붕의 모양이 곡선을 이루게 된 까닭은 무엇입니까? (　　　)

① 집 주인의 신분을 알려주려고
② 중국보다 나은 건축 기술을 뽐내려고
③ 중국이나 일본과 차별된 모습을 보이려고
④ 지붕 선이 주변 산봉우리와 어울리게 하려고
⑤ 산기슭에 있는 바위들과 잘 어울리게 하려고

중요

17 ㉠~㉢을 사실과 의견에 맞게 구별한 것은 무엇입니까? (　　　)

① ㉠은 글쓴이가 한 일이다.
② ㉡은 생각이 드러난 의견이다.
③ ㉢은 글쓴이가 들은 일인 의견이다.
④ ㉡은 사실을 나타낸 부분이고, ㉢은 의견을 나타낸 부분이다.
⑤ ㉠은 의견을 나타낸 부분이고, ㉡은 사실을 나타낸 부분이다.

18~20 다음 글을 읽고, 물음에 답하시오.

장영실은 조선 세종 때 살았던 사람입니다. 장영실은 천체의 움직임과 그 위치를 측정하는 기구인 간의와 혼천의를 만들었고, 시간을 알려 주는 기구인 자격루를 만들었습니다.

장영실은 어렸을 때부터 손재주가 있어 집 안 물건들을 깨끗이 다듬기도 하고, 장난감을 스스로 만들기도 했습니다. 저도 장난감을 만들어 가지고 노는 것을 좋아해서 장영실과 비슷하다고 생각했습니다. 저도 장영실처럼 발명을 잘하는 것 같아서 기분이 좋았습니다.

「장영실」을 읽고

18 자격루는 어떤 물건입니까? (　　　)

① 무게를 재는 기구
② 길이를 재는 기구
③ 위치를 측정하는 기구
④ 시간을 알려 주는 기구
⑤ 방향을 알려 주는 기구

19 글쓴이는 장영실과 어떤 점이 비슷하다고 생각했습니까? (　　　)

① 손재주가 없다.
② 심부름을 잘한다.
③ 장난감을 스스로 만든다.
④ 집 안 물건들을 직접 산다.
⑤ 남을 잘 배려하는 성격이다.

서술형

20 사실과 의견을 구별하며 글을 읽고, 장영실에 대해 알 수 있는 사실을 한 가지 쓰시오.

4 단원

1~3 다음 그림을 보고, 물음에 답하시오.

「씨름」, 김홍도

1 정우와 석원이 가운데 실제로 있었던 일을 말한 사람은 누구인지 쓰시오.

( )

2 석원이가 가장 마음에 들었던 그림은 무엇입니까? ( )

① 나비와 꽃을 그린 그림
② 서당의 풍경을 그린 그림
③ 씨름하는 장면을 그린 그림
④ 빨래하는 장면을 그린 그림
⑤ 그네를 타는 장면을 그린 그림

3 다음은 석원이가 박물관에 다녀와서 쓴 일기입니다. 일기에서 의견을 찾아 밑줄을 그으시오.

> 정우와 함께 박물관 현장 체험학습을 다녀왔다. 박물관에는 우리 조상의 생활 모습을 담은 그림들이 전시되어 있었다. 그림에 나타난 조상의 생활 모습은 오늘날과는 많이 다르다는 생각이 들었다.

4 다음을 읽고 사실과 의견을 구별하시오.

(1) 실제로 있었던 일을 나타내는 문장에 ○표를 하시오.

㉮ 토끼는 풀을 먹습니다.	
㉯ 토끼는 귀엽습니다.	

(2) 대상이나 일에 대한 생각을 나타내는 문장에 ○표를 하시오.

㉮ 반달가슴곰은 멸종 위기 동물입니다.	
㉯ 동물을 아끼고 보호해야 합니다.	

서술형

5 사실 다음에는 의견을, 의견 다음에는 사실을 말하는 놀이를 하려고 합니다. 빈 곳에 알맞은 문장을 떠올려 쓰시오.

동생이 자전거를 탄다.

교실을 깨끗이 하자.

생일 선물로 꽃을 받았다.

( )

6~10 다음 글을 읽고, 물음에 답하시오.

우리는 울릉도에 가서 다시 독도로 가는 배를 탔다. 배는 항구를 떠나 독도로 향했다. 우리는 바다를 바라보며 독도에 대한 이야기를 나누었다. 한참을 지나 드디어 독도에 도착했다. 배에서 내려 독도에 발을 내딛는 순간 이상하게 가슴이 떨렸다. 수많은 괭이갈매기가 우리를 반겨 주었다.

㉠독도는 괭이갈매기뿐만 아니라 슴새, 바다제비 같은 텃새도 산다고 한다. 또 멧도요, 물수리, 노랑지빠귀 들은 독도를 휴식처로 삼아 철마다 머물다 간다고 한다. 책에서만 보던 슴새나 바다제비를 직접 보니 신기하기만 했다.

독도는 화산섬이라서 식물이 잘 자라기 힘든 곳이다. 이러한 자연환경에서도 번행초, 괭이밥, 쇠비름 같은 풀이 잘 자란다고 한다.

㉡독도에서 동해를 바라보니 가슴이 탁 트이는 것 같았다. 우리나라 동쪽 끝 섬인 독도를 아끼고 독도에 관심을 가져야겠다고 생각했다. 아름답고 생명력 넘치는 독도가 우리 땅이라는 것이 아주 자랑스러웠다.

6 이 글에 대한 설명으로 알맞은 것은 무엇입니까? ( )

① 독도에게 쓴 편지이다.
② 독도를 글감으로 쓴 시이다.
③ 독도를 다녀와서 쓴 기행문이다.
④ 괭이갈매기를 관찰하고 쓴 관찰문이다.
⑤ 독도가 우리 땅인 근거를 제시한 기사문이다.

7 글쓴이가 독도에서 본 것이 아닌 것은 무엇입니까? ( )

① 슴새
② 동해
③ 서해
④ 바다제비
⑤ 괭이갈매기

8 ㉠은 무엇에 해당하는지 **보기** 에서 골라 쓰시오.

보기

한 일　　　본 일　　　들은 일

( )

9 ㉡이 의견인 까닭은 무엇입니까? ( )

① 긴 문장으로 표현했기 때문이다.
② 문장이 '-다'로 끝났기 때문이다.
③ 흉내 내는 말을 사용했기 때문이다.
④ 글쓴이의 느낌이 들어 있기 때문이다.
⑤ 글쓴이가 실제로 했던 일이기 때문이다.

10 독도를 다녀와서 글쓴이가 다짐한 것은 무엇입니까? ( )

① 어른이 되면 울릉도에서 살겠다는 것
② 독도를 아끼고 독도에 꾸준히 관심을 가져야겠다는 것
③ 우리나라 동쪽 끝에 있는 다른 섬을 여행하겠다는 것
④ 환경 지킴이가 되어 적극적으로 자연을 보호하겠다는 것
⑤ 역사를 공부해 독도가 우리 땅이라는 것을 증명하겠다는 것

4 단원

11~15 다음 글을 읽고, 물음에 답하시오.

전체적으로 보면 수박 주변에서 벌어지는 다양한 생명체의 움직임을 사실적이고 섬세하게 표현해 놓았습니다.

이번에는 화면의 색감을 볼까요? 수박은 검은 초록, 수박과 꽃의 줄기는 초록이고, 꽃과 나비 한 마리, 쥐들이 파먹고 있는 수박의 속 부분은 붉은색입니다. 초록빛과 붉은빛이 서로 색상의 대비를 이루고 있습니다.

구도도 안정적입니다. 커다란 수박 두 덩어리가 화면의 무게 중심을 잡고 있고 여기에 둥글게 휘어져 올라간 수박 줄기와 오른쪽 패랭이꽃의 반듯한 직선 줄기가 서로 대비를 이룹니다. 그래서 다른 「초충도」에서 발견할 수 없는 모습을 보여 줍니다. 안정감 속에 변화와 생동감이 은근히 배어 있지요.

왼쪽 수박에서 둥글게 뻗어 올라간 줄기는 이 그림의 여러 요소 가운데 단연 눈에 띕니다. 수박의 줄기를 크게 타원형으로 배치해 율동감을 살려 냈어요. 반면 오른쪽 패랭이꽃은 곧게 서 있어 화면에 안정감과 생동감을 부여해 주고 있습니다. 또한 두 개의 수박을 아래쪽 한가운데에 배치하지 않고 왼쪽에 치우치게 배치함으로써 화면의 단조로움을 극복하고 변화와 움직임을 주었습니다. 이것이 바로 신사임당이 화가로서 지닌 재능과 감각이라고 할 수 있겠지요.

11 그림에는 어떤 색들이 나오는지 모두 고르시오. (, ,)

① 파란색 ② 초록색
③ 붉은색 ④ 검은 초록색
⑤ 검은 노란색

12 그림을 그린 사람은 누구인지 찾아 쓰시오.

( )

13 그림이 안정적으로 보이는 까닭은 무엇입니까? ( )

① 수박의 줄기가 반듯하게 뻗어 있어서
② 커다란 수박 한 덩이가 무게 중심을 잡아서
③ 수박 줄기가 패랭이꽃 줄기로 휘어져 올라가서
④ 수박 줄기와 패랭이꽃 줄기가 대비를 이루어서
⑤ 패랭이꽃의 직선 줄기가 화면의 가운데 있어서

14 이 글에서 설명하고 있는 그림으로 알맞은 것에 ○표를 하시오.

(1)

( )

(2)

( )

15 화면의 단조로움을 극복하고 변화와 움직임을 주기 위해 어떻게 표현했습니까? ( )

① 패랭이꽃을 곧게 서 있게 하였다.
② 한 개의 수박을 위쪽에 배치하였다.
③ 수박의 줄기를 작은 타원형으로 배치하였다.
④ 두 개의 수박을 왼쪽에 치우치게 배치하였다.
⑤ 크기가 비슷한 두 개의 수박을 아래쪽 한가운데에 배치하였다.

16 다음 문제점을 해결하자는 내용의 기사를 쓰려고 합니다. 우리 학급 신문의 기사로 쓸 내용은 무엇입니까? (　　　)

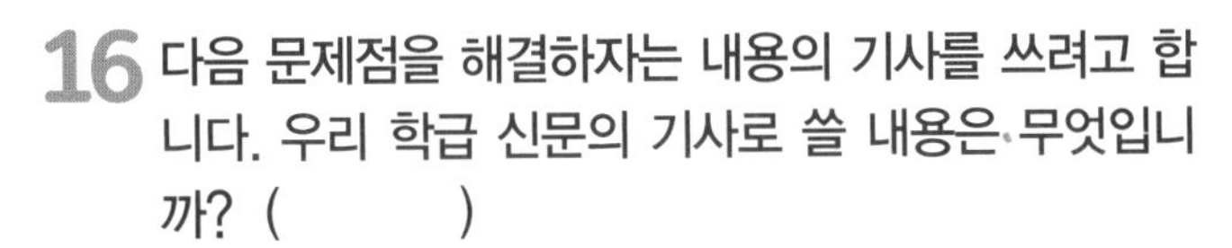

우리 반의 문제점

쉬는 시간에 복도를 급히 뛰어다니다가 다친 친구가 있었습니다.

① 우리 학급 쓰레기 분리배출 장소
② 쓰레기 분리배출 실태 및 문제점
③ 교실이나 복도에서 뛰다가 사고가 일어난 사례
④ 독서 우수 학급 선정 기준 및 우수 학급 상품 등
⑤ 친구들끼리 거친 말을 쓰다가 다투게 되어서 선생님께 꾸중을 들은 일

서술형

17 다음 학급 신문의 기사문을 읽고 알맞은 제목을 정해 쓰시오.

제목	

다리를 다쳐서 몸이 불편한 준수를 위해 친구들이 준수를 도왔습니다. 준수네 집과 가까이 사는 친구들은 등하굣길을 동행했고, 체육 시간이나 교과 시간에 교실을 이동할 때도 교과서와 필기도구를 들어 주었습니다. 급식 시간에도 식판을 대신 챙겨 주었습니다.

18~19 다음 글을 읽고, 물음에 답하시오.

지난겨울 지리산에서 반달가슴곰이 세쌍둥이를 출산했다고 한다. 야생 반달가슴곰은 한꺼번에 두 마리 이상 새끼를 낳는 일이 드물다. 그런데 세쌍둥이를 낳은 것은 지리산의 자연 생태가 곰이 살아가는 데 알맞다는 증거라고 한다. 우리는 지리산의 자연 생태계를 보전하려고 노력해야 한다. 그러기 위해서는 숲을 가꾸고 사람들이 들어갈 수 없는 곳을 정해야 한다.

18 지리산에서 반달가슴곰이 세쌍둥이를 출산한 것은 무엇을 의미합니까? (　　　)

① 곰은 겨울잠을 잔다.
② 곰은 물고기를 잡아먹는다.
③ 지구 온난화가 심각해지고 있다.
④ 지리산이 곰이 살아가는 데 적합하다.
⑤ 지리산의 자연 생태계가 파괴되고 있다.

19 글쓴이의 의견은 무엇입니까? (　　　)

① 지리산에 반달가슴곰이 산다.
② 지리산의 자연 생태계를 보전하자.
③ 지리산에 동물 보호 시설을 만들자.
④ 반달가슴곰을 자기 나라로 돌려보내자.
⑤ 반달가슴곰은 새끼를 두 마리 이상 낳는다.

20 다음은 의견을 떠올리는 방법과 그에 알맞은 내용을 찾아 선으로 이으시오.

문제를 해결할 수 있는 방법을 떠올린다. •

• ㉮ 자기 쓰레기는 자기가 치워야 해.

• ㉯ 사람들이 쓰레기를 마구 버려서 모래밭이 지저분해졌어.

4 단원

4. 일에 대한 의견

1~3

우리는 울릉도에 가서 다시 독도로 가는 배를 탔다. 배는 항구를 떠나 독도로 향했다. 우리는 바다를 바라보며 독도에 대한 이야기를 나누었다. 한참을 지나 드디어 독도에 도착했다. 배에서 내려 독도에 발을 내딛는 순간 이상하게 가슴이 떨렸다. 수많은 괭이갈매기가 우리를 반겨 주었다.

㉠독도에는 괭이갈매기뿐만 아니라 슴새, 바다제비 같은 텃새도 산다고 한다. 또 멧도요, 물수리, 노랑지빠귀 들은 독도를 휴식처로 삼아 철마다 머물다 간다고 한다. 책에서만 보던 슴새나 바다제비를 직접 보니 신기하기만 했다.

독도는 화산섬이라서 식물이 잘 자라기 힘든 곳이다. 이러한 자연환경에서도 번행초, 괭이밥, 쇠비름 같은 풀이 잘 자란다고 한다.

독도에서 동해를 바라보니 가슴이 탁 트이는 것 같았다. 우리나라 동쪽 끝 섬인 독도를 아끼고 독도에 관심을 가져야겠다고 생각했다. ㉡아름답고 생명력 넘치는 독도가 우리 땅이라는 것이 아주 자랑스러웠다.

1 이 글을 읽고 독도에 대해 알 수 있는 사실을 한 가지 쓰시오.

2 글쓴이가 독도를 자랑스럽게 생각한 까닭은 무엇인지 쓰시오.

3 ㉠은 사실이고 ㉡은 의견입니다. ㉠과 ㉡이 사실과 의견인 까닭은 무엇인지 쓰시오.

도움말

독도로 여행을 다녀와서 독도에서 한 일, 본 일, 들은 일, 생각하거나 느낀 것을 쓴 글입니다.

1

▲ 독도

글쓴이가 한 일, 본 일, 들은 일을 살펴봅니다.

2 '아름답고 생명력 넘치는 독도'라는 표현을 통해 짐작할 수 있습니다.

3 글쓴이가 겪은 일은 사실이고 생각하거나 느낀 것은 의견입니다.

4 다음 그림을 보고 학교에서 있었던 일을 떠올려 사실을 정리해 쓰시오.

겪은 일	(1) 본 일	
	(2) 들은 일	
	(3) 한 일	

도움말

학생들이 학교생활을 돌아보며 자신이 경험한 일에 대한 사실과 의견이 드러나게 글을 쓰는 것을 배우는 과정입니다.

4 정확한 사실을 제시해야 합니다.

5 학급 신문 기사를 쓰려고 합니다. 다음 내용에 알맞은 자신의 의견을 쓰시오.

기사

- 제목: 고운 말을 쓰자
- 내용: 지난주 우리 반 친구들끼리 거친 말을 쓰다가 다투게 되어서 선생님께 꾸중을 들은 일이 있었다. 앞으로는 고운 말을 사용하는 습관을 기르자.

자신의 의견	

도움말

기사문의 내용을 정리할 때는 맡은 주제에 따라 기사로 쓸 내용을 조사하여 자신의 의견이 잘 드러나게 써야 합니다.

5 제목과 내용을 보고 고운 말을 쓰자는 자신의 생각을 까닭이나 예를 들어 쓸 수 있습니다.

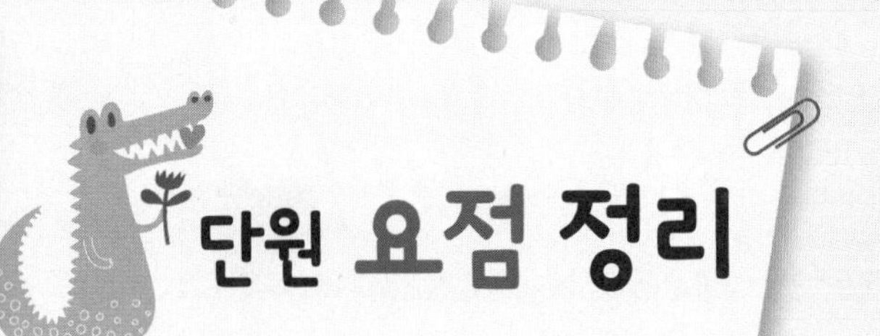

5. 내가 만든 이야기

학습목표

이야기의 흐름을 파악하며 이어질 내용을 상상해 쓸 수 있습니다.

국어 138~165 쪽 국어 활동 54~59쪽

핵심 1 그림의 차례를 정해 이야기 꾸미기

- 그림을 보고 인물의 말이나 행동을 상상해 봅니다.
- 이야기의 시작 ★장면을 정합니다.
- 시작 장면이 원인이 되어 일어날 일을 생각해 각각의 장면 차례를 정해 봅니다.
- 정해진 그림의 차례에 맞게 이야기를 꾸며 봅니다.

이야기를 자연스럽게 꾸미는 방법
- 일의 과정이 잘 드러나야 합니다.
- 이야기가 자연스럽게 꾸며져야 합니다.
- 일어난 일들이 서로 원인과 결과로 연결되어야 합니다.

핵심 2 ★사건의 흐름을 파악하며 이야기 읽기

- 이야기 속 인물과 배경을 알아봅니다.
- 배경에 따라 일어난 일을 파악합니다.
- 이야기에서 일어난 중요한 일을 찾아봅니다.
- 일어난 일을 차례에 맞게 정리합니다.

이야기를 읽고 사건의 흐름을 파악하는 방법
- 이야기에 나타난 인물, 장소, 일어난 일을 찾아봅니다.
- 이야기에서 일어난 중요한 일을 찾아봅니다.
- 일이 일어난 차례를 살펴봅니다.

이야기 속 사건들이 원인과 결과로 연결되어 처음, 가운데, 끝의 짜임으로 구성됨을 압니다.

핵심 3 이야기의 흐름 이해하기

- 이야기의 흐름을 생각하며 글을 읽습니다.
- 일어난 일을 차례대로 정리합니다.
- 처음, 가운데, 끝으로 이야기의 흐름을 정리합니다.
- 이야기의 흐름에 따라 생각이나 느낌을 말해 봅니다.
- 이야기의 주제가 무엇인지 생각해 봅니다.
  - 나타내려고 하는 생각을 주제라고 합니다.
  - 제목으로 글쓴이의 생각을 짐작합니다.
  - 주제가 드러난 부분을 찾아봅시다.
  - 이야기의 주제를 정리합니다.

이야기의 주제를 찾는 방법
- 이야기의 제목이 뜻하는 것을 알아봅니다.
- 인물의 말이나 행동을 살펴봅니다.
- 이야기에서 일어난 일을 파악합니다.

핵심 4 이야기를 읽고 이어질 내용 상상해 쓰기

- 내용을 파악하며 이야기를 읽습니다.
- 일이 일어난 차례, 원인과 결과의 관계를 생각하며 사건의 흐름을 정리합니다.
- 이야기의 흐름에 맞게 이어질 내용을 상상해 봅니다.
- 상상한 내용을 글로 씁니다.
- 쓴 글이 이야기의 흐름에 맞는지 살펴봅니다.
  - 사건과 사건의 흐름이 자연스러운지 살펴봅니다.
  - 이야기 앞부분의 내용과도 어울려야 합니다.

이어질 내용을 상상해 쓰는 방법
- 사건의 흐름에 맞게 이어질 내용을 상상해야 합니다.
- 이야기의 처음, 가운데, 끝을 생각하고 써야 합니다.
- 사건들 사이에 원인과 결과 관계가 있어야 합니다.

핵심 5 자신이 상상한 이야기를 친구들에게 들려주기

- 사진을 보고 이야기를 상상해 봅시다.
  - 사진 속에서 인물, 사건, 배경을 찾아봅니다.
  - 떠올린 생각을 바탕으로 하여 자신이 상상한 이야기의 한 장면을 그려 봅니다.
  - 자신이 정한 차례에 따라 일어날 일들을 그림으로 그리거나 간단히 써 봅니다.
- 상상한 이야기를 꾸며 써 봅시다.
  - 이야기의 흐름을 생각하여 일어날 일을 정리합니다.
  - 자신이 상상한 이야기를 꾸며 씁니다.
- 친구들 앞에서 꾸민 이야기를 발표해 봅니다.

상상한 이야기를 들을 때에 생각할 점
- 앞뒤 내용이 원인과 결과로 자연스럽게 연결되고 있는가?
- 처음, 가운데, 끝의 짜임에 맞게 이야기가 쓰였는가?
- 바른 자세와 적극적인 태도로 발표를 잘하는가?

국어활동

핵심 6 이야기를 읽고 이어질 내용을 상상해 쓸 수 있는지 확인하기

- 일이 일어난 차례를 생각하며 이야기를 읽습니다.
- 인물의 말과 행동을 보고 인물의 성격을 짐작해 봅니다. → 인물의 마음 변화가 드러난 곳을 살펴봅니다.
- 이야기의 흐름이 잘 드러나게 이어질 내용을 꾸며 씁니다. → 각각의 사건들이 원인과 결과로 자연스럽게 이어지도록 상상해 씁니다.

조금 더 알기

「까마귀와 감나무」에서 동생에게 일어난 일

장소	일어난 일
옛날 어느 마을	감나무가 있는 집 한 채만 받았다.
동생의 집	까마귀가 감을 다 먹어 버렸다.
금으로 가득한 산	금을 가져와 부자가 되었다.

「아름다운 꼴찌」에서 일어난 일

마라톤 대회에 참가하려고 수현이는 달리기 연습을 함. → 수현이는 마라톤에 참가해 끝까지 달리겠다고 다짐함. → 힘들어서 달리기를 포기하려고 했을 때 자신의 뒤에서 꼴찌로 달리는 친구가 있다는 것을 알게 된 수현이는 힘을 얻어 결승점까지 달림. → 수현이는 끝까지 달린 사실을 부모님께 자랑함. → 수현이 뒤에서 달렸던 사람이 아빠였다는 것을 알게 됨.

이야기의 흐름을 생각하며 「초록 고양이」의 이어질 내용 상상하기

- 엄마가 꽃담이를 찾기 위해 지켜야 할 점은 무엇인가?
- 엄마는 문제를 해결하기 위해 어떤 노력을 할까?

낱말 사전

★ **장면** 어떤 일이 일어나는 모습.
★ **사건** 이야기 속에서 인물들이 겪거나 벌이는 일.

개념을 확인해요

1 그림의 차례를 정해 이야기를 꾸밀 때 인물의 말이나 행동을 상상해 보고 ☐☐ 장면을 정합니다.

2 이야기를 자연스럽게 꾸미려면 일의 ☐☐이 잘 드러나야 합니다.

3 사건의 흐름을 파악하며 이야기를 읽을 때에는 이야기 속 인물과 ☐☐을 알아봅니다.

4 이야기를 읽고 사건의 흐름을 파악할 때에는 일이 일어난 ☐☐를 살펴봅니다.

5 이야기에서 일어난 일을 ☐☐, 가운데, 끝으로 정리하며 이야기의 흐름을 파악할 수 있습니다.

6 이야기의 ☐☐이 뜻하는 것을 통해서도 이야기의 주제를 알 수 있습니다.

7 ☐☐의 흐름에 맞게 이어질 내용을 상상해야 합니다.

8 이어질 내용을 상상해 쓰기 위해서는 사건들 사이에 원인과 ☐☐ 관계가 있어야 합니다.

9 상상한 이야기를 꾸며 쓸 때에는 이야기의 ☐☐을 생각하며 일어날 일을 정리합니다.

10 상상한 이야기를 들을 때에는 ☐☐ 자세와 적극적인 태도로 발표하는지 살펴봅니다.

5 단원

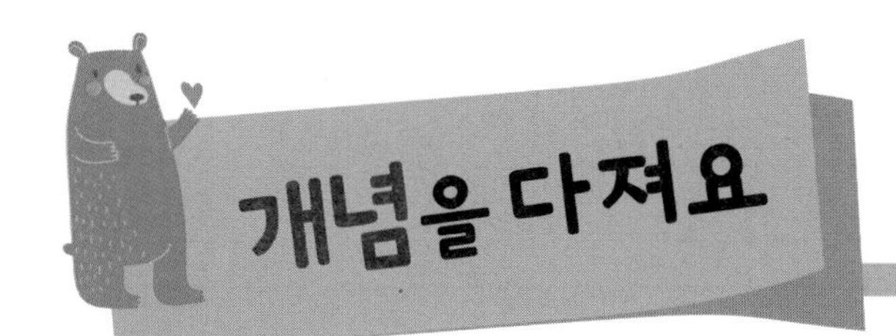

5. 내가 만든 이야기

국어 138~165쪽 국어 활동 54~59쪽

도움말

1. 이야기의 흐름은 일어난 일들의 연결로 이루어집니다.

2. 이야기의 흐름을 파악하기 위해서는 중요한 일을 찾아봐야 합니다.

3. 이야기에는 처음, 가운데, 끝이 있습니다.

핵심 1

1 그림의 차례를 정해 이야기를 꾸미는 차례대로 기호를 쓰시오.

㉠ 이야기의 시작 장면을 정한다.
㉡ 정해진 그림의 차례에 맞게 이야기를 꾸며 본다.
㉢ 그림을 보고 인물의 말이나 행동을 상상해 본다.
㉣ 시작 장면이 원인이 되어 일어날 일을 생각해 각각의 장면 차례를 정해 본다.

( )→( )→( )→( )

핵심 2

2 이야기를 읽고 사건의 흐름을 파악하는 방법으로 알맞지 않은 것은 무엇입니까? ( )

① 일이 일어난 차례를 살펴본다.
② 이야기를 읽은 시간과 장소를 생각한다.
③ 이야기에 나타난 일어난 일을 찾아본다.
④ 이야기에 나타난 인물, 장소를 찾아본다.
⑤ 이야기에서 일어난 중요한 일을 찾아본다.

핵심 3

3 이야기의 흐름을 정리하는 방법으로 알맞은 것에는 ○표, 알맞지 않은 것에는 ×표를 하시오.

(1) 일어난 일을 차례대로 정리한다. ( )
(2) 일어난 일을 문제점, 해결 방안으로 정리한다. ( )
(3) 일어난 일을 처음, 가운데, 끝의 흐름으로 정리한다. ( )

핵심 4

4 이어질 내용을 상상해 쓰는 방법으로 알맞지 않은 것은 어느 것입니까? (　　　)

① 읽는 사람의 처지를 생각하고 써야 한다.
② 앞부분과 자연스럽게 연결이 되게 써야 한다.
③ 사건들 사이에 원인과 결과 관계가 있어야 한다.
④ 이야기의 처음, 가운데, 끝을 생각하고 써야 한다.
⑤ 사건의 흐름에 맞게 이어질 내용을 상상해야 한다.

핵심 5

5 자신이 상상한 이야기를 쓰고 난 뒤에 살펴볼 점으로 알맞은 것을 두 가지 고르시오. (　　,　　)

① 높임말을 사용했는지 살펴본다.
② 어색한 부분이 있는지 살펴본다.
③ 근거가 주장에 알맞은지 살펴본다.
④ 흐름에 맞지 않는 부분이 있는지 살펴본다.
⑤ 정확한 사실에 맞는 의견을 썼는지 살펴본다.

핵심 6

6 이야기를 읽고 이어질 내용을 상상해 쓰는 방법을 알맞게 말한 것의 기호를 쓰시오.

㉠ 이야기의 흐름이 잘 드러나게 이어질 내용을 꾸며 써야 해.
㉡ 이야기의 주제와 관련해서 내가 겪은 일을 자세히 떠올려 써야 해.
㉢ 이야기의 줄거리, 이야기를 읽고 생각하거나 느낀 점을 사실대로 써야 해.

(　　　　　　　　)

도움말

4. 상상해 쓰는 것이라도 이어질 내용을 쓰는 것이므로 앞 이야기와 자연스럽게 연결되어야 합니다.

5. 이어질 내용을 상상해 쓴 뒤에는 앞뒤 내용이 원인과 결과로 이어지는지 살펴봐야 합니다.

6. 이어질 내용을 상상해 쓰는 방법에 주의하며 옳은 것을 찾아봅시다.

5 단원

1~2 다음 그림을 보고, 물음에 답하시오.

❶

❷

❸

1 그림 ❶에서 어떤 일이 일어났습니까? (　　　)

① 아이가 길을 가다가 구름 사람을 만났다.
② 아이와 구름 사람은 구름 공항에 도착했다.
③ 아이는 구름을 만나 멋진 그림을 그려 주었다.
④ 아이가 구름 사람을 타고 멋진 곳으로 날아가고 있다.
⑤ 구름 사람이 구름으로 아이에게 모자와 목도리를 만들어 주었다.

서술형

2 그림의 차례를 정해 이야기를 꾸며 간단히 쓰시오.

____

____

____

3~5 다음 글을 읽고, 물음에 답하시오.

(가) "내 재산이라고는 이 감나무 하나뿐이야. 너희가 감을 모두 먹었으니, 나는 어떻게 살아가야 하니?"
까마귀 한 마리가 대답했습니다.
"당신은 마음이 착하고 욕심이 없군요. 감을 따 먹은 대신 금을 드릴게요. 저희가 모레 금이 있는 커다란 산으로 데리고 갈 테니 조그만 주머니를 만들어 두세요."

(나) 동생은 눈이 부신 금덩이들 한가운데에 서 있는 것을 알고 깜짝 놀랐습니다. 그는 주변에 흩어져 있는 금을 주머니에 주워 담았습니다. 우두머리 까마귀가 물었습니다.
"다 담았어요? 그러면 제 등에 오르세요. 제가 당신 집까지 데려다줄게요."
동생은 한 손에 금이 든 작은 주머니를 들고, 다른 손으로는 우두머리 까마귀 등을 꼭 잡았습니다. 까마귀는 날개를 펴고 하늘로 날아올랐습니다. 첩첩이 쌓인 이 구름 저 구름을 지나 한참 만에 감나무 바로 아래로 내려왔습니다.

「까마귀와 감나무」, 김기태 엮음

3 까마귀는 왜 동생을 도와주었습니까? (　　　)

① 동생의 금을 훔쳐서
② 동생의 감을 먹어서
③ 동생이 둥지를 지켜 주어서
④ 동생이 새끼를 구해 주어서
⑤ 동생이 다리를 고쳐 주어서

4 까마귀가 동생을 데려간 곳은 어디인지 쓰시오.

(　　　　　　　　　　)

응용

5 글 (나)에서 일어난 일은 무엇입니까? (　　　)

① 까마귀가 사람으로 변했다.
② 동생이 새 감나무를 얻었다.
③ 까마귀가 금덩어리로 변했다.
④ 동생이 산에서 금을 가져왔다.
⑤ 까마귀가 감을 다 먹어 버렸다.

6~8 다음 글을 읽고, 물음에 답하시오.

형은 동생이 큰 부자가 된 것을 보고 그 까닭을 물었습니다. 동생은 사실대로 이야기를 해 주었습니다.
그러자 욕심이 생긴 형은 동생에게 감나무를 빌려달라고 사정하였습니다. 동생은 형에게 감나무를 빌려주었습니다. 가을이 되자 또 까마귀들이 날아와 감을 먹었습니다. 형도 동생과 같이 말하였습니다. 그리고 형은 아주 큰 자루를 만들었습니다. 까마귀 우두머리는 형도 그 산으로 데려다주었습니다. 형은 무척 기뻤습니다. 자기가 동생보다 더 큰 부자가 될 것이라고 생각했습니다. 형은 큰 자루에 금을 꾹꾹 채워 넣고, 그것도 모자라 옷 속에도, 입 속에도, 그리고 귓구멍 속에도 가득 채워 넣었습니다. 까마귀가 말하였습니다.
"다 담았어요? 그러면 제 등에 오르세요. 제가 당신 집까지 데려다줄게요."
까마귀가 날아올랐습니다. 그런데 금 자루가 너무 무거워 형은 까마귀 등에서 떨어지고 말았습니다. 까마귀는 형을 금 산 위에 놓아두고 혼자 날아갔습니다.

6 형은 큰 자루에 무엇을 채워 넣었습니까? (　　　)

① 감　② 쌀　③ 금
④ 돌　⑤ 밤

7 형의 성격은 어떠합니까? (　　　)

① 게으르다.　② 지혜롭다.
③ 욕심이 많다.　④ 효성스럽다.
⑤ 동생을 위할 줄 안다.

서술형

8 이 글과 비슷한 옛이야기는 무엇이 있는지 쓰시오.
(　　　　　　　　　　　　　　　　　)

9~10 다음 글을 읽고, 물음에 답하시오.

드디어 마라톤 대회가 열리는 날입니다.
화창한 날씨는 수현이의 마음을 설레게 했습니다.
"우리 아들, 파이팅! 마라톤 잘 뛰고 와."
엄마, 아빠도 수현이에게 힘을 불어넣어 주었습니다. 출발선에 섰을 때, 같은 반 친구인 재혁이가 수현이의 등을 토닥이며 싱긋 웃어보였습니다. 수현이는 끝까지 포기하지 않겠다고 다짐했습니다.
탕!
출발을 알리는 총소리가 하늘을 가르자 가벼운 발걸음들이 앞을 향해 내달리기 시작했습니다.
한참을 달리다 경사진 언덕을 오를 때였습니다. 갑자기 가슴이 뻐근해지고, 어질어질 현기증이 일었습니다. 다른 친구들은 이미 수현이를 앞질러 간 상태였습니다.
'헉, 헉! 숨이 차서 더는 못 달리겠어.'
수현이는 너무 힘든 나머지 도중에 포기해야겠다고 생각하고는 몇 걸음 천천히 걸었습니다.

「아름다운 꼴찌」, 이철환

9 마라톤 대회 출발선에서 수현이는 어떤 다짐을 하였습니까? (　　　)

① 일 등을 하겠다.
② 포기하지 않겠다.
③ 재혁이를 이기겠다.
④ 신기록을 세우겠다.
⑤ 부모님께 효도하겠다.

10 수현이에게 어떤 일이 일어날지 알맞게 말한 것에 ○표를 하시오.

(1) 총소리를 듣고 너무 놀란 수현이는 경기를 시작하지도 못할 거야. (　　)
(2) 수현이는 부모님과 친구의 응원을 받고 경기를 포기하지 않을 거야. (　　)
(3) 수현이가 일 등을 해서 대회 참가를 반대했던 부모님도 기뻐하실 거야. (　　)

5 단원

11~15 다음 글을 읽고, 물음에 답하시오.

(가) 꽃담이가 항아리들이 놓여 있는 곳으로 갔어요.
초록 고양이가 비아냥거렸어요.
"흥! 못 찾기만 해 봐라. 엄마를 영영 안 돌려줄 테야."
꽃담이는 킁킁 냄새를 맡았어요.
"바로 이 항아리야!"
그 항아리에서 고소하고 달콤하고 향긋한 냄새가 났거든요. 바로 엄마 냄새였지요.
꽃담이가 너무 쉽게 찾으니까 초록 고양이가 심통이 났나 봐요.
"칫! 좋아. 엄마를 데려가!"
그 말을 하고 초록 고양이는 뿅 사라졌어요.
(나) 어느 날 꽃담이가 사라졌어요.
세수하러 욕실에 들어가서 나오지 않았어요.
엄마는 욕실 문을 열어 봤지만, 꽃담이가 없었어요. 감쪽같이 사라진 거예요.
그때 낄낄낄 웃음소리가 들렸어요.
"꽃담이는 내가 데려갔어요."
초록 고양이가 말했어요. 발에 노란 장화를 신고 있었어요.
엄마가 말했어요.
"우리 꽃담이를 돌려줘!"
(다) 초록 고양이가 노란 장화 신은 발을 탁탁 굴렀어요.
커다란 동굴 안에 하얀 항아리들이 잔뜩 놓여 있었어요.
"항아리는 모두 40개예요. 저 가운데 하나에 꽃담이가 들어 있어요. 어느 항아리에 들어 있는지 찾아보세요. 뚜껑을 열어 봐서도 안 되고, 딸 이름을 불러서도 안 돼요."
초록 고양이는 또 낄낄낄 웃었어요.
"기회는 딱 한 번뿐이에요. 만일 틀린 항아리를 고르면, 딸을 영영 못 찾게 될 거예요."

「초록 고양이」, 위기철

11 글 (가)에서 꽃담이에게 어떤 일이 일어났습니까? (　　　)

① 동생이 생겼다.
② 커다란 항아리를 깨뜨렸다.
③ 엄마가 있는 항아리를 찾았다.
④ 함께 있던 초록 고양이를 잃어버렸다.
⑤ 40개의 항아리 중 한 항아리 안에 갇혔다.

12 꽃담이는 어떻게 엄마를 찾았습니까? (　　　)

① 엄마 냄새를 맡고 찾았다.
② 엄마 목소리를 듣고 찾았다.
③ 엄마 옷자락을 보고 찾았다.
④ 엄마가 남긴 표시를 보고 찾았다.
⑤ '엄마'라고 적힌 글씨를 보고 찾았다.

13 글 (나)와 (다)에서 장소가 어떻게 바뀌었습니까? (　　　)

① 학교 → 꽃담이네 집
② 꽃담이네 집 → 학교
③ 학교 → 커다란 동굴
④ 꽃담이네 집 → 커다란 동굴
⑤ 커다란 동굴 → 꽃담이네 집

14 다음 사건의 원인이 되는 일은 어느 것입니까? (　　　)

엄마는 초록 고양이를 따라 동굴로 갔다.

① 초록 고양이가 사라졌다.
② 꽃담이가 길을 잃어버렸다.
③ 초록 고양이가 엄마를 숨겼다.
④ 초록 고양이가 꽃담이를 숨겼다.
⑤ 엄마가 초록 고양이의 항아리를 깨뜨렸다.

서술형

15 엄마는 항아리에 있는 꽃담이를 찾기 위해 어떤 노력을 할지 상상해 쓰시오.

16~18 다음을 읽고, 물음에 답하시오.

주인공이 우주선을 타고 우주여행을 떠남.

⬇

연료 부족으로 한 행성에 불시착하게 됨.

⬇

우연히 착륙한 행성에서 외계인을 만나 지구의 과학 지식으로 외계인을 도와줌.

⬇

㉠

16 주인공이 여행을 떠난 곳은 어디인지 쓰시오.

( )

17 우주선이 불시착하게 된 까닭은 무엇입니까? ( )

① 연료가 부족해서
② 우주선이 고장 나서
③ 외계인의 공격을 받아서
④ 주인공이 아프게 되어서
⑤ 떠다니는 물체에 부딪쳐서

서술형

18 자신이라면 어떻게 이야기를 끝낼지 ㉠ 안에 들어갈 내용을 상상해 쓰시오.

______

______

19~20 다음은 「신기한 그림 족자」를 정리한 내용입니다. 물음에 답하시오.

옛날 전우치라는 도사가 한자경을 측은히 여겨 그림 족자를 선물함.

⬇

한자경은 아버지의 장례를 치르고, 그림 족자 속 고지기에게 하루 한 냥씩 얻어 행복하게 삶.

⬇

㉠구만 평의 땅이 단돈 백 냥이라는 이야기를 들은 한자경이 욕심을 부리기 시작함.

19 다음 내용으로 보아, 한자경이 족자를 사용할 때 지켜야 할 규칙은 무엇이겠습니까? ( )

> 한자경은 집으로 달려가 고지기에게 백 냥만 달라고 했다. 그러나 고지기는 전우치가 했던 당부를 전하며 하루에 한 냥만 된다고 했다.

① 장가를 가면 안 된다.
② 비단옷을 입어야 한다.
③ 하루에 한 냥만 타서 쓴다.
④ 기와집에서 생활해야 한다.
⑤ 고지기에게 인사를 해야 한다.

20 ㉠의 상황에서 한자경은 어떤 생각을 하겠습니까? ( )

① 부자가 되면 불행할 것이다.
② 전우치에게 은혜를 갚고 싶다.
③ 돈을 빌려준 고지기에게 감사하다.
④ 단숨에 부자가 되는 꿈은 어리석다.
⑤ 하루 한 냥을 타 쓰는 것은 바보 같다.

2회 단원 평가

실전 5. 내가 만든 이야기

1 다음 그림을 보고 꾸민 내용으로 알맞은 것은 어느 것입니까? (　　　)

① 아이가 구름 사람을 타고 멋진 곳으로 날아갔습니다.
② 아이가 높은 건물 꼭대기에서 구름 사람을 만났습니다.
③ 구름 사람이 아이에게 맛있는 빵과 과자를 만들어 주었습니다.
④ 구름 사람과 아이가 구름들에게 물고기 그림을 보여 주었습니다.
⑤ 아이가 그림을 그리고 구름들은 여러 가지 모양을 만들었습니다.

2 다음 그림 속 친구의 발표를 듣고 잘된 점과 고칠 점을 이야기해 보려고 합니다. 평가 기준이 아닌 것은 무엇입니까? (　　　)

① 일의 과정이 잘 드러났는가?
② 시간의 흐름에 맞게 꾸며졌는가?
③ 이야기가 자연스럽게 꾸며졌는가?
④ 글쓴이의 주장과 그 까닭이 드러났는가?
⑤ 일어난 일들이 서로 원인과 결과로 연결되었는가?

3~5 다음 글을 읽고, 물음에 답하시오.

> 옛날에 두 아들을 둔 아버지가 많은 재산을 남겨 두고 세상을 떠났습니다. 형은 동생에게 감나무가 있는 허름한 집 한 채만 주었습니다. 그리고 나머지는 모두 자기가 차지했습니다. 그러나 마음씨 착한 동생은 아무 말 없이 감나무가 있는 집만 받았습니다.
> 어느 가을날, 까마귀가 떼 지어 날아와 감을 다 먹어 버렸습니다. 이 모습을 본 동생은 까마귀들에게 말했습니다.
> "내 재산이라고는 이 감나무 하나뿐이야. 너희가 감을 모두 먹었으니, 나는 어떻게 살아가야 하니?"
> 까마귀 한 마리가 대답했습니다.
> "당신은 마음이 착하고 욕심이 없군요. 감을 따 먹은 대신 금을 드릴게요. 저희가 모레 금이 있는 커다란 산으로 데리고 갈 테니 조그만 주머니를 만들어 두세요."

3 언제 일어난 일입니까? (　　　)

① 겨울날　② 옛날 봄
③ 먼 미래　④ 어느 가을날
⑤ 어느 여름날

4 까마귀는 동생을 어떻게 생각했습니까? (　　　)

① 겁이 많다.　② 욕심이 없다.
③ 버릇이 없다.　④ 잘난 체한다.
⑤ 냉정하고 이기적이다.

서술형

5 동생에게 일어난 일을 알아볼 때 다음 빈칸에 알맞은 내용을 쓰시오.

장소	일어난 일
옛날 어느 마을	감나무가 있는 집 한 채만 받았다.
동생의 집	

6~10 다음 글을 읽고, 물음에 답하시오.

㈎ 동생은 눈이 부신 금덩이들 한가운데에 서 있는 것을 알고 깜짝 놀랐습니다. 그는 주변에 흩어져 있는 금을 주머니에 주워 담았습니다. 우두머리 까마귀가 물었습니다.
"다 담았어요? 그러면 제 등에 오르세요. 제가 당신 집까지 데려다줄게요."
동생은 한 손에 금이 든 작은 주머니를 들고, 다른 손으로는 우두머리 까마귀 등을 꼭 잡았습니다.
㈏ 아버지 제삿날이 돌아왔습니다. 동생이 형을 초대하였습니다. 형은 동생이 큰 부자가 된 것을 보고 그 까닭을 물었습니다. 동생은 사실대로 이야기를 해 주었습니다.
그러자 욕심이 생긴 형은 동생에게 감나무를 빌려 달라고 사정하였습니다. 동생은 형에게 감나무를 빌려주었습니다. 가을이 되자 또 까마귀들이 날아와 감을 먹었습니다. 형도 동생과 같이 말하였습니다. 그리고 형은 아주 큰 자루를 만들었습니다. 까마귀 우두머리는 형도 그 산으로 데려다주었습니다. 형은 무척 기뻤습니다. 자기가 동생보다 더 큰 부자가 될 것이라고 생각했습니다. 형은 큰 자루에 금을 꾹꾹 채워 넣고, 그것도 모자라 옷 속에도, 입 속에도, 그리고 귓구멍 속에도 가득 채워 넣었습니다. 까마귀가 말하였습니다.
"다 담았어요? 그러면 제 등에 오르세요. 제가 당신 집까지 데려다 줄게요."
까마귀가 날아올랐습니다. 그런데 ______________ ______________ 까마귀는 형을 금 산 위에 놓아두고 혼자 날아갔습니다.

6 형이 동생에게 물어본 것은 무엇인지 찾아 쓰시오.

• 큰 (   )가 된 까닭

7 욕심이 생긴 형이 동생에게 빌린 것은 무엇인지 쓰시오.

(   )

8 글 ㈏에서 일어난 일을 차례에 맞게 정리할 때 다음 빈 곳에 들어갈 내용은 무엇입니까? (   )

형이 부자가 된 동생을 따라 함. ➡ [   ] ➡ 까마귀 등에서 떨어져 금 산에 남겨짐.

① 동생이 금 산으로 감.
② 형은 자루에 금을 가득 담음.
③ 동생이 형을 금 산으로 데려다줌.
④ 까마귀가 감나무를 몽땅 먹어 버림.
⑤ 형이 동생에게 작은 주머니를 빌림.

9 글 ㈏의 밑줄 그은 부분에 들어갈 내용입니다. 괄호 안의 알맞은 말에 ○표를 하시오.

금 자루가 너무 (가벼워, 무거워) 형은 까마귀 등에서 떨어지고 말았습니다.

10 글쓴이가 전하고 싶은 생각은 무엇이겠습니까? (   )

① 자연을 보호하자.
② 욕심을 부리지 말자.
③ 절약하는 습관을 갖자.
④ 시간을 낭비하지 말자.
⑤ 동물을 아끼고 사랑하자.

5 단원

11~15 다음 글을 읽고, 물음에 답하시오.

한참을 달리다 경사진 언덕을 오를 때였습니다. 갑자기 가슴이 뻐근해지고 어질어질 현기증이 일었습니다. 다른 친구들은 이미 수현이를 앞질러 간 상태였습니다.

'헉, 헉! 숨이 차서 더는 못 달리겠어.'

수현이는 너무 힘든 나머지 도중에 포기해야겠다고 생각하고는 몇 걸음 천천히 걸었습니다.

그때 등 뒤에서 사람들의 환호 소리가 들렸습니다.

"와, 조금만 더 힘내요!"

그것은 수현이와 100미터 이상 떨어진 거리에서 쓰러질 듯 달려오는 한 친구에게 보내는 격려의 소리였습니다. 수현이는 꼴찌가 아니라는 사실에 안도하면서 조금씩 힘을 내기 시작했습니다.

'이제 거의 다 왔어. 나도 조금만 더 힘을 내자!'

수현이는 숨이 턱까지 차오르고, 땀이 비 오듯 흘렀지만 마지막까지 온 힘을 다해 뛰기로 마음먹었습니다.

드디어 결승점에 도착했습니다!

11 수현이는 한참을 달리다 경사진 언덕을 오를 때 어떤 생각을 했습니까? (　　　)

① 비가 내렸으면 좋겠다.
② 끝까지 달리기를 하겠다.
③ 숨이 차서 더는 못 달리겠다.
④ 친구들이 나를 응원해 주면 좋겠다.
⑤ 뒤에서 달리는 친구를 응원해야겠다.

12 사람들이 환호한 까닭은 무엇입니까? (　　　)

① 출발을 알리는 소리가 들려서
② 지친 수현이를 격려하기 위해서
③ 우승한 친구를 축하하기 위해서
④ 꼴찌로 달리던 친구가 주저앉아서
⑤ 꼴찌로 달리는 친구를 격려하기 위해서

13 뒤에서 달리는 친구를 통해 수현이는 어떤 마음을 가지게 되었습니까? (　　　)

① 속상한 마음　② 그리운 마음
③ 안도하는 마음　④ 질투하는 마음
⑤ 포기하고 싶은 마음

14 수현이에게 해 주고 싶은 말을 알맞게 한 친구의 이름을 쓰시오.

(　　　　　　　　)

15 이 이야기의 주제로 알맞은 것은 무엇입니까? (　　　)

① 우정은 소중하다.
② 스승의 사랑은 크다.
③ 욕심이 지나치면 벌을 받는다.
④ 포기하지 않고 노력하는 모습은 아름답다.
⑤ 자신을 희생하고 봉사하며 살아가는 삶은 위대하다.

16~18 다음 글을 읽고, 물음에 답하시오.

(가) "우리 엄마를 돌려줘!"
초록 고양이가 수염을 쓰다듬으며 말했어요.
"쉽게 돌려줄 수는 없어. 엄마를 찾고 싶으면 나를 따라와."
초록 고양이가 빨간 우산을 빙글빙글 돌렸어요.
커다란 동굴 안에 하얀 항아리들이 잔뜩 놓여 있었어요.
"항아리는 모두 40개야. 이 가운데 하나에 너희 엄마가 있어. 어느 항아리에 있는지 찾아봐. 항아리를 두드려 봐도 안 되고, 엄마를 불러서도 안 돼."
초록 고양이는 또 낄낄낄 웃었어요.
"기회는 딱 한 번뿐이야. 만일 틀린 항아리를 고르면, 너는 엄마를 영영 못 찾게 될 거야."
꽃담이는 어이가 없었어요.
"만일 내가 찾으면 어떻게 할 건데?"
(나) 꽃담이가 항아리들이 놓여 있는 곳으로 갔어요.
초록 고양이가 비아냥거렸어요.
"흥! 못 찾기만 해 봐라. 엄마를 영영 안 돌려줄테야."
꽃담이는 킁킁 냄새를 맡았어요.

16 초록 고양이는 엄마를 어디에 숨겼습니까? (　　　)

① 우산 위　② 동굴 밖
③ 장화 속　④ 항아리 안
⑤ 마루 아래

17 초록 고양이는 꽃담이가 무엇을 하면 안 된다고 했는지 알맞은 것을 두 가지 고르시오. (　　,　　)

① 냄새를 맡으면 안 된다.
② 엄마를 부르면 안 된다.
③ 항아리를 두드리면 안 된다.
④ 항아리를 깨뜨리면 안 된다.
⑤ 항아리를 들어 보면 안 된다.

서술형

18 이 글에 이어질 내용을 상상해 간단히 쓰시오.

____

____

19~20 다음 글을 읽고, 물음에 답하시오.

커다란 동굴 안에 하얀 항아리들이 잔뜩 놓여 있었어요.
"항아리는 모두 40개예요. 저 가운데 하나에 꽃담이가 들어 있어요. 어느 항아리에 들어 있는지 찾아보세요. 뚜껑을 열어 봐서도 안 되고, 딸 이름을 불러서도 안 돼요."
초록 고양이는 또 낄낄낄 웃었어요.
"기회는 딱 한 번뿐이에요. 만일 틀린 항아리를 고르면, 딸을 영영 못 찾게 될 거예요."

19 꽃담이가 처한 상황은 어떠한지 쓰시오.

• 40개의 (　　　　　　) 가운데 하나에 숨겨져 있다.

20 엄마가 꽃담이를 찾기 위해 지켜야 할 조건은 무엇입니까? (　　　)

① 항아리를 깨뜨리면 안 된다.
② 항아리를 두드리면 안 된다.
③ 항아리를 건드리면 안 된다.
④ 항아리의 냄새를 맡으면 안 된다.
⑤ 항아리의 뚜껑을 열어 보면 안 된다.

5 단원

창의서술형 평가

5. 내가 만든 이야기

국어 138~165쪽 국어 활동 54~59쪽

1~3

(가) "당신은 마음이 착하고 욕심이 없군요. 감을 따 먹은 대신 금을 드릴게요. 저희가 모레 금이 있는 커다란 산으로 데리고 갈 테니 조그만 주머니를 만들어 두세요."

말을 끝내자 까마귀 떼는 어디론가 날아갔습니다.

(나) 동생은 눈이 부신 금덩이들 한가운데에 서 있는 것을 알고 깜짝 놀랐습니다. 그는 주변에 흩어져 있는 금을 주머니에 주워 담았습니다. 우두머리 까마귀가 물었습니다.

"다 담았어요? 그러면 제 등에 오르세요. 제가 당신 집까지 데려다줄게요."

동생은 한 손에 금이 든 작은 주머니를 들고, 다른 손으로는 우두머리 까마귀 등을 꼭 잡았습니다.

(다) 까마귀 우두머리는 형도 그 산으로 데려다주었습니다. 형은 무척 기뻤습니다. 자기가 동생보다 더 큰 부자가 될 것이라고 생각했습니다. 형은 큰 자루에 금을 꾹꾹 채워 넣고, 그것도 모자라 옷 속에도, 입 속에도, 그리고 귓구멍 속에도 가득 채워 넣었습니다. 까마귀가 말하였습니다.

"다 담았어요? 그러면 제 등에 오르세요. 제가 당신 집까지 데려다줄게요."

까마귀가 날아올랐습니다. 그런데 금 자루가 너무 무거워 형은 까마귀 등에서 떨어지고 말았습니다. 까마귀는 형을 금 산 위에 놓아두고 혼자 날아갔습니다.

1 금 산에서 돌아온 동생은 어떻게 되었을지 쓰시오.

2 금 산에서 돌아오려던 형은 왜 까마귀 등에서 떨어졌는지 쓰시오.

3 이 이야기의 주제는 무엇인지 쓰시오.

도움말

「황금 감나무」라는 베트남의 옛이야기로, 착한 동생은 까마귀 덕분에 금을 얻어 부자가 되고 동생처럼 따라 했던 형은 욕심을 지나치게 부리다가 금 산에 혼자 남게 되었다는 내용입니다.

1 금 산에서 동생은 주변에 흩어져 있는 금을 주머니에 담았습니다.

2 욕심 많은 형이 금 산에서 어떻게 행동했는지 살펴봅니다.

3 인물의 말이나 행동, 일어난 일을 살펴보고 이야기에서 나타내고자 하는 생각을 알아봅니다.

4~6

(가) '이제 거의 다 왔어. 나도 조금만 더 힘을 내자!'

수현이는 숨이 턱까지 차오르고, 땀이 비 오듯 흘렀지만 마지막까지 온 힘을 다해 뛰기로 마음먹었습니다.

드디어 결승점에 도착했습니다!

깊은숨을 훅훅 몰아쉬는 수현이의 가슴이 산처럼 솟았다 가라앉기를 여러 차례 반복했습니다. 선생님과 친구들은 끝까지 포기하지 않고 달린 수현이를 향해 뜨거운 박수를 보냈습니다.

(나) 집으로 돌아온 수현이는 아빠, 엄마에게 마라톤에서 완주한 일을 몇 번이고 자랑했습니다.

"내 뒤에서 달려오던 친구가 없었다면 나도 중간에 포기하고 말았을 거예요."

아빠와 엄마는 그런 수현이가 무척 대견했습니다.

그날 밤, 모두가 잠든 시각이었습니다. 안방 문틈 사이로 아빠의 낮은 신음 소리가 들렸습니다. 그리고 가느다란 엄마의 목소리도 들렸습니다.

"당신도 몸이 약한데, 수현이 뒤에서 함께 뛰다니……. 너무 무리한 것 같아요. 병원에 안 가도 되겠어요?"

수현이는 그제야 알았습니다. 자신 뒤에서 꼴찌로 달렸던 사람은 바로 아빠였던 것입니다.

4 선생님과 친구들이 수현이를 향해 뜨거운 박수를 보낸 까닭을 쓰시오.

5 마라톤을 완주한 수현이의 마음은 어떠했을지 쓰시오.

6 만약 수현이가 숨이 차고 힘든 것을 참지 못해 포기했다면 이야기의 흐름이 어떻게 바뀌었을지 상상해 쓰시오.

도움말

수현이가 마라톤 대회에 나가 완주하게 되는 이야기로, 수현이가 마라톤을 완주할 수 있도록 몰래 뒤에서 함께 뛴 아빠의 사랑을 느낄 수 있습니다.

4 수현이가 결승점에 도착하자 선생님과 친구들은 뜨거운 박수를 보냈습니다.

5 힘든 상황을 이겨 내고 목표를 이루었을 때 어떤 마음이 들지 생각해 봅니다.

6 이야기에서 어떤 사건이 바뀌면 원인과 결과의 관계에 있는 다른 사건들도 달라져야 합니다.

5 단원

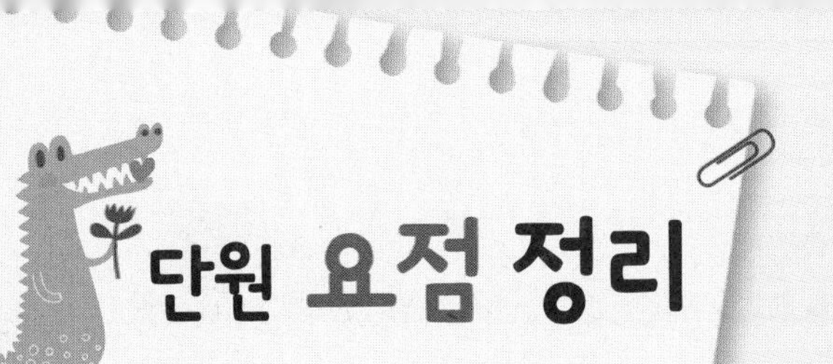

6. 회의를 해요

학습목표
회의 절차와 규칙을 알고 회의에 적극적으로 참여할 수 있습니다.

국어 174~193쪽 국어 활동 60~63쪽

핵심 1 *회의에 대해 알아보기

- 회의를 하거나 회의하는 모습을 본 경험을 말해 봅니다. → 무엇에 대한 회의인지, 어떤 이야기를 주고받았는지 생각합니다.
  - 가족회의, 전교 학생회 회의, 마을 회의 등
- 회의에서 있었던 일을 말해 봅니다.
- 회의를 하거나 회의하는 모습을 본 경험을 떠올려 정리해 봅니다.
- 모둠별로 주제를 정하여 회의해 봅니다.
- 모둠별로 회의를 잘 했는지 정리해 봅니다.

회의가 필요한 까닭
- 문제를 해결하는 좋은 방법을 찾을 수 있습니다.
- 같이 해야 할 일을 결정할 수 있습니다.
- 여러 사람의 의견을 들을 수 있습니다.

핵심 2 회의 절차와 참여자 역할 익히기

(참여자 → 사회자, 회의 참여자, 기록자)

- 회의 절차

개회	회의 시작을 알린다.
주제 선정	회의 주제를 정한다.
주제 토의	선정된 주제에 맞는 의견을 제시한다. (선정된 주제 → 모두가 공통으로 관심을 가질 만한 문제를 회의 주제로 정해야 합니다.)
표결	찬성과 반대 의견을 헤아려 다수결로 결정한다. (다수결 → 회의에서 많은 사람의 의견에 따라 의견을 결정하는 일.)
결과 발표	결정된 의견을 발표한다.
폐회	회의 마침을 알린다.

- 참여자의 역할

사회자	• 회의 절차를 안내한다. • 말할 기회를 골고루 준다.
회의 참여자	• 의견을 발표한다. • 다른 사람의 의견을 주의 깊게 듣는다.
기록자	• 회의 날짜, 시간, 장소를 기록한다. • 회의 내용을 기록한다.

핵심 3 회의 주제에 맞게 말할 내용 준비하기

- 회의 주제를 정하는 방법
  - 해결해야 할 문제를 찾습니다.
  - 우리가 해결할 수 있는 문제인지 생각합니다.
  - 공통의 관심사인지 확인합니다.
  - 실천할 수 있는 해결 방법이 있는지 떠올립니다.
- 회의 주제에 맞게 말할 내용을 정하는 방법
  - 주제를 실천할 수 있는 여러 가지 의견을 떠올립니다. → 학급 문고 정리를 잘 하자, 쓰레기를 제대로 분리해서 버리자 등
  - 의견을 뒷받침할 수 있는 *근거를 찾아봅니다.
  - 근거가 적절한 의견을 선택합니다.
  - 의견이 여러 사람에게 의미 있는 것인지 따져 봅니다. → 효율적인 의견인지 생각합니다.
  - 의견과 근거로 말할 내용을 정리합니다.

핵심 4 절차와 규칙을 지키며 회의하기

- 회의를 할 때 지켜야 할 규칙

사회자	• 말할 기회를 골고루 준다. • 회의 절차를 안내한다.
회의 참여자	• 친구가 의견을 말할 때 끼어들지 않는다. • 다른 사람의 의견을 존중한다. • 사회자 허락을 얻고 말한다. • 자신의 의견만 옳다고 주장하지 않는다. (→ 소수의 의견도 존중하는 자세를 가지도록 합니다.) • 알맞은 크기의 목소리로 말한다.
기록자	• 중요한 내용을 요약해서 기록한다. • 회의 날짜와 시간, 장소를 기록한다.

국어활동

핵심 5 회의의 절차와 참여자의 역할을 알고 실천할 수 있는지 확인하기

- 회의에서 맡은 역할에 따라 하는 일을 알아봅시다.
  - 사회자, 회의 참여자, 기록자의 역할에 따라 하는 일을 확인해 봅니다.
  - '개회, 주제 선정, 주제 토의, 표결, 결과 발표, 폐회'의 차례대로 회의를 합니다.
- 회의 절차를 잘 지킵니다.

조금 더 알기

회의의 다양한 모습

▲ 가족회의

▲ 마을 회의

회의 주제 정하기 예

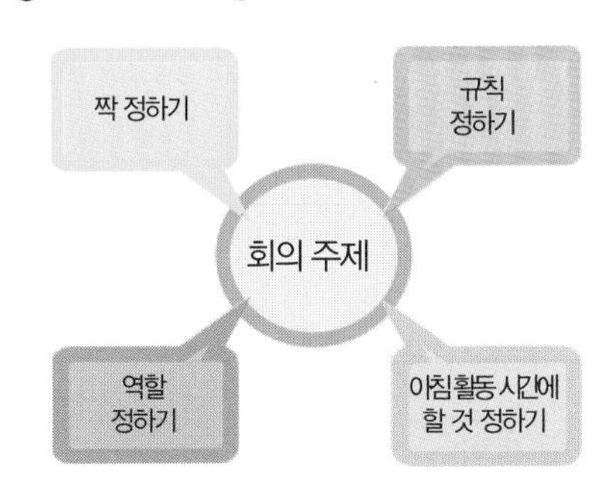

주제에 맞게 내용 정리하기 예

주제	친구들과 사이좋게 지내자.
의견	친구에게 바르고 고운 말을 사용하자.
근거	거친 말을 사용해 다툼이 일어나는 일이 많기 때문이다.

낱말 사전

★회의 여러 사람이 모여서 어떤 것을 결정하고 이야기함.

★근거 어떤 일이나 의논, 의견에 그 근본이 됨. 또는 그런 까닭.

개념을 확인해요

1 □□가 필요한 까닭은 문제를 해결하는 좋은 방법을 찾을 수 있기 때문입니다.

2 회의 절차는 '개회 – □□ 선정 – 주제 토의 – 표결 – 결과 발표 – 폐회'입니다.

3 회의 절차 가운데에서 찬성과 반대 의견을 헤아려 다수결로 결정하는 단계는 □□입니다.

4 회의 참여자에는 사회자, 회의 참여자, □□□가 있습니다.

5 사회자는 회의 □□를 안내합니다.

6 회의 참여자는 □□을 발표하고 다른 사람의 의견을 주의 깊게 듣습니다.

7 회의 주제를 정할 때에는 우리가 □□할 수 있는 문제인지 생각합니다.

8 회의 주제에 맞게 말할 내용을 정할 때에는 주제를 실천할 수 있는 여러 가지 □□을 떠올립니다.

9 회의 참여자는 친구가 □□을 말할 때 끼어들지 않고, 다른 사람의 의견을 존중해야 합니다.

10 기록자는 중요한 내용을 □□해서 기록합니다.

6 단원

6. 회의를 해요

국어 174~193쪽 국어 활동 60~63쪽

도움말

1. 가족이 모여서 여러 의견을 나누었던 경험을 떠올려 봅시다.

2. 회의 절차를 잘 지켜서 회의를 해야 원활하게 회의가 진행됩니다.

3. 회의 참여자는 말할 기회를 얻어서 주제에 대해 의견을 발표해야 합니다.

핵심 1

1 다음은 어떤 회의를 한 경험을 정리한 것인지 찾아 ○표를 하시오.

회의 주제	여행 장소
회의 목적	가족 여행 장소 정하기
회의 참석자	아버지, 어머니, 나, 남동생
회의 내용	아버지께서는 산으로 캠핑을 가자고 하셨고, 나는 놀이동산에 가자고 했다.
회의 결과	아버지께서 추천하신 산 캠핑을 여름에 먼저 가고, 내가 추천한 놀이동산에는 겨울에 가기로 했다.

(1) 가족회의 ( )
(2) 학급 회의 ( )
(3) 전교 학생회 회의 ( )

핵심 2

2 회의의 절차에 맞게 기호를 쓰시오.

㉮ 표결 ㉯ 개회
㉰ 폐회 ㉱ 주제 토의
㉲ 주제 선정 ㉳ 결과 발표

㉯ → ( ) → ( ) → ( ) → ( ) → ㉰

핵심 2

3 다음은 회의 참석자 가운데에서 누구의 역할인지 찾아 ○표를 하시오.

- 회의 절차를 안내한다.
- 회의 참여자에게 말할 기회를 준다.

(사회자, 회의 참여자, 기록자)

6 단원

핵심 3

4 회의 주제를 정하는 방법이 아닌 것은 어느 것입니까? (　　　　)

① 해결해야 할 문제를 찾는다.
② 공통의 관심사인지 확인한다.
③ 나만이 생각할 수 있는 주제인지 확인한다.
④ 우리가 해결할 수 있는 문제인지 생각한다.
⑤ 실천할 수 있는 해결 방법이 있는지 떠올린다.

핵심 4

5 회의 참여자가 지켜야 할 규칙을 모두 고르시오. (　　,　　,　　)

① 회의 절차를 안내한다.
② 다른 사람의 의견을 존중한다.
③ 알맞은 크기의 목소리로 말한다.
④ 친구가 의견을 말할 때 끼어들지 않는다.
⑤ 친구들이 말한 내용은 빠짐없이 기록한다.

핵심 5

6 다음 사회자가 잘못한 점을 찾아 ○표를 하시오.

회의 참여자 2: 노래를 하나 정해 우리 모두가 한마음으로 하는 기악 합주를 하면 좋겠습니다.
사회자: 기악 합주를 하면 시끄러워 다른 학급에 방해가 됩니다. 다른 더 좋은 의견을 말씀해 주십시오. 허윤성 친구가 의견을 발표해 주십시오.
회의 참여자 3: 그러면 우리 반 친구들이 모두 '○○산 둘레 길 탐방하기'에 참여하면 좋겠습니다. 함께 걷고, 이야기도 하고, 음식도 나누어 먹으면 다시 친해질 수 있을 것 같습니다.
사회자: 좋은 의견입니다. 또 다른 의견 있습니까?

(1) 회의 참여자의 의견을 무시했다. (　　　　)
(2) 자신의 의견을 발표하지 않았다. (　　　　)
(3) 회의 참여자의 의견을 듣지 않았다. (　　　　)

도움말

4. 회의를 해서 해결할 수 있고 도움이 되는 주제인지 생각해 봅니다.

5. 사회자, 회의 참여자, 기록자의 역할에 따라 지켜야 할 규칙이 다릅니다.

6. 사회자는 회의 절차를 안내하고 말할 기회를 주는 역할을 합니다.

1회 단원 평가

도전

6. 회의를 해요

국어 174~193쪽 국어 활동 60~63쪽

1 다음 그림은 어떤 회의 장면인지 찾아 선으로 이으시오.

(1)  • • ㉠ 가족회의

(2) 

• • ㉡ 마을 회의

(3)  • • ㉢ 전교 학생회 회의

중요

2 회의 경험을 떠올려 정리할 내용으로 알맞지 <u>않은</u> 것은 어느 것입니까? (　　　)

① 회의 주제
② 회의 결과
③ 회의 내용
④ 회의 참석자
⑤ 회의할 때 주의할 점

주의

3 회의가 필요한 까닭을 모두 고르시오. (　,　,　)

① 자신의 목표를 세울 수 있다.
② 자신의 재주를 뽐낼 수 있다.
③ 여러 사람의 의견을 들을 수 있다.
④ 같이 해야 할 일을 결정할 수 있다.
⑤ 문제를 해결하는 좋은 방법을 찾을 수 있다.

서술형

4 모둠별로 주제를 정하여 회의를 하려고 합니다. 회의 주제를 한 가지 더 생각해 쓰시오.

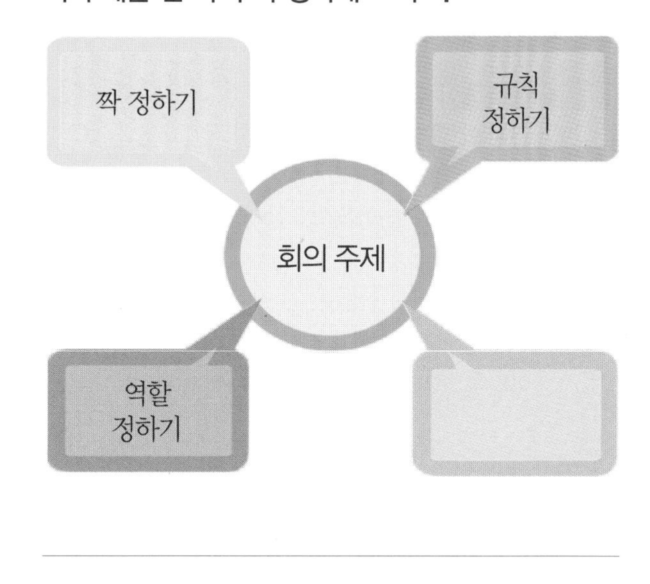

응용

5 회의에서 맡은 역할을 보기 에서 찾아 쓰시오.

보기		
사회자	회의 참여자	기록자

6~8 다음 글을 읽고, 물음에 답하시오.

사회자: 학교생활을 안전하게 하려면 실천해야 할 일이 무엇인지 발표해 주십시오.
이정수 친구가 의견을 발표해 주십시오.
회의 참여자 3: 안전 게시판을 만들면 좋겠습니다. 학교생활을 안전하게 하는 방법을 써 붙이면 안전사고를 예방할 수 있습니다.
사회자: 좋은 의견 고맙습니다.
윤지호 친구가 의견을 발표해 주십시오.
회의 참여자 4: 모둠별로 안전 지킴이 활동을 하면 좋겠습니다. 사고를 예방할 수 있기 때문입니다.
사회자: 좋은 의견입니다. 다른 의견은 없습니까?
신서윤 친구가 의견을 발표해 주십시오.
회의 참여자 5: 학교에서 위험한 행동을 했을 때 벌점을 받는 제도를 만들었으면 좋겠습니다. 벌점을 받지 않기 위해 행동을 조심하면 서로 피해를 주는 일이 없을 것이기 때문입니다.
사회자: 네, 그리고 이정수 친구 발표해 주십시오.

6 회의 참여자 3의 의견은 무엇입니까? (　　　)

① 벌점 제도를 만들자.
② 안전사고를 예방하자.
③ 안전 게시판을 만들자.
④ 서로 행동을 조심하자.
⑤ 안전 지킴이 활동을 하자.

7 이 글을 통해 알 수 있는 사회자의 역할은 무엇입니까? (　　　)

① 말할 기회를 골고루 준다.
② 회의 내용을 자세히 기록한다.
③ 회의가 언제 열릴지를 알린다.
④ 주제에 알맞은 의견을 발표한다.
⑤ 회의가 열린 날짜와 장소를 기록한다.

8 회의 절차 가운데 무엇에 해당합니까? (　　　)

① 개회
② 국민의례
③ 주제 선정
④ 주제 토의
⑤ 결과 발표

9~10 다음 글을 읽고, 물음에 답하시오.

내용	절차
사회자: 마지막으로, "안전한 생활을 위한 벌점 제도를 만들자."를 실천 내용으로 정하는 것에 찬성하시는 분은 손을 들어 주십시오. 27명 가운데 12명이 찬성했습니다. 기록자: (칠판이나 회의록에 내용을 기록한다.)	표결
사회자: 이번 주 학급 회의 주제는 "학교생활을 안전하게 하자."이고, 실천 내용은 "안전 게시판을 만들자."로 정했습니다.	결과 발표
사회자: 이상으로 학급 회의를 마치겠습니다. 고맙습니다.	㉠

9 ㉠ 안에 들어갈 회의 절차로, 회의 마침을 알리는 것을 무엇이라고 하는지 쓰시오.

(　　　　　　　　)

10 이 회의에서 결정된 의견을 정리해 쓰시오.

학급 회의 주제	학교생활을 안전하게 하자.
실천 내용	

11~12 다음 그림을 보고, 물음에 답하시오.

11 친구들의 대화 주제는 무엇입니까? (　　　　)

① 회의 장소 정하기
② 회의 주제 정하기
③ 실천 사항 알아보기
④ 회의 날짜와 시간 정하기
⑤ 회의 주제에 대한 의견 나누기

응용

12 다음 내용이 회의 주제로 알맞지 않은 까닭은 무엇이라고 하였습니까? (　　　　)

> 아침에 일찍 일어나자.

① 실천하기 힘든 문제이다.
② 해결할 수 없는 문제이다.
③ 누구나 지키고 있는 문제이다.
④ 누구나 생각할 수 있는 문제이다.
⑤ 공통으로 관심을 보일 만한 것이 아니다.

중요

13 회의 주제에 맞게 말할 내용을 정하는 방법으로 알맞지 않은 것은 어느 것입니까? (　　　　)

① 주제와 다른 의견을 떠올린다.
② 근거가 적절한 의견을 선택한다.
③ 의견과 근거로 말한 내용을 정리한다.
④ 의견을 뒷받침할 수 있는 근거를 찾아본다.
⑤ 주제를 실천할 수 있는 의견을 떠올리고, 의견이 여러 사람에게 의미 있는 것인지 따져 본다.

주의

14 다음 주제에 알맞은 실천 내용을 두 가지 고르시오. (　　,　　)

> 친구들과 사이좋게 지냅시다.

① 물건을 제자리에 놓자.
② 친구의 나쁜 점을 말해 주자.
③ 친구들끼리 고운 말을 쓰자.
④ 친구가 힘들어할 때 모른 척하자.
⑤ 친구들끼리 서로 별명을 부르지 말자.

서술형

15 문제 14번의 주제에 맞게 다음과 같은 의견을 생각했습니다. 의견에 알맞은 근거를 쓰시오.

의견	오해는 대화로 금방 풀자.
근거	

16~17 다음 글을 읽고, 물음에 답하시오.

회의 참여자 2: 친구들끼리 서로 별명을 부르지 않았으면 합니다. 별명을 들으면 기분이 나쁠 때가 많기 때문입니다.
사회자: 또 다른 의견이 있으십니까? (여러 친구가 손을 들지만 다시 회의 참여자 2를 가리키며) 네, 김현수 친구, 발표해 주십시오.
회의 참여자 4: 사회자님, [㉠]

16 회의 참여자 2의 의견은 무엇입니까? (　　　)

① 고운 말을 쓰자.
② 웃으며 인사하자.
③ 어려울 때 도와주자.
④ 서로 별명을 부르지 말자.
⑤ 친구의 말을 귀 기울여 듣자.

서술형

17 회의 참여자 4는 사회자에게 불만을 말하려고 합니다. ㉠ 안에 들어갈 알맞은 말을 쓰시오.

____

____

18 회의 참여자가 지켜야 할 규칙으로 알맞지 않은 것은 무엇입니까? (　　　)

① 다른 사람의 의견을 존중한다.
② 알맞은 크기의 목소리로 말한다.
③ 친구가 발언할 때 끼어들지 않는다.
④ 자신의 의견만 옳다고 주장하지 않는다.
⑤ 친구와 어떤 의견을 말할지 미리 이야기한다.

19~20 다음 글을 읽고, 물음에 답하시오.

표결	사회자: 그러면 지금까지 나온 의견 가운데에서 실천 내용을 정해도 되겠습니까? 회의 참여자들: 네, 좋습니다. 사회자: 그럼 먼저, '○○산 둘레 길 탐방하기'를 실천 내용으로 정하는 것에 찬성하시는 분은 손을 들어 주십시오. (잠시 뒤) 25명 가운데에서 18명이 찬성했습니다. …… 회의 참여자 4: 사회자님, 이제 생각이 났는데 실천 내용을 하나 제안하겠습니다. 사회자: 표결까지 끝났으므로 더 이상 의견은 받지 않겠습니다. 정한 내용을 말씀드리겠습니다.
결과 발표	사회자: 이번 주 학급 회의 주제는 "친구들과 친하게 지내자."이고 실천 내용은 첫째, '○○산 둘레 길 탐방하기'와 둘째, '서로에게 다정하게 말하기'입니다.
폐회	사회자: 이상으로 학급 회의를 마치겠습니다. 고맙습니다.

19 '표결'에서 할 일은 무엇입니까? (　　　)

① 회의 주제를 정한다.
② 회의 마침을 알린다.
③ 회의 시작을 알린다.
④ 선정된 주제에 맞는 의견을 제시한다.
⑤ 찬성과 반대 의견을 헤아려 다수결로 결정한다.

20 회의 참여자 4가 잘못한 점은 무엇입니까? (　　　)

① 회의 절차를 지키지 않았다.
② 말할 기회를 혼자서 독차지했다.
③ 주제에 맞지 않는 의견을 말했다.
④ 사회자에게 의견을 말하지 않았다.
⑤ 사회자가 말할 때 다른 곳을 보았다.

2회 단원 평가 실전

6. 회의를 해요

국어 174~193쪽 국어 활동 60~63쪽

1~3 다음 정리한 내용을 보고, 물음에 답하시오.

회의 주제	여행 장소
회의 목적	가족 여행 장소 정하기
회의 참석자	아버지, 어머니, 나, 남동생
회의 내용	아버지께서는 산으로 캠핑을 가자고 하셨고, 나는 놀이동산에 가자고 했다.
회의 결과	아버지께서 추천하신 산 캠핑을 여름에 먼저 가고, 내가 추천한 놀이동산에는 겨울에 가기로 했다.

1 이 표에서 정리한 내용은 무엇입니까? (　　　　)

① 가족회의에서 있었던 일
② 영상 회의에서 있었던 일
③ 학급 회의에서 있었던 일
④ 마을 회의에서 있었던 일
⑤ 전교 학생회 회의에서 있었던 일

2 회의를 한 목적은 무엇입니까? (　　　　)

① 우리 학교 대표를 정하기 위해서
② 가족 여행 장소를 정하기 위해서
③ 학급 문고 당번을 정하기 위해서
④ 가족들이 할 일을 나누기 위해서
⑤ 마을 안전 지킴이를 정하기 위해서

서술형

3 회의 결과는 무엇인지 쓰시오.

____

____

4~6 다음 글을 읽고, 물음에 답하시오.

사회자: 제4회 학급 회의를 시작하겠습니다.
기록자: (칠판이나 회의록에 내용을 기록한다.)

4 회의 절차 가운데에서 무엇입니까? (　　　　)

① 개회　② 표결
③ 주제 토의　④ 주제 선정
⑤ 결과 발표

5 이 회의 절차에서 해야 할 일은 무엇입니까? (　　　　)

① 회의 시작을 알린다.
② 주변을 정리하고 교가를 부른다.
③ 회의에 임하는 각오를 발표한다.
④ 친구들과 회의 주제에 대해 이야기한다.
⑤ 회의가 열릴 날짜와 장소를 미리 적는다.

6 사회자와 기록자의 역할로 알맞은 것을 찾아 선으로 이으시오.

(1) 사회자 •　　• ㉠ 회의 내용을 기록한다.
　　　　　　　• ㉡ 회의 절차를 안내한다.
(2) 기록자 •　　• ㉢ 근거를 들어 의견을 발표한다.

6 단원

7~8 다음 글을 읽고, 물음에 답하시오.

사회자: 이번 주 학급 회의 주제를 무엇으로 정하면 좋을지 말씀해 주십시오.
김영이 친구가 의견을 발표해 주십시오.
회의 참여자 1: 요즘 교실이 많이 지저분합니다. 그래서 "깨끗한 교실을 만들자."를 주제로 제안합니다.
사회자: 박지희 친구도 의견을 발표해 주십시오.
회의 참여자 2: 지난주에 복도에서 뛰다가 다친 친구를 봤습니다. 저는 "학교생활을 안전하게 하자."를 주제로 제안합니다.
사회자: 이제 어떤 주제로 할지 표결을 하겠습니다. 참석자의 반이 넘는 수가 찬성하는 것으로 주제를 정하겠습니다.
두 주제 가운데에서 첫 번째 주제에 찬성하시는 분은 손을 들어 주십시오. 두 번째 주제에 찬성하시는 분은 손을 들어 주십시오.
27명 가운데에서 18명이 두 번째 주제를 선택했습니다. 이번 주 학급 회의 주제는 ____㉠____ 입니다.
기록자: (칠판이나 회의록에 내용을 기록한다.)

7 회의 참여자 1은 어떤 근거를 들어 의견을 말하였습니까? (　　　)

① 학교생활이 안전하지 못하다.
② 깨끗한 교실을 만들어야 한다.
③ 요즘 교실이 많이 지저분하다.
④ 참석자의 반이 넘는 수가 찬성하였다.
⑤ 지난주에 복도에서 뛰다가 다친 친구를 봤다.

8 ㉠에 들어갈 회의 주제는 무엇입니까? (　　　)

① 책을 많이 읽자.
② 복도에서 뛰지 말자.
③ 깨끗한 교실을 만들자.
④ 학교생활을 안전하게 하자.
⑤ 친구들과 사이좋게 지내자.

9~10 다음 글을 읽고, 물음에 답하시오.

사회자: 다른 의견 없습니까? 그러면 지금까지 나온 의견에서 실천 내용을 정해도 되겠습니까?
회의 참여자들: 네, 좋습니다.
사회자: 먼저, "안전 게시판을 만들자."를 실천 내용으로 정하는 것에 찬성하시는 분은 손을 들어 주십시오. 참석 인원의 반 이상이 찬성하면 채택하겠습니다.
27명 가운데 21명이 찬성했습니다.
다음, "안전 지킴이 활동을 하자."를 실천 내용으로 정하는 것에 찬성하시는 분은 손을 들어 주십시오.
27명 가운데 9명이 찬성했으므로 실천 내용으로 채택하지 않겠습니다.
마지막으로, "안전한 생활을 위한 벌점 제도를 만들자."를 실천 내용으로 정하는 것에 찬성하시는 분은 손을 들어 주십시오.
27명 가운데 12명이 찬성했습니다.
기록자: (칠판이나 회의록에 내용을 기록한다.)

9 이 글은 회의 절차 가운데 무엇입니까? (　　　)

①	주제 선정	회의 주제를 정한다.
②	주제 토의	선정된 주제에 맞는 의견을 제시한다.
③	표결	찬성과 반대 의견을 헤아려 다수결로 결정한다.
④	결과 발표	결정된 의견을 발표한다.
⑤	폐회	회의 마침을 알린다.

서술형

10 결정된 의견을 보고, 사회자가 해야 할 말을 쓰시오.

이번 주 회의 주제는 ______________________

11 다음 ㉠ 안에 들어갈 알맞은 말에 ○표를 하시오.

(1) 실천하기 어려운 것을 찾아봐야 해. (　　　)

(2) 우리가 해결할 수 없는 문제를 찾아봐야 해. (　　　)

(3) 친구들이 관심을 보일 만한 것을 찾아봐야 해. (　　　)

12 학교생활과 관련이 있는 회의 주제로 알맞은 것을 두 가지 고르시오. (　　,　　)

① 학급 청소를 잘하자.
② 어머니 심부름을 잘하자.
③ 마을 길을 깨끗하게 하자.
④ 학급 문고를 바르게 정리하자.
⑤ 학교에 갈 때 부모님께 인사를 잘하자.

13 다음은 무엇에 대해 말하고 있습니까? (　　　)

① 회의 결과를 점검하는 방법
② 회의 참석자를 정하는 방법
③ 회의 역할 분담을 하는 방법
④ 회의 주제에 맞게 의견을 말하는 방법
⑤ 회의 결과에 맞게 말할 내용을 맞추는 방법

14 다음 의견에 알맞은 근거를 보기 에서 찾아 기호를 쓰시오.

> **보기**
>
> ㉮ 거친 말을 사용해 다툼이 일어나는 일이 많기 때문입니다.
>
> ㉯ 친구가 싫어하는 별명을 부르거나 놀려서 서로 다투는 경우도 많기 때문입니다.
>
> ㉰ 오해가 생겼을 때 서로 말을 하지 않으면 오해가 더 깊어져서 친구 사이가 멀어지기 때문입니다.

(1) 오해가 생기면 대화로 풀자. (　　　)

(2) 친구에게 기분이 좋은 말을 하자. (　　　)

(3) 친구에게 바르고 고운 말을 사용하자. (　　　)

15 다음 이야기 주제에 맞는 의견으로 받아들일 수 <u>없는</u> 것을 두 가지 고르시오. (　　,　　)

> 얼마 전에 내가 본 "즐감하세요."라는 말은 아직도 무슨 말인지 모르겠구나. 우리 신하들도 뜻을 모른다고 해. 은어나 비속어도 속상하고 우리말에 외래어가 마구 들어와 같이 쓰이는 것도 안타까워. 학생들에게 한글을 바르게 사용하라고 말하고 싶은데 내 생각을 어떻게 써야 할지 모르겠어. 너희가 내 고민을 듣고, 우리말을 한글로 바르게 쓰려면 사람들이 어떻게 해야 할지 의견을 보내 주면 좋겠어.

① 외국어를 아예 쓰지 않는다.
② 세종 대왕의 전기문을 읽는다.
③ 되도록 줄임 말을 사용하지 않는다.
④ 욕설 같은 거친 표현을 쓰지 않는다.
⑤ 한글 사랑에 대한 광고를 만들어 홍보한다.

16~18 다음 글을 읽고, 물음에 답하시오.

(가) 사회자: "친구들과 사이좋게 지냅시다."라는 주제에 맞게 의견을 발표해 주시기 바랍니다.
회의 참여자 1: (갑자기 벌떡 일어나며) 친구들끼리 고운 말을 썼으면 좋겠습니다.
사회자: (당황하며) 사회자 허락을 얻고 말씀해 주시기 바랍니다.
(나) 회의 참여자 2: 친구들끼리 서로 별명을 부르지…….
회의 참여자 3: (중간에 말을 가로채며) 별명을 부르는 것은 서로 가깝기 때문입니다. 저는 함께 어울려 노는 것이…….
회의 참여자 2: 제 의견을 끝까지 들어 주시기 바랍니다.

16 회의 주제는 무엇입니까? (　　　　)

① 책을 많이 읽읍시다.
② 운동을 열심히 합시다.
③ 주변을 깨끗이 합시다.
④ 친구와 사이좋게 지냅시다.
⑤ 선생님께 높임말을 씁시다.

17 글 (가)에서 회의 참여자가 잘못한 점은 무엇입니까? (　　　　)

① 친구의 말을 가로챘다.
② 근거를 너무 많이 말했다.
③ 사회자 허락을 얻지 않고 말했다.
④ 친구의 의견을 그대로 따라 말했다.
⑤ 주제에서 벗어난 의견을 길게 말했다.

서술형

18 글 (나)에서 회의 참여자 3이 지켜야 할 규칙은 무엇인지 쓰시오.

19~20 다음 글을 읽고, 물음에 답하시오.

주제 선정	사회자: 이번 주 학급 회의 주제를 무엇으로 정하면 좋을지 발표해 주십시오. 이하린 친구가 의견을 발표해 주십시오. …… 사회자: 세 가지 주제를 두고 표결한 결과, 25명 가운데에서 13명이 첫 번째 주제에 찬성했습니다. 따라서 이번 주 학급 회의 주제는 "친구들과 친하게 지내자."로 정했습니다.
주제 토의	사회자: 우리가 어떤 일을 하면 친구들과 친하게 지낼 수 있을지 발표해 주십시오. 김용일 친구가 의견을 발표해 주십시오. 회의 참여자 2: 노래를 하나 정해 우리 모두가 한마음으로 하는 기악 합주를 하면 좋겠습니다. 사회자: 기악 합주는 시끄러워 다른 학급에 방해가 됩니다. 다른 더 좋은 의견을 말씀해 주십시오. 허윤성 친구가 의견을 발표해 주십시오.

19 주제로 선정된 이번 주 생활 목표를 찾아 쓰시오.
(　　　　　　　　　　　　　　　　)

20 사회자와 회의 참여자 가운데 잘못한 역할은 누구이며, 어떻게 고쳐야 하는지 보기 에서 찾아 쓰시오.

보기
㉮ 다른 사람의 의견을 주의 깊게 듣고 기록한다.
㉯ 회의 절차에 따라 자신의 의견을 발표해야 한다.
㉰ 회의 참여자가 발표한 의견을 받아들인 뒤에 회의 참여자와 함께 판단해야 한다.

(1) 잘못한 역할: (　　　　　　　　　)
(2) 고칠 점: (　　　　　　　　　)

국어 174~193쪽 국어 활동 60~63쪽

1~3

도움말

그림을 보고 해결해야 할 문제가 무엇인지 살펴보고 회의 주제를 정합니다.

1 이 그림을 보고 회의 주제를 정해 쓰시오.

1 회의 주제를 정하려면 해결해야 할 문제점을 찾아야 합니다.

2 문제 1에서 정한 회의 주제에 알맞은 의견과 근거를 생각해 쓰시오.

(1) 의견	
(2) 근거	

2 회의 주제와 관련이 있고 실천할 수 있는 의견이어야 합니다.

3 다음과 같은 친구의 의견을 평가해 쓰시오.

비닐봉지나 병과 같은 재활용품이 생기지 않도록 물건을 아예 사용하지 않는다.

3 제시한 의견 평가하기
- 회의 주제와 관련이 있는지 생각합니다.
- 실천할 수 있는지 생각합니다.
- 많은 사람에게 도움이 되는지 생각합니다.

4~6

사회자 "친구들과 사이좋게 지냅시다."라는 주제에 맞게 의견을 발표해 주시기 바랍니다.

회의 참여자 1 (갑자기 벌떡 일어나며) 친구들끼리 고운 말을 썼으면 좋겠습니다.

사회자 (당황하며) 사회자 허락을 얻고 말씀해 주시기 바랍니다.

도움말

"친구들과 사이좋게 지냅시다."를 주제로 학급 회의를 하는 장면입니다.

4 이 회의 장면에서 나타난 문제점은 무엇인지 쓰시오.

---

4 회의 참여자는 사회자에게 사회자 허락을 얻은 뒤에 발언을 해야 합니다.

5 회의 참여자가 지켜야 할 규칙을 쓰시오.

---

5 회의를 할 때 지켜야 할 규칙을 잘 지켜서 적극적으로 참여해야 합니다.

6 자신이 회의 참여자라면 어떤 의견과 근거를 말할 것인지 쓰시오.

(1) 의견	
(2) 근거	

6 회의 주제와 관련이 있는 자신의 의견을 알맞은 근거를 들어 씁니다.

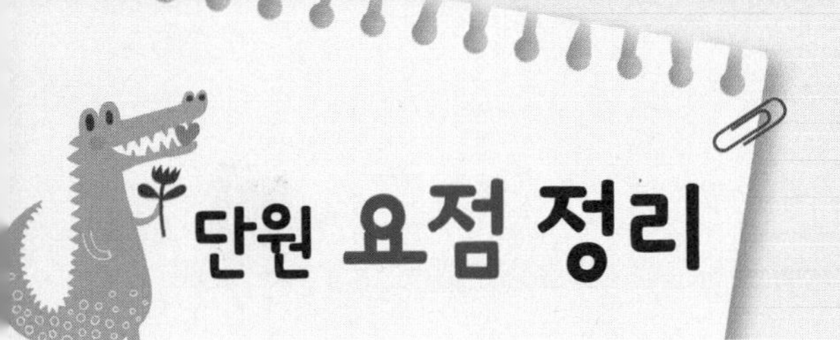

단원 요점 정리 7. 사전은 내 친구

학습목표
사전을 활용해 낱말의 뜻을 찾을 수 있습니다.

국어 194~223쪽 국어 활동 64~79쪽

핵심 1 낱말의 뜻 짐작하기

- 낱말들을 기준에 따라 분류해 봅니다.
  - 낱말의 종류에 따라 분류합니다.
  - 사물의 이름을 나타내는 낱말과 사물의 움직임을 나타내는 낱말로 분류합니다.
  - 형태가 바뀌는 낱말과 형태가 바뀌지 않는 낱말로 분류합니다.
- 국어사전에서 낱말의 뜻을 찾는 방법을 확인합니다.
  - 국어사전에 낱말이 실리는 차례를 확인합니다.
  - 형태가 바뀌는 낱말은 바뀌지 않는 부분에 '-다'를 붙여 기본형을 만들고 기본형을 국어사전에서 찾아 낱말의 뜻을 찾습니다.
- 낱말의 뜻을 짐작하는 방법을 알아봅니다.
  - 문맥의 앞뒤 내용을 살펴보고 상황에 맞는 뜻을 찾아 짐작합니다. → 낱말을 쪼개어 뜻을 짐작해 봅니다. 모양이 비슷한 다른 낱말의 뜻으로 뜻을 유추해 봅니다.

낱말의 뜻을 짐작하는 방법
- 앞뒤 문장이나 낱말을 살펴봅니다.
- 비슷하거나 반대되는 뜻의 낱말을 넣어 봅니다.
- 낱말이 사용된 상황을 떠올려 봅니다.

핵심 2 사전에서 뜻을 찾아 낱말 사이의 관계 알기

- 낱말의 관계에는 뜻이 반대인 관계, 한 낱말이 다른 낱말을 ★포함하는 관계가 있습니다.
- 낱말의 관계 완성하기 ㉠
  가다 ↔ 오다, 낮다 ↔ 높다

핵심 3 여러 가지 사전에서 낱말의 뜻 찾기

- 사전의 종류: 국어사전, 한자사전, ★속담 사전, 식물 백과사전, 백과사전, 띄어쓰기 사전, 인터넷 사전, 유의어 사전, 고유어 사전, 인명 사전 등
- 스마트폰으로 인터넷 사전을 이용할 수 있습니다.
- 컴퓨터에 있는 사전을 이용할 수 있습니다.
- 도서관에 가서 국어사전을 빌려 와 이용할 수 있습니다.

핵심 4 낱말의 뜻을 사전에서 찾으며 글 읽기

- 글에 나오는 낱말을 나누어 봅니다.
  - 정확한 뜻을 모르는 낱말, 처음 보는 낱말, 다른 뜻을 더 알고 싶은 낱말 등으로 분류합니다.
- 정리한 낱말의 뜻을 짐작해 보고, 여러 가지 사전을 이용해 뜻을 찾아봅니다.
- 짐작한 뜻과 사전에서 찾은 뜻 비교하기 ㉠

낱말	짐작한 뜻	이용한 사전	사전에서 찾은 뜻
하찮다	중요하지 않다. / 대단하지 않다.	국어 사전	그다지 훌륭하지 아니하다. / 대수롭지 아니하다.

글을 읽을 때 국어사전을 활용하면 좋은 점
- 낱말의 뜻을 알 수 있습니다.
- 글의 내용을 더 잘 이해할 수 있습니다.

핵심 5 나만의 낱말 사전 만들기

- 사전을 만드는 과정

만들고 싶은 사전 정하기 ▶ 사전에 실을 낱말 정하기 ▶ 사전에 실을 낱말의 차례 정하기 ▶ 낱말의 뜻 찾아 쓰기

- 낱말 옆에 덧붙일 내용: 낱말의 뜻, 발음, 비슷한말이나 반대말, 예문 등
- 만든 낱말 사전을 발표해 봅니다.
  - 나만의 낱말 사전을 만들면 좋은 점
    - 자신이 좋아하는 낱말이나 기억하고 싶은 낱말을 모아 두고 볼 수 있습니다.
    - 뜻을 잘 모르는 낱말을 모아 사전을 만들면 뜻을 잘 기억할 수 있습니다.

국어활동

핵심 6 여러 가지 사전에서 낱말의 뜻을 찾고, 낱말의 뜻을 사전에서 찾으며 글을 읽을 수 있는지 확인하기

- 글을 읽으며 뜻을 잘 모르는 낱말을 여러 가지 사전에서 찾아봅니다.
- 사전에 실린 낱말의 뜻 가운데에서 글의 내용과 관련 깊은 것을 찾아봅니다.
- 낱말에 어떤 뜻이 있는지 확인해 봅니다.
- 낱말의 여러 가지 뜻 가운데에서 글의 내용과 어울리는 것을 찾아봅니다.

「화성 탐사의 현재와 미래」에서 뜻을 잘 모르는 낱말 찾기 ⓔ

낱말	낱말의 뜻
관측	육안이나 기계로 자연 현상 특히 천체의 상태, 추이, 변화 등을 관찰해 측정함.
고원	보통 해발 고도 600미터 이상에 있는 넓은 벌판.

「동물 속에 인간이 보여요」의 낱말로 문장 만들기 ⓔ

낱말	만든 문장
진화	나는 달팽이의 진화 과정을 공부해 보고 싶다.
흠씬	옛날에 죄인은 벌로 곤장을 흠씬 두들겨 맞았다.

나만의 낱말 사전 ⓔ

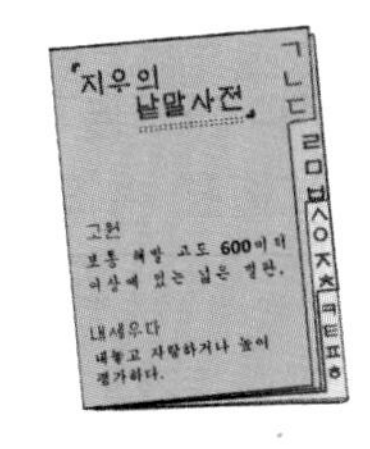

▲ 전화번호부 모양 책

▲ 계단 모양 책

낱말 사전

★ **포함** 어떤 사물이나 현상 가운데 함께 들어 있거나 함께 넣음.

★ **속담** 예로부터 민간에 전하여 오는 쉬운 격언이나 가르침을 주는 말.

개념을 확인해요

1 낱말에서 형태가 바뀌는 낱말은 □□□을 찾아야 합니다.

2 낱말의 관계에는 뜻이 □□인 낱말, 한 낱말이 다른 낱말을 포함하는 관계가 있습니다.

3 '가다'와 '오다'는 뜻이 □□인 낱말입니다.

4 낱말의 뜻을 찾기 위해서 스마트폰으로 □□□ 사전을 이용할 수 있습니다.

5 글에 나오는 낱말은 □□한 뜻을 모르는 낱말, 처음 보는 낱말 등으로 분류할 수 있습니다.

6 정리한 낱말의 뜻을 짐작해 보고, 여러 가지 □□을 이용해 뜻을 찾아봅니다.

7 국어사전을 활용하면 낱말의 □을 알 수 있습니다.

8 글을 읽을 때 국어사전을 활용하면 글의 □□을 더 잘 이해할 수 있습니다.

9 나만의 낱말 사전을 만들려면 먼저 만들고 싶은 □□을 정합니다.

10 나만의 낱말 사전을 만들면 자신이 좋아하는 □□이나 기억하고 싶은 낱말을 모아 두고 볼 수 있습니다.

7 단원

7. 사전은 내 친구

도움말

1. 사전의 뜻풀이에서 '(반)'은 반대의 뜻을 가진 낱말이라는 뜻입니다.

2. 속담에 대해 자세히 나와 있는 사전을 생각해 봅니다.

3. 매체의 특성에 따라 사전 활용법이 달라집니다.

핵심 2

1 두 낱말이 어떤 관계에 있는지 선으로 이으시오.

(1) 낮다 / 높다 •　　　　• ㉠ 뜻이 반대인 관계

(2) 움직이다 / 헤엄치다 •　　　　• ㉡ 한 낱말이 다른 낱말을 포함하는 관계

핵심 3

2 다음과 같은 특징을 가진 사전의 종류는 무엇입니까? (　　　)

> 책을 읽다가 모르는 속담을 보았을 때나 글을 쓸 때 효과적인 표현을 위해 속담을 찾아볼 수 있다.

① 한자사전　② 백과사전
③ 식물사전　④ 속담 사전
⑤ 띄어쓰기 사전

핵심 3

3 채아는 낱말의 뜻을 찾기 위해 어떤 사전을 이용했는지 쓰시오.

(　　　　　　　　　　)

핵심 4

4 글을 읽을 때 국어사전을 활용하면 좋은 점을 두 가지 고르시오. (　　,　　)

① 낱말의 뜻을 알 수 있다.
② 글을 더 빨리 읽을 수 있다.
③ 생각이나 느낌을 기록할 수 있다.
④ 글을 읽는 재미를 표현할 수 있다.
⑤ 글의 내용을 더 잘 이해할 수 있다.

핵심 5

5 나만의 낱말 사전을 만드는 과정에 맞게 기호를 쓰시오.

> ㉮ 낱말의 뜻 찾아 쓰기
> ㉯ 사전에 실을 낱말 정하기
> ㉰ 만들고 싶은 사전 정하기
> ㉱ 사전에 실을 낱말의 차례 정하기

(　　　　) → ㉯ → (　　　　) → (　　　　)

핵심 6

6 다음 글을 읽고 보기 는 어떤 낱말을 찾아 쓴 것입니까? (　　　　)

> 노팅 힐 축제에서 인기 있는 음식은 당연히 카리브인들의 음식이에요. 특히 유명한 음식은 저크치킨인데, 카리브인들의 향신료로 맛을 낸 저크소스를 발라 구운 닭 요리예요. 저크소스에는 매운맛 향신료가 들어가 있어서 축제가 열리는 곳곳에서 매콤한 치킨 냄새가 진동해요.

보기

낱말	찾은 사전	낱말 뜻
	백과사전	음식을 만들 때에 음식에 향기나 매운 맛을 더하여 주려고 넣는 조미료.

① 맛　② 축제　③ 향신료
④ 저크소스　⑤ 진동하다

도움말

4. 글을 읽다가 모르는 낱말을 짐작하면, 짐작한 뜻과 사전에서 찾을 뜻이 비슷할 수도 있고 다를 수도 있습니다.

5. 만들고 싶은 사전을 먼저 정하고 사전에 실을 낱말의 차례를 정해서 낱말의 뜻을 씁니다.

6. 낱말의 뜻이 짐작되지 않을 때, 낱말의 뜻이 헷갈릴 때 사전에서 낱말 뜻을 찾아봅니다.

1회 단원 평가

도전

7. 사전은 내 친구

국어 194~223쪽 국어 활동 64~79쪽

1 국어사전에 가장 나중에 실리는 낱말은 어느 것입니까? (   )

① 갱지 ② 벽지
③ 창호지 ④ 찢으면
⑤ 묶어서

2~3 다음 글을 읽고, 물음에 답하시오.

더욱 놀라운 것은, 전자 신호를 이용해 ㉠원격으로 스스로 인쇄를 하고, 지면의 인쇄 내용을 완전히 바꿀 수 있는 '전자 종이'가 등장했다는 것입니다. 느낌은 종이와 같은데 컴퓨터 모니터처럼 언제든지 새로운 신호를 보내면 완전히 다른 내용으로 인쇄할 수도 있고, 멀리서 무선 신호로 내용을 바꿀 수 있습니다.

「최첨단 과학, 종이」, 김해보 · 정원선

2 전자 종이의 장점은 무엇입니까? (   )

① 빛을 밝힌다.
② 복사가 안 된다.
③ 세균이 생기지 않게 한다.
④ 온도에 따라 색깔이 변한다.
⑤ 언제든지 다른 내용으로 인쇄할 수 있다.

중요

3 다음 그림 속 친구들은 ㉠'원격'의 낱말 뜻을 어떻게 짐작했는지 알맞은 것에 ○표를 하시오.

(1) 이 글에 자주 나오는 낱말로 바꾸어 본다. (   )

(2) 문맥의 앞뒤 내용을 보고 상황에 맞는 뜻을 찾아 짐작했다. (   )

4~5 다음 글을 읽고, 물음에 답하시오.

"여기 책 좀 읽어 줄래? 내가 이래 봬도 예전에는 문학소녀여서 책을 많이 읽었는데 요즘은 눈이 ㉠침침해서 글씨가 잘 안 보이는구나."

할머니는 낡은 책 한 권을 내미셨다. 다른 책이 없어서 같은 책만 스무 번을 넘게 읽으셨다고 했다.

할머니는 눈을 감고 책 읽는 내 목소리에 귀를 기울이셨다.

"할머니, 다음에 올 때 재미있는 책을 가지고 올게요."

나는 할머니와 약속을 했다.

일주일 뒤, 골라 놓은 동화책을 가지고 요양원에 갈 준비를 했다.

"수아야, 오늘은 안 가. 오늘은 엄마랑 아빠가 친척 결혼식에 가야 해."

나는 할머니와의 약속이 생각났다.

'할머니가 내 동화책을 기다리고 계실 텐데.'

「수아의 봉사 활동」, 고수산나

4 ㉠'침침해서'와 뜻이 반대인 낱말은 어느 것입니까? (   )

① 컴컴하다 ② 희미하다
③ 또렷하다 ④ 흐릿하다
⑤ 흐리터분하다

응용

5 보기 에서 ㉮, ㉯ 안에 들어갈 낱말을 골라 낱말의 관계를 완성하시오.

보기: 책, 문학소녀, 동화책

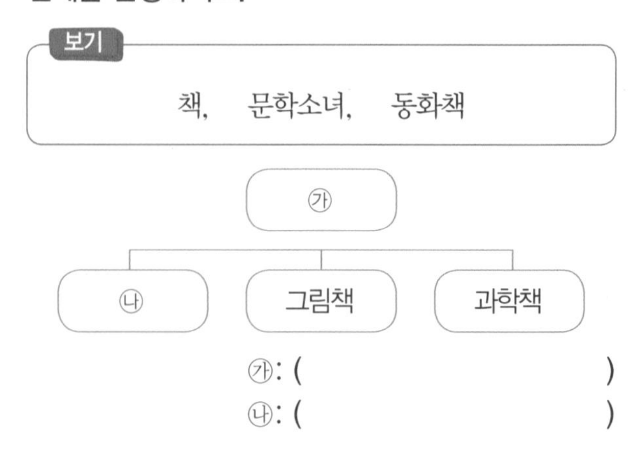

㉮: (   )
㉯: (   )

6 낱말 관계가 다른 하나는 무엇입니까? (　　　)

① 높다 – 낮다　　② 넓다 – 좁다
③ 남자 – 여자　　④ 오다 – 가다
⑤ 움직이다 – 날다

8 물의 영향을 받은 암석으로 알 수 있는 것은 무엇입니까? (　　　)

① 지구와 화성은 가깝다.
② 화성의 온도 변화가 심했다.
③ 화성은 물속과 물 밖의 환경이 같다.
④ 화성인 또는 외계인이 곳곳에 무리를 이루며 살고 있다.
⑤ 화성 표면에 오랜 시간에 걸쳐 물이 있다가 증발하는 과정이 반복되었다.

7 단원

7~10 다음 글을 읽고, 물음에 답하시오.

그 뒤 1997년 미국의 화성 탐사선 마스 글로벌 서베이어는 화성의 궤도에 진입해 화성 표면의 모습을 상세하게 사진으로 찍어 지구로 보내 주었다. 이 사진에는 높이 솟은 고원 지대도 있고, 길게 뻗은 좁은 협곡도 있었다. 또 태양계 행성 가운데 가장 거대한 화산 지형도 있었다. 같은 해에 마스 패스파인더는 화성 표면에 착륙해 강줄기처럼 보이는 부분에서 화성 암석을 조사했다. 그 결과, 화성에서 강물의 침식과 퇴적 작용이 있었음을 확인했다. 이러한 것은 아주 오래전에 화성 표면에 물이 흘렀다는 증거이다.

화성에 물이 있는지는 과학자들은 물론 일반인들도 관심이 많다. 물이 있다는 것은 화성인 또는 외계인까지는 아니더라도 생명체가 있을 수 있다는 것을 뜻하기 때문이다. 2004년에 미국의 쌍둥이 화성 로봇 탐사선인 스피릿 로버와 오퍼튜니티 로버가 서로 화성 반대편에 착륙했다. 이들 탐사선은 물의 영향을 받은 암석을 발견했다. 이 암석들은 물속과 물 밖의 환경이 번갈아 바뀌는 곳에서 만들어진 것이다. 이것은 화성 표면에서 오랜 시간에 걸쳐 물이 있다가 증발하는 과정이 반복되었다는 것을 알려 준다.

「화성 탐사의 현재와 미래」

7 화성 탐사선이 지구로 보내 준 사진에서 발견할 수 없는 화성 표면의 모습은 무엇입니까? (　　　)

① 거대한 화산 지형
② 비좁은 평야 지대
③ 길게 뻗은 좁은 협곡
④ 높이 솟은 고원 지대
⑤ 강줄기처럼 보이는 부분

9 다음은 이 글에 나온 낱말을 사전에서 찾은 것입니다. 어떤 낱말의 뜻인지 보기 에서 찾아 쓰시오.

보기

고원, 협곡, 증발, 침식, 퇴적

낱말	낱말의 뜻
(1)	자갈, 모래 등이 물, 바람 등에 의하여 운반되어 쌓이는 현상.
(2)	험하고 좁은 골짜기.
(3)	어떤 물질이 액체 상태에서 기체 상태로 변함. 또는 그런 현상.

서술형

10 이 글을 읽고 새롭게 알게 된 사실이 있다면 무엇인지 쓰시오.

7. 사전은 내 친구

11~12 다음 글을 읽고, 물음에 답하시오.

인간은 종종 자신을 동물과 다르다고 생각합니다. 다를 뿐만 아니라 여러 면에서 동물보다 훨씬 뛰어나고 특별하다고 여기지요. 이런 눈으로 세상을 보면 인간 외의 다른 생명은 작고 ㉠하찮게 생각돼요. 우리가 사는 지구도 마치 인간을 위해 생겨난 것처럼 잘못 생각할 수도 있고요. 지구의 주인은 인간이 아니고, 인간만이 특별한 생명체도 아니랍니다. 왜 그런지 볼까요?

인간은 엄연히 동물에 속하지요. 그것도 새끼를 일정 기간 몸속에서 키워 내보낸 뒤 젖을 먹여 키우는 포유동물이에요. 새끼를 갖고 키우는 방식에서 인간은 돼지나 개, 고양이와 다를 바 없어요. 그뿐인가요? 인간의 조상이 지구에 처음으로 나타난 때가 지금으로부터 20~25만 년 전이에요. 지구의 나이가 46억 년, 생명이 처음 생겨나 오늘에 이르기까지 40억 년쯤 되었으니 인간은 지구에서 아주 짧은 시간을 살아온 셈이에요.

「동물 속에 인간이 보여요」, 최재천

11 인간에 대한 설명으로 알맞은 것은 무엇입니까? (　　　)

① 진화를 거듭한 유일한 존재이다.
② 지구에서 가장 긴 시간을 살아왔다.
③ 다른 생명보다 훨씬 크고 중요하다.
④ 새끼를 갖고 키우는 점이 다른 동물과 다르다.
⑤ 새끼를 일정 기간 몸속에서 키워 내보낸 뒤 젖을 먹여 키우는 포유동물이다.

주의

12 ㉠의 뜻을 짐작한 것으로 알맞은 것은 무엇입니까? (　　　)

① 매우 심하다.
② 아주 중요하다.
③ 몹시 크거나 많다.
④ 대수롭지 아니하다.
⑤ 출중하게 뛰어나다.

13~15 다음 글을 읽고, 물음에 답하시오.

흔히 인간에게만 있다고 잘못 생각하는 게 또 있어요. 바로 아름답고 훌륭한 감정이에요. 우리는 다른 사람의 아픔과 슬픔을 내 일처럼 여기는 따뜻한 마음을 높이 쳐주고 본받고 싶어 하지요. 또 나만 생각하는 이기심을 넘어서 남을 돌볼 줄 아는 마음을 동물과 인간을 ㉠가르는 기준으로 삼기도 해요. 하지만 동물의 세계에서도 그처럼 아름다운 마음을 볼 수 있답니다.

고래는 몸이 불편한 동료를 결코 나 몰라라 하지 않아요. 다친 동료가 있으면 여러 마리가 둘러싸고 거의 들어 올리듯 떠받치며 보살핍니다. 고래는 물에서 살지만 물 위로 몸을 내밀어 허파로 숨을 쉬어야 하는 포유동물이에요. 그래서 다친 동료가 있으면 기운을 차릴 때까지 숨을 쉴 수 있도록 이런 식으로 도와준답니다.

13 고래가 몸이 불편한 동료를 도와준다는 사실을 통해 알 수 있는 것은 무엇입니까? (　　　)

① 배우고자 하는 자세
② 어른을 공경하는 마음
③ 남을 생각하는 따뜻한 마음
④ 지구에 오래 살았다는 사실
⑤ 동료와 이기려고 경쟁하는 마음

14 글쓴이가 알려 주고자 하는 것에 ○표를 하시오.

(1) 동물에게도 감정이 있다. (　　　)
(2) 인간에게만 감정이 있다. (　　　)

서술형

15 ㉠'가르다'의 뜻을 참고하여, 이 낱말을 넣어 문장을 만들어 쓰시오.

뜻: 따로 나누어 서로 구분을 짓다.

16 다음 낱말 사전의 오른쪽 잘린 부분에 들어갈 내용은 무엇입니까? (　　　　)

❶ 종이의 가운데 부분을 뜯은 뒤에 반으로 접는다.
❷ 양옆을 잡고 가운데로 모은 다음, 벌어진 세 부분을 풀칠해 붙인다.
❸ 잘린 부분이 오른쪽에 차례대로 오도록 접는다.

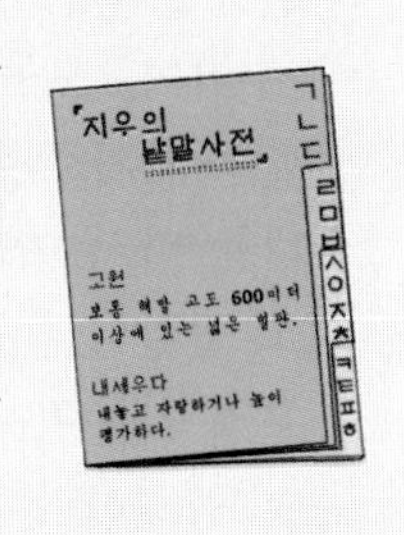

① 받침이 실린 차례
② 모음자가 실린 차례
③ 첫 자음자가 실린 차례
④ 첫 번째 글자가 실린 차례
⑤ 두 번째 글자가 실린 차례

서술형

17 우리 주변에 있는 여러 가지 사전을 쓰고, 자신이 만들고 싶은 나만의 사전은 무엇인지 쓰시오.

(1) 우리 주변에 있는 여러 가지 사전	
(2) 자신이 만들고 싶은 사전	

18 나만의 사전을 만들 때 낱말 옆에 덧붙일 내용으로 알맞지 않은 것은 무엇입니까? (　　　　)

① 예문
② 발음
③ 비슷한말
④ 낱말의 뜻
⑤ 다른 낱말의 뜻

19~20 다음 글을 읽고, 물음에 답하시오.

노팅 힐에 정착한 흑인 노동자들은 영국 사람들의 냉대와 차별을 이겨 내며 힘든 시간을 보냈어요. 힘들고 외롭게 외국 생활을 하다 보니 고향에 대한 그리움도 매우 컸지요.

그래서 1964년부터 다 함께 모여 고향을 그리며 작은 잔치를 벌이던 것이 오늘날 세계 최고의 축제인 노팅 힐 축제로 명성을 떨치게 되었답니다. 오늘날에는 흑인 이주자뿐 아니라 다양한 지역에서 온 이주자들이 모두 참여하는 축제가 되었지요.

축제라고 해서 무조건 웃고 즐기는 것만 있는 게 아니라 이렇듯 고단한 삶을 위로하고 그리움을 함께 나누는 축제도 있는 거예요.

「영국 노팅 힐 축제」, 유경숙

19 노팅 힐 축제는 어떻게 생겨나게 되었습니까? (　　　　)

① 1964년부터 백인 이주자들이 작은 잔치를 열면서 축제가 생겨났다.
② 영국 사람들이 고향에 대한 그리움을 잊기 위해 만든 모임에서 시작하였다.
③ 영국 사람들이 흑인 노동자들을 위해 노팅 힐에서 잔치를 벌이는 것에서 시작하였다.
④ 다양한 지역에서 온 이주자들이 차별 반대 운동을 하면서 행진한 것에서 유래되었다.
⑤ 노팅 힐에 정착한 흑인 노동자들이 모여 고향을 그리고 잔치를 벌인 것에서 축제가 생겨났다.

20 다음은 이 글에 나온 낱말 가운데에서 어떤 낱말을 사전에서 찾은 것입니까? (　　　　)

> 어떤 사람이 다른 사람을 매우 차갑게 대함.

① 정착　　② 냉대
③ 차별　　④ 명성
⑤ 이주자

7 단원

7. 사전은 내 친구

국어 194~223쪽 국어 활동 64~79쪽

1 다음 낱말 가운데 모양이 바뀌는 낱말은 어느 것입니까? (　　　)

① 그릇　② 벽지
③ 색깔　④ 말아서
⑤ 창호지

2~3 다음 글을 읽고, 물음에 답하시오.

> 주변에서 볼 수 있는 첨단 종이로는 온도에 따라 색깔이 변하는 온도 감응 종이, 과일의 신선도는 유지하고 벌레나 세균은 생기지 않도록 하는 포장지가 있습니다. 신용 카드 영수증처럼 앞 장에 글씨를 쓰면 뒷장까지 글자가 적히도록 하는 종이도 있습니다. 이런 특수 기능 종이들은 이미 우리 주위에서도 많이 사용되고 있답니다.

2 밑줄 그은 낱말을 국어사전에 실리는 차례대로 바르게 쓴 것은 어느 것입니까? (　　　)

① 감응 → 과일 → 신용
② 과일 → 감응 → 신용
③ 과일 → 신용 → 감응
④ 신용 → 감응 → 과일
⑤ 신용 → 과일 → 감응

3 이 글을 읽으면서 모르는 낱말이 많을 때에 알맞은 해결 방법은 무엇입니까? (　　　)

① 글의 제목을 살펴본다.
② 뒤에서부터 다시 읽는다.
③ 속담 사전에서 낱말을 풀이한다.
④ 국어사전에서 낱말의 뜻을 찾아본다.
⑤ 띄어쓰기 사전을 사용해 낱말을 띄어 쓴다.

4~5 다음 글을 읽고, 물음에 답하시오.

> 일요일 아침이라 더 자고 싶었는데 엄마가 깨웠다.
> "수아야, 오늘이 무슨 요일인지 알지? 가족 봉사 활동 가기로 한 일요일이잖아. 얼른 일어나."
> 나는 다시 이불을 뒤집어썼지만 곧 엄마에게 빼앗기고 말았다.
> 우리 가족이 간 곳은 할머니, 할아버지 들이 계시는 요양원이었다.
> 뭘 해야 할까 두리번거리고 있을 때 안경 쓴 할머니가 나에게 오라고 손짓을 했다.
> "여기 책 좀 읽어 줄래? 내가 이래 봬도 예전에는 문학소녀여서 책을 많이 읽었는데 요즘은 눈이 침침해서 글씨가 잘 안 보이는구나."
> 할머니는 낡은 책 한 권을 내미셨다. 다른 책이 없어서 같은 책만 스무 번을 넘게 읽으셨다고 했다.

4 수아네 가족이 봉사 활동을 하기 위해 찾아간 곳은 어디입니까? (　　　)

① 경기장
② 요양원
③ 도서관
④ 할머니 댁
⑤ 마을 회관

5 이 글에 나온 낱말 가운데 뜻이 반대인 관계에 있는 낱말은 어느 것입니까? (　　　)

① 책 – 문학
② 아침 – 요즘
③ 가다 – 오다
④ 안경 – 글씨
⑤ 가족 – 할머니

6 낱말의 관계를 그림으로 나타낼 때, 다음 빈칸에 들어갈 수 없는 낱말은 어느 것입니까? (　　　)

① 걷다　② 높다　③ 뛰다
④ 일어서다　⑤ 헤엄치다

7~10 다음 글을 읽고, 물음에 답하시오.

1976년 미국의 바이킹 우주선이 화성에 착륙해 표면의 모습을 지구에 알려 주었다. 화성의 표면은 삭막하지만 군데군데 강줄기가 마른 것처럼 보이는 곳도 있었고, 북극에는 두꺼운 얼음처럼 하얗게 보이는 부분도 있었다.

그 뒤 1997년 미국의 화성 탐사선 마스 글로벌 서베이어는 화성의 궤도에 진입해 화성 표면의 모습을 상세하게 사진으로 찍어 지구로 보내 주었다. 이 사진에는 높이 솟은 고원 지대도 있고, 길게 뻗은 좁은 협곡도 있었다. 또 태양계 행성 가운데 가장 거대한 화산 지형도 있었다. 같은 해에 마스 패스파인더는 화성 표면에 착륙해 강줄기처럼 보이는 부분에서 화성 암석을 조사했다. 그 결과, 화성에서 강물의 침식과 퇴적 작용이 있었음을 확인했다. 이러한 것은 아주 오래전에 화성 표면에 물이 흘렀다는 증거이다.

7 바이킹 우주선과 마스 글로벌 서베이어가 지구에 알려 준 것은 무엇입니까? (　　　)

① 화성의 무게
② 화성 표면의 모습
③ 화성에 사는 생물
④ 북극 얼음의 두께
⑤ 거대한 운석의 모습

8 오래전에 화성에서 물이 흘렀음을 알 수 있게 해 주는 증거는 무엇입니까? (　　　)

① 살아 있는 생명체
② 식물이 자라는 것
③ 화성에서 떨어지는 물
④ 계절의 변화가 있는 것
⑤ 강물의 침식과 퇴적 작용이 있었음을 보여 주는 화성 암석

7 단원

9 다음은 이 글을 읽고 새롭게 알게 된 사실입니다. 빈칸에 들어갈 알맞은 말을 쓰시오.

1997년 미국의 화성 탐사선 [(1)]는 화성의 궤도에 진입해 [(2)]의 모습을 상세하게 사진으로 찍어 지구로 보내 주었다.

(1): (　　　　　　　　　　)
(2): (　　　　　　　　　　)

10 이 글에 나오는 낱말의 뜻이 바르지 않은 것은 무엇입니까? (　　　)

	낱말	낱말의 뜻
①	고원	보통 해발 고도 600미터 이하에 있는 좁은 곳.
②	삭막하다	쓸쓸하고 아주 넓거나 멀어 아득하다.
③	착륙하다	비행기 등이 공중에서 활주로나 판판한 곳에 내리다.
④	침식	비, 하천, 빙하, 바람 등의 자연 현상이 지표를 깎는 일.
⑤	궤도	행성, 혜성, 인공위성 등이 중력의 영향을 받아 다른 천체의 둘레를 돌면서 그리는 곡선의 길.

11~12 다음 글을 읽고, 물음에 답하시오.

인간은 엄연히 동물에 속하지요. 그것도 새끼를 일정 기간 몸속에서 키워 내보낸 뒤 젖을 먹여 키우는 포유동물이에요. 새끼를 갖고 키우는 방식에서 인간은 돼지나 개, 고양이와 다를 바 없어요. 그뿐인가요? 인간의 조상이 지구에 처음으로 나타난 때가 지금으로부터 20~25만 년 전이에요. 지구의 나이가 46억 년, 생명이 처음 생겨나 오늘에 이르기까지 40억 년쯤 되었으니 인간은 지구에서 아주 짧은 시간을 살아온 셈이에요. 그에 비하면 바퀴벌레, 까치, 돼지는 인간보다 훨씬 오랫동안 지구촌 주민으로 살아왔어요.

자연계에도 어른을 공경하는 문화가 있다면 지금 인간에게 무시당하고 고통받는 많은 동물의 마음은 나이 지긋한 어른이 한참 어린 아이에게 험한 욕을 듣고 흠씬 두들겨 맞았을 때의 느낌과 비슷할 거예요.

인간은 지구의 막내예요. 최초의 생명이 수십억 년에 걸쳐 다양하게 가지를 뻗으며 진화하는 과정에서 우연히 생겨난 생물의 한 종일 뿐이지요.

11 인간을 지구의 막내라고 한 까닭은 무엇입니까? (　　　)

① 가장 작아서
② 가장 어리석어서
③ 가장 지능이 낮아서
④ 가장 오랫동안 자라는 동물이라서
⑤ 인간이 지구에서 살아온 시간이 짧아서

12 밑줄 그은 낱말의 뜻을 찾아 선으로 이으시오.

(1) 흠씬 •　　　　• ㉠ 매 따위를 심하게 맞는 모양.

(2) 진화 •　　　　• ㉡ 생물이 간단한 것에서 복잡한 것으로 발전하는 것.

13~15 다음 글을 읽고, 물음에 답하시오.

인간은 동물과 다르다고 자꾸 선을 그으려 하지만, 동물의 세계를 들여다보면 볼수록 그 속에 자꾸 인간의 모습이 보입니다. 인간만이 가지고 있다고 내세우는 능력이 동물에게서 ㉠발견되는 것만 봐도 알 수 있지요. 물론 인간이 참으로 대단한 동물인 것은 사실이에요. 하지만 그 대단함은 인간이 혼자 스스로 만들어 낸 것이 아니에요.

그 옛날 바닷속에서 처음으로 생겨난 생명은 숱한 멸종의 위기를 넘기고 다채로운 모습으로 살아남아 생명의 기운이 가득한 아름답고 풍성한 지구를 이루었어요. 아주 작은 세균부터 이끼와 풀, 나무, 온갖 새와 벌레와 물고기, 원숭이 들에 이르기까지 지구에서 귀하지 않은 생명은 없어요. 인간은 그처럼 수많은 생명이 닦아 놓은 길 위를 걷고 있는 거예요. 그러니 ㉡생명 앞에서 우쭐할 게 아니라 고맙고 겸손한 마음을 가져야겠지요?

13 다음은 이 글에 나온 어떤 낱말을 사전에서 찾은 것입니까? (　　　)

생물의 한 종류가 아주 없어짐.

① 생명　② 위기　③ 멸종
④ 풍성　⑤ 겸손

14 ㉠'발견'을 넣어 만든 문장으로 알맞은 것을 찾아 ○표를 하시오.

(1) 옛날보다 산업이 발견하였다. (　　　)
(2) 책상에서 우연히 펼쳐진 누나의 일기장을 발견하여 보게 되었다. (　　　)

서술형

15 ㉡에 대한 자신의 생각을 쓰시오.

16 나만의 낱말 사전을 만드는 과정에 맞게 번호를 쓰시오.

(1) 낱말의 뜻 찾아 쓰기 ( )
(2) 만들고 싶은 사전 정하기 ( )
(3) 사전에 실을 낱말 정하기 ( )
(4) 사전에 실을 낱말의 차례 정하기 ( )

17 나만의 낱말 사전에 실을 낱말을 보기와 같이 정했습니다. 첫 자음자의 차례대로 사전에 실을 때 처음과 마지막에 실릴 낱말은 무엇입니까? ( )

보기

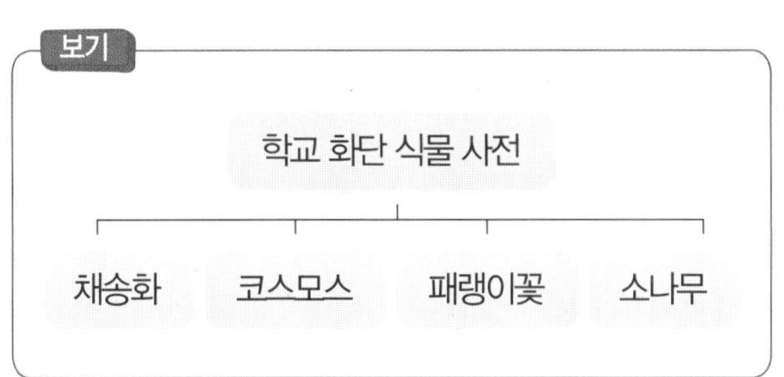

	처음	마지막
①	채송화	소나무
②	소나무	패랭이꽃
③	소나무	코스모스
④	패랭이꽃	채송화
⑤	코스모스	패랭이꽃

서술형

18 나만의 낱말 사전을 만들어 친구들 앞에서 발표하려고 합니다. 나만의 낱말 사전의 이름과 그 특징을 쓰시오.

(1) 이름	
(2) 특징	

19~20 다음 글을 읽고, 물음에 답하시오.

아침부터 온 식구가 ㉠부산스러워요.
메주는 솔로 박박 씻어 햇볕에 말려 놓았고요, 함지박 가득 소금물도 만들어 놓았어요.
아빠는 볏짚에 불을 붙이고, 그 위에 항아리를 엎어 놓았어요.
"항아리에 실금이 간 건 아닌지 알아보려는 거란다. 나쁜 벌레도 잡아내고."
항아리 바닥에 숯불을 피우고 꿀도 한 종지 부어 태웠어요.
"항아리에서 고약한 냄새가 나면 안 되거든."
드디어 장 담그는 날이에요.
온 식구가 아침 일찍 일어나 목욕부터 깨끗이 했어요.
장을 담글 때는 몸과 마음을 깨끗이 해야 한대요.
할머니는 메주 한 덩이랑 소금이랑 볶은 고추를 소반에 올려놓고 정성껏 빌었어요.

「가을이네 장 담그기」, 이규희

19 볏짚에 불을 붙여서 그 위에 항아리를 엎어 놓은 까닭을 두 가지 고르시오. (,)

① 항아리를 닦으려고
② 나쁜 벌레를 잡으려고
③ 항아리를 단단하게 하려고
④ 항아리를 다른 곳으로 옮기려고
⑤ 항아리에 실금이 갔는지 알아보려고

20 ㉠을 넣어 만든 문장으로 알맞은 것은 무엇입니까? ( )

① 부산스러운 냄새가 코를 찔렀다.
② 거실이 부산스러워서 잠이 잘 온다.
③ 시장은 상인과 손님으로 부산스럽다.
④ 시험 장소가 쥐 죽은 듯이 부산스럽다.
⑤ 부산스러운 조용한 날에 옷을 차려 입었다.

7 단원

1~3

할머니는 눈을 감고 책 읽는 내 목소리에 귀를 기울이셨다.
"할머니, 다음에 올 때 재미있는 ㉠책을 가지고 올게요."
나는 할머니와 약속을 했다.
일주일 뒤, 골라 놓은 ㉡동화책을 가지고 요양원에 갈 준비를 했다.
"수아야, 오늘은 안 가. 오늘은 엄마랑 아빠가 친척 결혼식에 가야 해."
나는 할머니와의 약속이 생각났다.
'할머니가 내 동화책을 기다리고 계실 텐데.'
일주일 뒤, 요양원에 도착하자마자 할머니에게 달려갔다. 할머니는 나를 기다렸다며 서랍에서 사탕이랑 과자를 꺼내 주셨다.
"할머니 드시지……."
사양했지만 할머니가 내 생각을 하며 모아 두셨다며 호주머니에 사탕을 넣어 주셨다.

도움말

글에 나온 낱말들의 관계에 대해 생각하며 읽어 봅니다.

1 빨간색으로 쓰인 낱말의 기본형을 쓰고, 뜻이 반대인 낱말을 쓰시오.

낱말	기본형	뜻이 반대인 낱말
(1) 감고		
(2) 갈		

1 '감고'는 '위아래의 눈시울이 한데 맞닿게 붙이고.'의 뜻이고, '갈'은 '(사람이나 탈것이 어떤 곳으로) 자리를 옮겨 움직일'의 뜻입니다.

2 '사탕', '과자'를 포함하는 낱말을 쓰고, 그 낱말에 포함되는 낱말을 한 가지 더 쓰시오.

2 사탕과 과자는 음식이나 간식의 한 종류입니다.

3 ㉠'책'과 ㉡'동화책'의 뜻은 서로 어떤 관계에 있는지 쓰시오.

3 포함 관계에 있는 낱말을 사전에서 찾아봅니다.

4~6

인간은 지구의 막내예요. 최초의 생명이 수십억 년에 걸쳐 다양하게 가지를 뻗으며 진화하는 과정에서 우연히 생겨난 생물의 한 종일 뿐이지요.
지구의 막내이지만 인간은 지능이 높고 다른 동물보다 뛰어난 점이 분명 있어요. 하지만 인간에게만 있다고 여겼던 능력이 다른 동물에게서 발견되는 경우도 많아요. 예를 들어 언어는 인간만이 가진 능력이라고 생각했는데, 꿀벌에게도 언어가 있다는 것이 밝혀졌어요. 인간은 말과 글을 사용하지만 꿀벌은 춤을 이용한다는 것만 다를 뿐이에요.

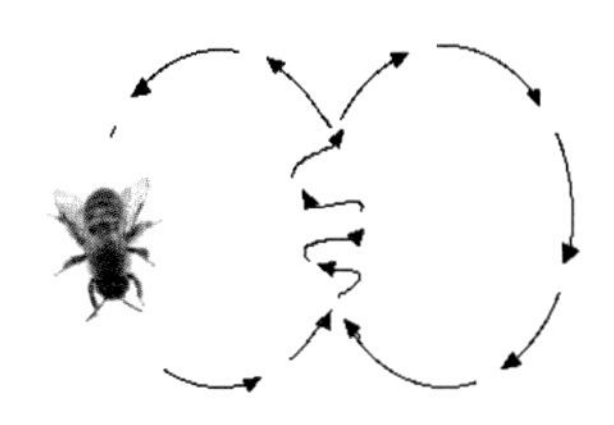
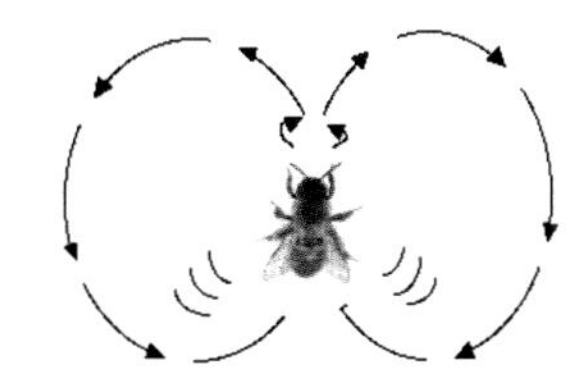
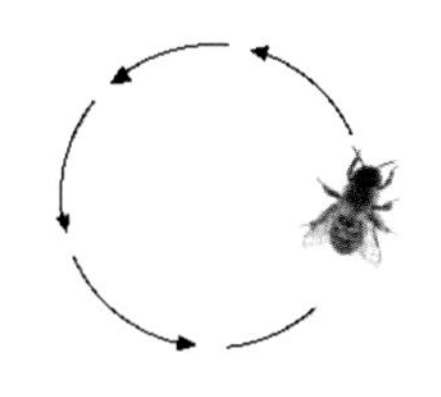

도움말

인간과 동물의 관계를 생각하며 읽어 봅니다.

4 빨간색으로 쓴 낱말의 뜻을 짐작해서 쓰고, 그렇게 짐작한 까닭을 쓰시오.

(1) 짐작한 뜻	
(2) 그렇게 짐작한 까닭	

4 앞뒤 낱말이나 문장을 보고 낱말의 뜻을 짐작할 수 있습니다.

5 빨간색으로 쓴 낱말을 여러 가지 사전을 이용해 찾은 뜻을 쓰시오.

(1) 이용한 사전	
(2) 찾은 뜻	

5 여러 가지 사전을 활용하면 어려운 글도 쉽게 이해할 수 있습니다.

6 빨간색으로 쓴 낱말을 넣어 문장을 만들어 쓰시오.

6 낱말의 뜻을 생각하여 문장을 만들어 씁니다.

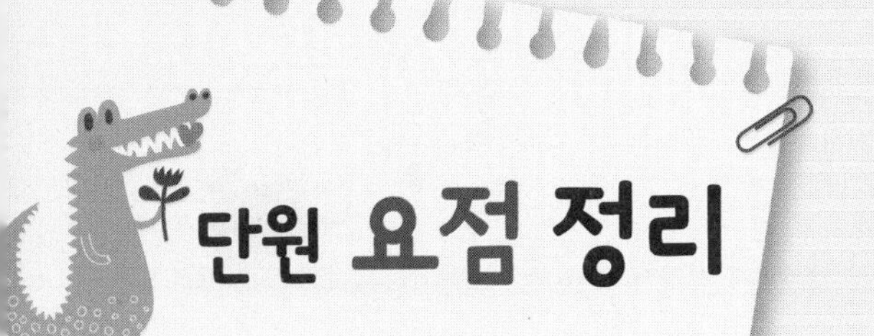

8. 이런 제안 어때요

학습목표
제안하는 글을 쓸 수 있습니다.

국어 224~245쪽 국어 활동 80~83쪽

핵심 1 ★제안하는 글에 대해 알기

• 제안하는 글에는 문제 상황, 제안하는 내용, 제안하는 까닭이 드러나 있습니다.
 – 제안하는 글을 쓸 때에는 "~합시다", "~하면 좋겠습니다", "~하면 어떨까요?" 같은 표현을 사용합니다.

제안하는 글을 쓰면 좋은 점
• 문제점과 해결 방법을 여러 사람에게 알릴 수 있습니다.
• 더 좋은 쪽으로 일을 해결할 수 있습니다.

→ 문제를 해결할 수 있는 더 나은 방법이 있을 때, 무엇인가를 함께 결정해야 할 때 제안이 필요하며 제안한 문제에 대하여 많은 사람이 관심을 가질 수 있습니다.

핵심 2 문장의 짜임에 대해 알기

• 문장은 '누가 + 어찌하다', '누가 + 어떠하다', '무엇이 + 어찌하다', '무엇이 + 어떠하다'의 짜임으로 나눌 수 있습니다.
 – '누가/ 무엇이' + '어찌하다/어떠하다'

예

누가 / 무엇이	어찌하다 / 어떠하다
영수가	축구를 합니다.

핵심 3 제안하는 글을 쓰는 방법 알기

• 제안하는 글을 쓰는 과정

문제 상황 확인하기
▼
제안하는 내용 정하기
▼
제안하는 까닭 파악하기
▼
제안하는 글 쓰기

• 어떤 문제 상황인지 파악하고 자세히 씁니다.
• 문제를 해결하기 위한 자신의 의견을 제안합니다.
• 제안에 알맞은 까닭을 씁니다.
• 왜 그런 제안을 했는지, 제안한 내용대로 했을 때 무엇이 더 나아지는지를 씁니다.
• 제안하는 내용이 잘 드러나게 알맞은 제목을 붙입니다. → 제안하는 내용이 잘 드러나고, 글의 내용을 짐작할 수 있어야 합니다.

핵심 4 제안하는 글을 쓰고 발표하기

• 어떤 제안을 하면 좋을지 생각해 봅시다.

우리 주변에서 해결했으면 하는 문제 예
• 학교 앞 과속
• 어두운 골목
• 친구 놀리기

• 제안하는 글을 쓸 때 필요한 내용을 떠올려 봅니다.
 – 먼저 누구에게 제안할지 생각합니다.
• 제안하는 글을 어떻게 써 붙일지 생각해 봅니다.
 – 누구에게 제안하는 내용인지 생각합니다.
 – 읽을 사람이 잘 볼 수 있는 곳을 고릅니다.
 – 자신이 강조하고 싶은 내용이 잘 전달되도록 만듭니다. → 읽을 사람의 시선을 끌 수 있는 방법을 생각합니다.
• 정리한 내용을 생각하며 제안하는 글을 써 봅니다.
 – 제안하는 글에 알맞은 표현

문제 상황	요즘 ~하고 있다. / ~(이)가 심각해지고 있다. / 가장 큰 문제점은 ~(이)다.
제안	~했으면 좋겠습니다. / ~합시다. / ~해 봅시다. / ~하는 것이 어떨까요?
까닭이나 근거	왜냐하면 ~하기 때문입니다. / 만약 ~하면 ~할 수 있습니다.

• 쓴 내용을 친구들 앞에서 발표하고, 제안하는 글의 특징이 잘 드러났는지 확인해 봅니다.
• 제안하는 글을 붙인 다음, 친구들과 생각이나 느낌을 나누어 봅니다.

국어활동

핵심 5 제안하는 글을 쓰는 방법을 아는지 확인하기

• 제안하는 글을 읽으며 문제 상황, 제안, 제안하는 까닭을 찾아봅니다.
• ★광고를 보고 그림에 나타난 문제점은 무엇인지 생각하고 어떤 해결 방안이 필요한지 생각해서 제안하는 글을 씁니다.

조금 더 알기

제안하는 글의 내용 구분하기

문제 상황	지난 주말에 저는 동생과 함께 집 앞 꽃밭에 꽃을 심었습니다. 그런데 오늘 물을 주려고 보니 쓰레기가 꽃 주위에 흩어져 있었습니다. 그 모습을 보니 속이 상했습니다.
제안하는 내용	꽃밭에 쓰레기를 버리지 않으면 좋겠습니다.
제안하는 까닭	꽃은 쓰레기가 없는 깨끗한 꽃밭에서 건강하게 자랄 수 있습니다.

「1리터의 생명」을 보고, 제안하는 글에 들어갈 내용 정리하기 예

문제 상황	깨끗한 물을 구하지 못해 어려움을 겪고 있는 아이들이 있습니다.
제안하는 내용	깨끗한 물을 구하지 못하는 어린이들을 위해 기부 운동에 참여합시다.
제안하는 까닭	어린이들이 깨끗한 물을 마시고 사용할 수 있기 때문입니다.
제목	당신의 1리터를 나누어 주세요

낱말 사전

★**제안** 어떤 일을 더 좋은 쪽으로 해결하기 위하여 의견을 내는 것.

★**광고** 상품에 대한 정보를 여러 가지 매체를 통해 소비자에게 널리 알리는 활동.

개념을 확인해요

1 □□ 하는 글에는 문제 상황, 제안하는 내용, 제안하는 까닭이 드러나 있습니다.

2 □□ 하는 글을 쓸 때에는 "~ 합시다", "~ 하면 좋겠습니다", "~ 하면 어떨까요?" 같은 표현을 사용합니다.

3 제안하는 글을 쓰면 문제점과 □□ 방법을 여러 사람에게 알릴 수 있습니다.

4 문장은 '□□/무엇이 + 어찌하다/어떠하다'로 나눌 수 있습니다.

5 제안하는 글을 쓸 때에는 먼저 □□ 상황을 확인해야 합니다.

6 제안하는 글을 쓸 때에는 어떤 문제 상황인지 파악하고 문제를 해결하기 위한 자신의 □□ 을 제안합니다.

7 제안하는 글을 쓸 때에는 제안에 알맞은 □□ 을 씁니다.

8 제안하는 글을 쓸 때에는 제안하는 내용이 잘 드러나게 알맞은 □□ 을 붙입니다.

9 제안하는 글을 쓰기 위해서는 먼저 □□ 에게 제안할지 먼저 생각합니다.

10 제안하는 글을 써 붙일 때에는 □□ 사람이 잘 볼 수 있는 곳을 고릅니다.

8 단원

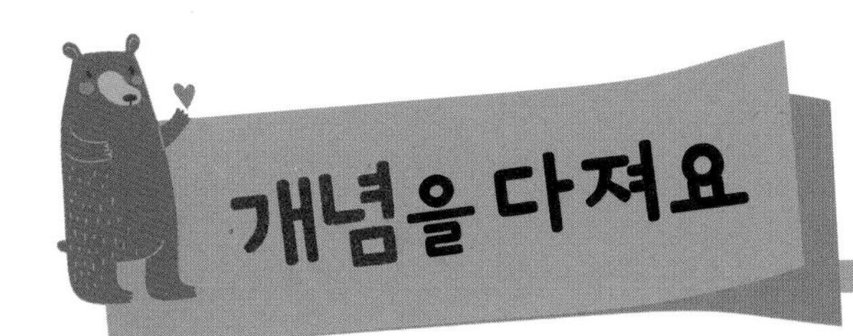

8. 이런 제안 어때요

국어 224~245쪽 국어 활동 80~83쪽

도움말

1. 제안하는 글의 특성은 문제 상황, 제안하는 내용, 제안하는 까닭이 드러나 있습니다.

2. '문장은 '(누가/무엇이)' + '(어찌하다/어떠하다)'의 짜임으로 나눌 수 있습니다.

3. 제안하는 글은 어떤 문제를 해결하기 위한 의견을 쓰는 글입니다.

핵심 1

1 다음은 제안하는 글의 특성입니다. 빈칸에 들어갈 내용은 무엇입니까? ( )

> 제안하는 글에는 [ ], 제안하는 내용, 제안하는 까닭이 드러나 있다.

① 인사말 ② 문제 상황
③ 주장과 근거 ④ 설명하는 내용
⑤ 글쓴이의 생각

핵심 1

2 문장의 짜임에서 무엇에 해당하는지 선으로 이으시오.

(1) 날씨가 • • ㉠ 누가/무엇이

(2) 따뜻합니다. • • ㉡ 어찌하다/어떠하다

핵심 3

3 제안하는 글을 쓰는 과정에 맞게 기호를 쓰시오.

> ㉮ 제안하는 글 쓰기
> ㉯ 문제 상황 확인하기
> ㉰ 제안하는 내용 정하기
> ㉱ 제안하는 까닭 확인하기

㉯ →( )→( )→( )

핵심 4

4 제안하는 글을 쓰는 방법으로 알맞지 않은 것은 어느 것입니까? (　　　)

① 제안에 대한 적절한 까닭을 쓴다.
② 제안하는 글을 쓴 장소를 자세히 쓴다.
③ 어떤 문제 상황인지 파악하고 자세히 쓴다.
④ 문제를 해결하기 위한 자신의 의견을 제안한다.
⑤ 제안하는 내용이 잘 드러나게 알맞은 제목을 붙인다.

핵심 4

5 제안하는 글을 써 붙일 때 생각할 것을 두 가지 고르시오. (　　,　　)

① 즐겁고 유쾌한 내용인가?
② 누구에게 제안하는 내용인가?
③ 선생님이 칭찬할 만한 내용인가?
④ 읽을 사람이 잘 볼 수 있는 곳인가?
⑤ 제안을 실천할 사람은 정확히 몇 명인가?

핵심 5

6 제안하는 글에 들어갈 내용 가운데에서 무엇인지 찾아 선으로 이으시오.

(1) 문제 상황 •		• ㉠ 복도에 안전 거울을 설치해야 한다.
(2) 제안하는 내용 •		• ㉡ 학교 내 사고를 줄여 학생들이 즐겁고 건강하게 생활할 수 있도록 하기 위해서이다.
(3) 제안하는 까닭 •		• ㉢ 복도에서 일어나는 안전사고가 많다.

도움말

4. 제안하는 글에서는 자신의 의견을 근거를 들어 써야합니다.

5. 제안하는 글을 읽을 사람에 따라 표현을 달리해야 하고 제안하는 글이 잘 보이도록 써 붙여야 합니다.

6. 어떤 문제가 있어서 제안하는 글을 쓰게 되었는지 생각해 봅시다.

8 단원

1회 단원 평가

도전

8. 이런 제안 어때요

국어 224~245쪽 국어 활동 80~83쪽

1~2 다음 글을 읽고, 물음에 답하시오.

진영이는 지난 주말에 동생과 함께 집 앞 꽃밭에 꽃을 심었습니다. 그런데 오늘 물을 주려고 보니 쓰레기가 꽃 주위에 흩어져 있었습니다. 진영이와 동생은 그 모습을 보고 실망을 했습니다.

진영이는 꽃밭에 버려진 쓰레기를 보면서 깨끗한 꽃밭을 만들려면 어떻게 하면 좋을지 곰곰이 생각했습니다. 그리고 자신의 의견을 알리고자 아파트 주민에게 글을 써서 붙이기로 결심했습니다. 얼마 뒤, 꽃밭은 몰라보게 깨끗해졌습니다.

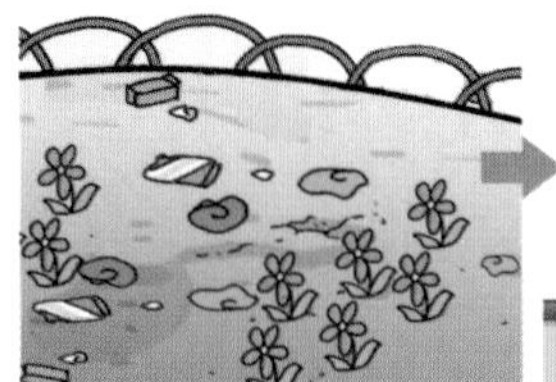

1 진영이와 진영이 동생이 실망한 까닭은 무엇입니까? (　　　)

① 꽃밭에 물을 줄 수 없었기 때문이다.
② 꽃밭의 꽃이 전부 꺾여 있었기 때문이다.
③ 집 앞에 꽃을 심을 곳이 없었기 때문이다.
④ 꽃밭에 쓰레기가 떨어져 있었기 때문이다.
⑤ 꽃밭에 심을 수 있는 꽃의 종류가 다양하지 않았기 때문이다.

중요

2 진영이는 문제점을 어떻게 해결했습니까? (　　　)

① 동생과 함께 쓰레기를 주웠다.
② 집 앞 꽃밭을 소개하는 글을 써서 붙였다.
③ 아파트 관리실에서 자신의 의견을 방송하였다.
④ 아파트 주민이 볼 수 있게 자신의 의견을 글로 써서 붙였다.
⑤ 깨끗한 꽃밭을 만들자는 내용의 포스터를 만들어 게시판에 붙였다.

3 다음은 무엇을 이야기하고 있습니까? (　　　)

> 꽃밭에 쓰레기를 버리지 않으면 좋겠습니다.

① 문제 상황
② 알맞은 제목
③ 제안하는 내용
④ 제안하는 까닭
⑤ 소개하는 내용

4 제안하는 글이 필요한 상황으로 알맞은 것은 무엇입니까? (　　　)

① 친구에게 사과할 때
② 내 짝을 어머니께 소개할 때
③ 전학 간 친구에게 소식을 전할 때
④ 장기 자랑에 올릴 연극 대본을 쓸 때
⑤ 학교에서는 어떻게 안전한 생활을 할지 생각해 볼 때

주의

5 제안하는 글을 쓰면 좋은 점을 두 가지 고르시오. (　　,　　)

① 감동을 받을 수 있다.
② 미안한 마음을 전할 수 있다.
③ 사실에 대해 자세히 알 수 있다.
④ 더 좋은 쪽으로 일을 해결할 수 있다.
⑤ 문제점과 해결 방법을 여러 사람에게 알릴 수 있다.

6~7 다음 글을 읽고, 물음에 답하시오.

운동을 합시다

날씨가 따뜻합니다. 우리 모두 운동을 합시다. 운동이 건강을 지켜 줍니다.

6 밑줄 그은 "날씨가 따뜻합니다."를 다음 문장의 짜임에 따라 나누어 쓰시오.

누가 / 무엇이	어찌하다 / 어떠하다
(1)	(2)

7 "우리 모두 운동을 합시다."에서 '누가' 운동을 합니까? (　　　)

① 우리　② 모두
③ 운동　④ 우리 모두
⑤ 운동을 합시다.

응용

8 다음 문장을 '(누가/무엇이) + (어찌하다/어떠하다)'로 나누어 빈칸에 쓰시오.

하늘이 푸르다.

(1)　　(2)

9~10 다음 그림을 보고, 물음에 답하시오.

9 그림의 내용을 문장으로 바르게 표현하지 못한 것은 어느 것입니까? (　　　)

① 아주머니와 여자아이가 가고 있다.
② 할아버지가 아이의 손을 잡고 간다.
③ 여자아이가 엄마의 손을 잡고 간다.
④ 아주머니와 여자아이가 함께 가고 있다.
⑤ 치마를 입은 어른과 아이가 손을 잡고 길을 걸어 간다.

서술형

10 그림의 내용을 보기 와 같이 문장의 짜임에 맞게 표현하시오.

보기

누가 / 무엇이	어찌하다 / 어떠하다
아이들이	축구를 합니다.

누가 / 무엇이	어찌하다 / 어떠하다
할아버지가	

8 단원

11 제안하는 글에 필요한 내용을 모두 고르시오. (, ,)

① 문제 상황
② 제안하는 내용
③ 제안하는 까닭
④ 제안을 실천한 사람들
⑤ 제안하는 글을 쓰는 방법

12 제안하는 글을 쓸 때 생각할 점을 두 가지 고르시오. (,)

① 제안이 여러 개인지 생각한다.
② 읽을 사람이 누구인지 생각한다.
③ 아무도 하지 않은 제안인지 생각한다.
④ 문제 상황을 나만 알고 있는지 생각한다.
⑤ 자신이 하는 제안을 사람들이 실천할 수 있는지 생각한다.

주의

13 제안하는 내용과 제안하는 까닭이 알맞게 연결된 것의 기호를 쓰시오.

	제안하는 내용	제안하는 까닭
㉮	이웃 돕기 모금 운동에 참여하자.	깨끗한 우물을 만드는 것을 도울 수 있다.
㉯	깨끗한 물을 보내 준다.	깨끗한 물로 정수할 수 있다.
㉰	정수기를 보내 준다.	수돗물을 마시고 사용할 수 있다.

( )

14~15 다음 글을 읽고, 물음에 답하시오.

> ㉠
>
> 물은 사람이 살아가는 데 매우 중요합니다. 우리는 어디에서든지 물을 쉽게 구할 수 있습니다. 그러나 동영상에 나오는 아이는 깨끗한 물을 구하지 못해 어려움을 겪고 있습니다. 많은 아이가 더러운 물을 마셔 생명이 위험할 수 있습니다.
>
> 깨끗한 물을 마시지 못하는 아이들을 위해 기부 운동에 참여합시다. ㉡

14 ㉠ 안에 들어갈 제목으로 알맞은 것은 무엇입니까? ( )

① 물은 쉽게 구할 수 있어요
② 더러운 물은 마시지 말아요
③ 손발을 깨끗하게 씻어야 해요
④ 당신의 1리터를 나누어 주세요
⑤ 하루에 2리터의 물은 마셔야 해요

서술형

15 다음 제안하는 글의 특징을 생각하며 ㉡에 들어갈 까닭을 쓰시오.

제안하는 글의 특징	왜 그런 제안을 했는지, 제안한 내용대로 했을 때 무엇이 더 나아지는지를 쓴다.

중요

16 다음 문제 상황을 해결하기 위해 제안한 내용을 찾아 ○표를 하시오.

점심시간에 음식을 남기는 친구가 많습니다.

(1) 수요일을 음식을 남기지 않고 다 먹는 날로 정하면 좋겠습니다. ( )

(2) 점심시간을 세 시간으로 늘렸으면 좋겠습니다. ( )

(3) 책을 많이 읽는 친구에게 상을 주면 좋겠습니다. ( )

응용

17 제안하는 글을 써 붙일 때 생각할 것이 아닌 것은 어느 것입니까? ( )

- 강조하고 싶은 내용이 잘 전달되도록 만든다.
- 읽을 사람의 시선을 끌 수 있는 방법을 생각해 본다.

① 위치 정하기
② 장소 정하기
③ 읽을 사람 정하기
④ 문제 상황 정하기
⑤ 글씨의 크기와 모양 정하기

18 제안하는 글을 쓸 때 문제 상황을 나타내는 알맞은 표현은 무엇입니까? ( )

① ~합시다.
② 요즘 ~하고 있다.
③ ~하는 것이 어떨까요?
④ 왜냐하면 ~하기 때문이다.
⑤ 만약 ~하면 ~할 수 있습니다.

국어활동

19~20 다음 글을 읽고, 물음에 답하시오.

20○○년 ○○월 ○○일 □□신문에 따르면 최근에 1년 동안 학교 안에서 일어난 안전사고가 16퍼센트 이상 늘었다고 한다. 사고는 꾸준히 늘어나는 추세이며 그 가운데 복도에서 일어난 사고는 1만 7653건으로 전체 사고 장소에서 4위를 차지한다.

친구들이 복도를 지나다닐 때 앞을 보기 때문에 앞에서 누가 나타나면 미리 비킬 수 있다. 하지만 복도 끝부분에서는 누가 언제 튀어나올지 몰라 그곳에서 사고가 많이 일어난다. 친구들이 갑자기 튀어나오는 것처럼 보이기 때문이다.

우리 학교 앞 도로에 잘 보이지 않는 부분까지 볼 수 있도록 하는 거울이 있다. 이런 안전 거울을 학교 복도에 설치하면 복도에서 일어나는 사고를 줄일 수 있을 것이다.

복도에 안전 거울을 설치해야 한다. 그렇게 하면 학교 안에서 일어나는 안전사고를 줄여 학생들이 더 즐겁게 지낼 수 있을 것이다.

「복도에 안전 거울을 설치해 주세요」

19 이 글에서 제시하고 있는 문제는 무엇입니까? ( )

① 쉬는 시간이 너무 짧다.
② 운동장에 운동 시설이 부족하다.
③ 교실에 거울이 없어서 불편하다.
④ 복도에서 일어나는 안전사고가 많다.
⑤ 과학실에서 일어나는 안전사고가 많다.

20 글쓴이가 문제를 해결하기 위해 제안한 내용은 무엇입니까? ( )

① 복도에 나가지 말아야 한다.
② 복도에서 조용히 해야 한다.
③ 복도 청소를 깨끗이 해야 한다.
④ 교실마다 거울을 설치해야 한다.
⑤ 복도에 안전 거울을 설치해야 한다.

8 단원

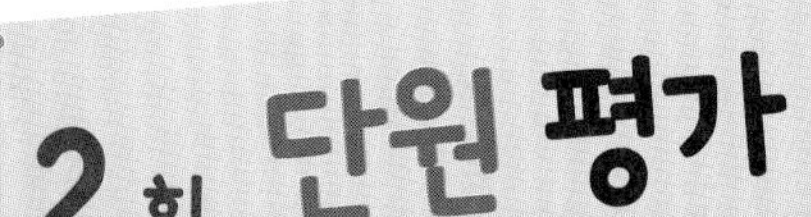

8. 이런 제안 어때요

국어 224~245쪽 국어 활동 80~83쪽

1~3 다음 글을 읽고, 물음에 답하시오.

지난 주말에 저는 동생과 함께 집 앞 꽃밭에 꽃을 심었습니다. 그런데 오늘 물을 주려고 보니 쓰레기가 꽃 주위에 흩어져 있었습니다. 그 모습을 보니 속이 상했습니다.

꽃밭에 쓰레기를 버리지 않으면 좋겠습니다. 꽃은 쓰레기가 없는 깨끗한 꽃밭에서 건강하게 자랄 수 있습니다. 우리가 노력하면 꽃밭을 더 아름답게 가꿀 수 있습니다.

1 글쓴이가 이 글을 쓴 까닭은 무엇입니까? (　　　)

① 꽃밭에 꽃이 너무 없어서
② 꽃밭이 너무 멀리 있어서
③ 꽃밭을 물을 주기가 힘들어서
④ 꽃밭에 물을 주는 사람이 없어서
⑤ 꽃밭에 쓰레기가 버려져 있어서 속이 상해서

2 이 글의 내용으로 알맞은 것은 무엇입니까? (　　　)

① 집 앞 꽃밭에 물을 주자는 내용
② 쓰레기는 쓰레기통에 버리자는 내용
③ 지난 주말에 꽃과 나무를 심고 가꿨다는 내용
④ 꽃들이 잘 자랄 수 있도록 꽃밭에 쓰레기를 버리지 않으면 좋겠다는 내용
⑤ 마을 곳곳에 작은 꽃밭을 만들어 꽃을 심고 가꿔서 마을 환경을 개선하자는 내용

3 보기 의 말을 넣어 제안하는 글의 내용을 구분해 쓰시오.

보기
제안하는 내용　문제 상황　제안하는 까닭

(1)	지난 주말에 저는 동생과 함께 집 앞 꽃밭에 꽃을 심었습니다. 그런데 오늘 물을 주려고 보니 쓰레기가 꽃 주위에 흩어져 있었습니다. 그 모습을 보니 속이 상했습니다.
(2)	꽃밭에 쓰레기를 버리지 않으면 좋겠습니다.
(3)	꽃들은 쓰레기가 없는 깨끗한 꽃밭에서 건강하게 자랄 수 있습니다.

4 제안하는 글의 특성은 무엇입니까? (　　　)

① 흉내 내는 말을 많이 사용한다.
② 인물, 배경, 사건이 나타나 있다.
③ 서론, 본론, 결론으로 짜여 있다.
④ 어떤 지식이나 정보를 쉽게 풀어서 쓴다.
⑤ 문제 상황, 제안하는 내용, 제안하는 까닭이 드러나 있다.

서술형

5 제안하는 글이 필요했던 경험을 쓰시오.

6~7 다음 글을 읽고, 물음에 답하시오.

운동을 합시다

날씨가 따뜻합니다. 우리 모두 운동을 합시다. ㉠운동이 건강을 지켜 줍니다.

6 글쓴이는 무엇을 하자고 하였습니까? (　　　)

① 축구
② 운동
③ 노래
④ 나무 심기
⑤ 산 오르기

7 ㉠을 문장의 짜임에 따라 나누어 쓰시오.

(1) 누가 / 무엇이	(2) 어찌하다 / 어떠하다

8 다음 문장을 '누가/무엇이+어찌하다/어떠하다'로 바르게 나눈 것을 찾아 ○표를 하시오.

(1)

민희가 아침밥을 먹습니다.

민희가 아침밥을 / 먹습니다.

(　　　)

(2)

영수가 축구를 합니다.

영수가 / 축구를 합니다.

(　　　)

9~10 다음 그림을 보고, 물음에 답하시오.

9 그림의 내용을 문장의 짜임에 맞게 표현한 것은 무엇입니까? (　　　)

	누가/무엇이	어찌하다/어떠하다
①	아저씨가 사진을	찍습니다.
②	아저씨가 개를	산책시킵니다.
③	목줄을 한	개가 달려갑니다.
④	할머니가	지팡이를 짚고 갑니다.
⑤	강아지가	잔디밭 위에서 뛰어 놉니다.

10 다음 문장에 알맞은 그림은 무엇인지 기호를 쓰시오.

할머니가 아이를 쳐다봅니다.

(　　　)

8 단원

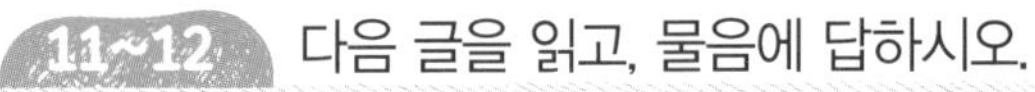

11~12 다음 글을 읽고, 물음에 답하시오.

(가) 깨끗한 물을 구하지 못해 어려움을 겪고 있는 아이들이 있습니다.
(나) 깨끗한 물을 구하지 못하는 어린이들을 위해 기부 운동에 참여합시다.
(다) 어린이들이 깨끗한 물을 마시고 사용할 수 있기 때문입니다.
(라) 당신의 1리터를 나누어 주세요

11 (가)~(라)는 제안하는 글의 짜임 가운데 무엇인지 보기 에서 찾아 기호를 쓰시오.

보기

㉠ 제목 ㉡ 문제 상황
㉢ 제안하는 까닭 ㉣ 제안하는 내용

(1) (가): (　　　) (2) (나): (　　　)
(3) (다): (　　　) (4) (라): (　　　)

12 (가)부분을 쓰는 방법으로 알맞은 것은 무엇입니까? (　　　)

① 제안하는 내용이 잘 드러나게 쓴다.
② 왜 그런 제안을 했는지 자세히 쓴다.
③ 문제가 잘 드러나지 않도록 간단히 쓴다.
④ 문제를 해결하기 위한 자신의 제안을 쓴다.
⑤ 어떤 점이 문제인지 다른 사람들이 알 수 있게 자세히 쓴다.

13 제안하는 글을 쓸 때 생각할 점을 두 가지 고르시오. (　　,　　)

① 읽을 사람
② 비유적 표현
③ 실천 가능성
④ 다른 사람의 제안
⑤ 실천한 사람의 이름

14 제안하는 글의 제목을 붙이는 방법으로 알맞은 것은 무엇입니까? (　　　)

① 제목을 미리 정해 놓아야만 한다.
② 쓸 내용을 정리한 다음에만 붙인다.
③ 제안하는 내용이 잘 드러나게 붙인다.
④ 제안한 까닭이 모두 드러나게 붙인다.
⑤ 왜 그런 제안을 했는지 드러나게 붙인다.

서술형

15 제안하는 글의 특징을 생각하며 다음 빈칸에 들어갈 제안하는 내용과 그 까닭을 쓰시오.

당신의 1리터를 나누어 주세요

물은 사람이 살아가는 데 매우 중요합니다. 우리는 어디에서든지 물을 쉽게 구할 수 있습니다. 그러나 동영상에 나오는 아이는 깨끗한 물을 구하지 못해 어려움을 겪고 있습니다. 많은 아이가 더러운 물을 마셔 생명이 위험할 수 있습니다.

16 다음 그림에 알맞은 제안을 찾아 ○표를 하시오.

(1) 장난으로 친구를 놀리지 말자. (　　　)
(2) 복도에서 선생님께 인사를 잘하자. (　　　)
(3) 자신이 맡은 집안일을 열심히 하자. (　　　)

서술형

17 다음 제안할 내용에 알맞은 까닭을 쓰시오.

> 수요일은 음식물을 남기지 않고 다 먹는 날로 정하면 좋겠습니다.

____

____

____

18 제안하는 글을 써 붙일 때 생각할 것을 모두 고르시오. (　　,　　,　　)

① 문제가 드러나지 않게 써 붙인다.
② 읽을 사람에 따라 표현을 다르게 한다.
③ 문제가 잘 보이게 그림으로만 그려 써 붙인다.
④ 읽을 사람이 잘 볼 수 있는 곳을 골라서 써서 붙인다.
⑤ 자신이 강조하고 싶은 내용이 잘 전달되도록 만든다.

19~20 다음 광고를 보고, 물음에 답하시오.

인터넷에서 찾아보면 금방 알 수 있다? 쉽게 얻은 정답은 지식으로 오래 남기 어렵습니다. 내가 지식인이 되는 방법, 인터넷 검색이 아닌 독서입니다.

「내가 지식인이 되는 방법」 한국방송광고진흥공사

19 위의 광고에서는 무슨 문제를 나타냈습니까? (　　　)

① 사람들이 지식을 하찮게 여긴다.
② 지식인이 되는 방법이 너무 많다.
③ 사람들이 인터넷 검색을 쉽게 생각한다.
④ 사람들이 인터넷에서 찾은 자료를 잘 믿는다.
⑤ 사람들이 지식을 얻고자 할 때 독서를 하지 않고 인터넷을 검색한다.

20 어떤 해결 방안이 필요합니까? (　　　)

① 인터넷을 쓰는 시간을 정해야 한다.
② 올바른 인터넷 검색법을 배워야 한다.
③ 자신의 능력에 맞는 책을 찾아 읽어야 한다.
④ 궁금한 것을 알고자 할 때 인터넷을 검색하기보다 독서를 해야 한다.
⑤ 새로운 것을 배우는 일을 두려워하지 말고 지식을 얻기 위해 노력해야 한다.

1~3

도움말

그림에서 누가 무엇을 하고 있는지 잘 살펴봅니다.

1 이 그림을 보고 다음 문장의 짜임에 맞게 알맞은 말을 쓰시오.

누가 / 무엇이	어찌하다 / 어떠하다
할머니가	

1 문장은 '누가/무엇이' + '어찌하다/어떠하다'의 짜임으로 이루어집니다.

2 이 그림에서 안경을 쓴 사람이 무엇을 하고 있는지 다음 문장의 짜임에 맞게 쓰시오.

누가 / 무엇이 ✚ 무엇을 어찌하다

2 '안경을 쓴 누가 무엇을 어찌한다.' 짜임으로 써 볼 수 있습니다.

3 ○부분의 모습을 문장의 짜임을 생각하며 세 문장으로 표현해 쓰시오.

3 아이들이 공을 차고 있습니다.

4~6

▲ 학교 앞 과속

▲ 어두운 골목

4 두 문제 가운데에서 제안이 필요한 문제를 정해 쓰시오.

(1) 어떤 문제 상황입니까?	
(2) 누구에게 제안하고 싶습니까?	

5 4번에서 정한 문제 상황으로 제안할 내용과 그것을 제안하는 까닭을 쓰시오.

(1) 제안하는 내용	
(2) 제안하는 까닭	

6 문제 5번에서 정리한 내용을 생각하며 제안하는 글을 쓰시오.

도움말

어떤 문제가 있는지 그림을 잘 살펴봅니다.

4 해결해야 할 문제가 무엇인지 살펴봅니다.

5 제안에 알맞은 까닭을 들어야 합니다.

6 제안하는 글은 문제를 더 좋은 쪽으로 해결할 수 있는 구체적인 방법이 있어야 합니다.

8 단원

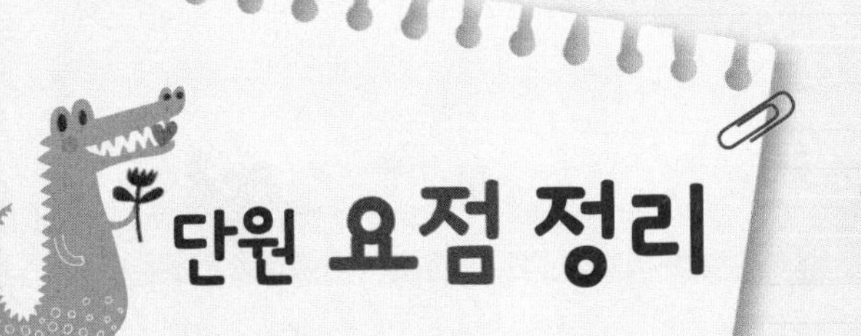

9. 자랑스러운 한글

학습목표

한글의 우수성을 이해하고, 한글을 바르게 사용할 수 있습니다.

국어 246~273쪽 국어 활동 84~89쪽

핵심 1 문자가 필요한 까닭 알기

- 문자의 필요성을 알아봅니다.
- 다양한 형태의 문자를 살펴봅니다.

	사람	왕	신	양	태양	하늘	물
수메르	[illegible]	[illegible]	✳	⊕	[illegible]	✳	[illegible]
중국	[illegible]	[illegible]	[illegible]	[illegible]	⊙	[illegible]	[illegible]

- 문자가 필요한 까닭을 생각해 봅니다.
  - 문자가 없으면 정확하게 기록을 못할 것 같습니다.
  - 문자로 생각을 표현하면 더 자세히 나타낼 수 있습니다. → 문자가 발명되기 이전에는 그림으로 정보를 기록했습니다.

핵심 2 한글을 만든 과정 이해하기

- 한글을 만든 배경을 알아봅니다.

한글을 만드는 세종 대왕의 마음 생각하기
- 백성이 알기 쉬운 문자를 만들고 싶었습니다.
- 백성의 어려움을 해결해 주고 싶었습니다.

- 한글을 만든 과정을 파악하며 글을 읽어 봅니다.
- 한글을 만든 배경과 과정을 정리해 봅니다.
  - 세종 대왕은 오랜 시간 책을 보며 연구했습니다.
  - 세종 대왕은 소리를 내는 기관과 우주의 이치를 연구했습니다. → 하늘, 땅, 사람
- 한글을 알리는 글을 써 봅니다.

핵심 3 한글의 특성 이해하기

- ★독창적이고 과학적입니다.
- 적은 수의 문자로 사람의 입에서 나오는 대부분의 소리를 효과적으로 적을 수 있습니다.
- 쉽고 빨리 배울 수 있습니다.
- 컴퓨터, 휴대 전화 등 기계화에 적합합니다.

한글의 특성
- 한글의 자음자는 발음 기관의 모양을 본떠 만들었습니다.
- 한글의 모음자는 하늘, 땅, 사람의 모양을 본떠 만들었습니다.
- 한글의 자음자는 기본 문자에 획을 더하거나 같은 자음을 겹쳐서 씁니다.
- 한글의 모음자는 기본 문자를 서로 합쳐서 씁니다.

핵심 4 한글을 소중히 여기는 마음 지니기

- 한글을 사랑하는 마음을 생각하며 글을 읽어 봅니다. → 「주시경」을 읽어 봅니다.
- 한글을 위해 주시경이 한 일을 알아봅니다.
  - 한글 연구, 한글 강의, 한글 사전 만들기, 일제에 항거해 『독립신문』을 만든 일, 독립운동
- 한글의 우수한 점을 말해 봅니다.
- 우수한 한글을 소중히 여기는 마음을 담은 ★표어를 만들어 봅니다.

핵심 5 한글을 바르게 사용하기

- 간판에 사용된 말을 살펴봅니다. → 간판에 여러 나라의 문자를 쓰는 까닭은 사람들의 눈에 잘 띄게 하기 위해서입니다.
  - 간판의 글을 한글로 쓰면 우리말에 대한 소중함을 느낄 수 있습니다.
- 말이 어떻게 사용되는지 생각해 봅니다.
- 한글로 물건을 예쁘게 꾸며 봅니다.
  - 한글로 꾸미고 싶은 물건을 정해 봅니다.
  - 한글로 물건을 예쁘게 만들어 봅니다.
- 한글을 바르게 사용하기 위해 할 수 있는 일을 이야기해 봅니다.
  - 한글에 관심을 가집니다.
  - 바르고 정확하게 한글을 사용하려고 노력합니다.
  - 외국어나 외국 문자로 된 말은 우리말로 고쳐 봅니다. → 예 Lovely Flower : 예쁜 꽃집

국어활동

핵심 6 한글을 만든 과정과 한글의 특성을 이해했는지 확인하기

- 세종 대왕이 한글을 만든 까닭을 알아봅니다.
  - 우리말을 한자로 옮기는 것이 어려워서입니다.
  - 백성이 글을 제대로 쓰지 못했기 때문입니다.
  - 글을 몰라 어려움을 겪는 백성이 많았기 때문입니다. → 억울한 일을 당했습니다.
- 『훈민정음해례본』은 한글의 자음자와 모음자를 만든 원리를 자세하게 설명해 놓은 책으로 유네스코가 세계 기록 유산으로 지정하였습니다.
- 한글 자음자와 모음자의 특징을 생각하며 글자로 그림을 그려 봅니다.

옛날 그림 문자 살펴보기

• 울주 대곡리 반구대 암각화

• 아르헨티나 리오 핀투라스 암각화

글자 모양과 관련 있는 발음 기관의 모양

글자 모양	발음 기관
ㄱ	혀뿌리가 목구멍을 막는 모양
ㄴ	혀가 윗잇몸에 닿는 모양
ㅁ	입 모양
ㅅ	이 모양
ㅇ	목구멍의 모양

주시경의 삶 ★연표로 나타내기

1876년	태어남.
1894년	배재학당에 입학함.
1906년	『대한 국어 문법』이라는 책을 펴냄.

낱말 사전

★ **독창적** 다른 것을 모방함이 없이 새로운 것을 처음으로 만들어 내거나 생각해 내는.

★ **표어** 주의, 주장 등을 간결하게 나타낸 짧은 어구.

★ **연표** 역사상 발생한 사건을 연대순으로 배열하여 적은 표.

개념을 확인해요

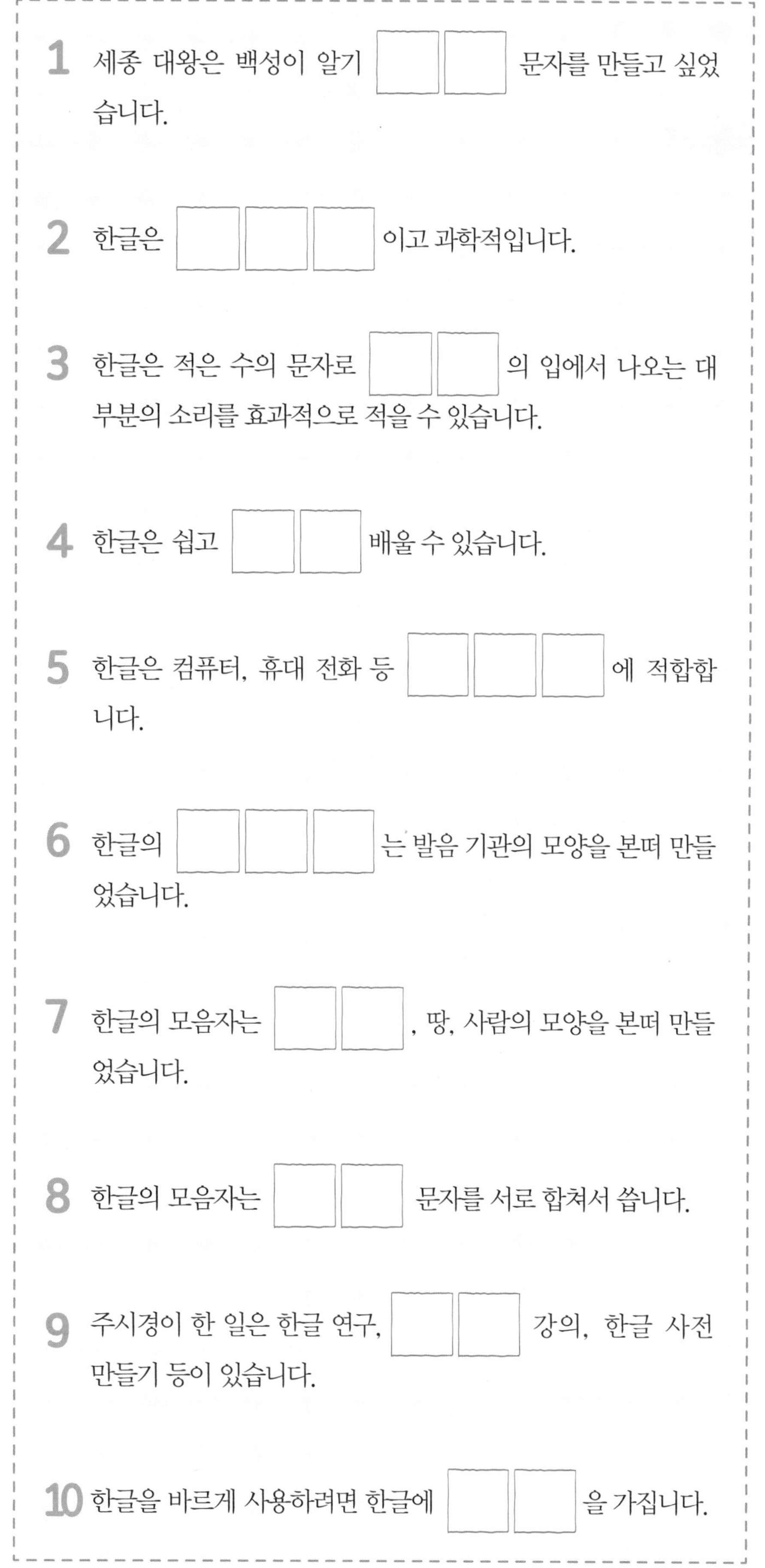

1 세종 대왕은 백성이 알기 [ ][ ] 문자를 만들고 싶었습니다.

2 한글은 [ ][ ][ ]이고 과학적입니다.

3 한글은 적은 수의 문자로 [ ][ ]의 입에서 나오는 대부분의 소리를 효과적으로 적을 수 있습니다.

4 한글은 쉽고 [ ][ ] 배울 수 있습니다.

5 한글은 컴퓨터, 휴대 전화 등 [ ][ ][ ]에 적합합니다.

6 한글의 [ ][ ][ ]는 발음 기관의 모양을 본떠 만들었습니다.

7 한글의 모음자는 [ ][ ], 땅, 사람의 모양을 본떠 만들었습니다.

8 한글의 모음자는 [ ][ ] 문자를 서로 합쳐서 씁니다.

9 주시경이 한 일은 한글 연구, [ ][ ] 강의, 한글 사전 만들기 등이 있습니다.

10 한글을 바르게 사용하려면 한글에 [ ][ ]을 가집니다.

9 단원

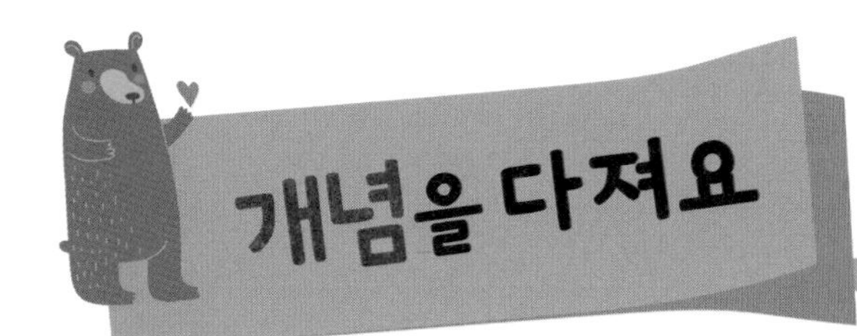

9. 자랑스러운 한글

국어 246~273쪽 국어 활동 84~89쪽

도움말

1. 문자가 발명되기 이전에는 그림으로 정보를 기록했습니다. 같은 그림이라도 보는 사람에 따라 다르게 생각할 수 있기 때문에 이해가 어렵습니다.

2. 한글 모음자의 기본 문자인 'ㆍ, ㅣ, ㅡ'는 무엇의 모양을 본떠 만들었는지 살펴봅니다.

3. 한글은 누구나 쉽게 배울 수 있고, 많은 소리를 자유롭게 표현할 수 있습니다.

핵심 1

1 다음 빈칸에 공통으로 들어갈 낱말은 무엇입니까? (　　　)

- □□을/를 읽을 수 없다면 무척 불편할 것이다.
- □□이/가 없으면 정확하게 기록을 못할 것이다.
- □□(으)로 생각을 표현하면 더 자세히 나타낼 수 있다.

① 그림　② 문자
③ 한자　④ 사진
⑤ 몸짓

핵심 3

2 한글의 모음자의 기본 문자는 무엇을 본떠 만들었습니까? (　　　)

① 한자
② 발음 기관
③ 구름의 모양
④ 무지개의 모양
⑤ 하늘, 땅, 사람의 모양

핵심 3

3 한글의 우수한 점은 무엇입니까? (　　　)

① 컴퓨터에 쓸 수 없다.
② 세계 최초의 글자이다.
③ 과학적이고 독창적이다.
④ 글자마다 다른 소리를 가진다.
⑤ 배우는 데 시간이 오래 걸린다.

핵심 4

4 주시경 선생님이 한글을 연구하고 사람들에게 한글을 가르친 까닭은 무엇이겠습니까? (　　　)

① 한글을 사랑해서
② 한문을 배우고 싶어서
③ 한문은 연구하기 어려워서
④ 한문보다 한글이 어려워서
⑤ 한글에 대한 자료가 많아서

핵심 5

5 다른 나라 문자로 된 간판의 글을 한글로 바꿔 쓰면 좋은 점은 무엇입니까? (　　　)

① 물건이 더 잘 팔린다.
② 한글의 소중함을 느낄 수 있다.
③ 특정한 사람들만 알아볼 수 있다.
④ 한글이 만들어진 과정을 알 수 있다.
⑤ 신기한 느낌이나 새로움을 줄 수 있다.

핵심 6

6 한글의 자음자와 모음자를 만든 원리를 자세하게 설명해 놓은 책은 무엇인지 찾아 ○표를 하시오.

(1)『천자문』 (　　　)
(2)『훈민정음해례본』 (　　　)
(3)『대한 국어 문법』 (　　　)

도움말

4. 주시경 선생님의 한글을 사랑하는 마음을 느끼며 전기문을 읽어 봅니다.

5. 다른 나라 글자로 된 간판을 보면 무엇을 파는 가게인지 모를 때가 있습니다.

6. 글이 만들어진 원리를 알 수 있게 해 주고, 유네스코가 세계 기록유산으로 지정한 소중한 우리 문화유산입니다.

1 다음 사진은 문자가 없었을 때에 자신의 생각을 어떻게 표현한 것입니까? (   )

① 전달하고 싶은 문자를 글로 썼다.
② 생각한 것을 큰 바위에 새겨 놓았다.
③ 기억하고 싶은 말을 그림으로 그렸다.
④ 여러 가지 물감으로 찍어 표현하였다.
⑤ 자신이 본 모습을 한자로 새겨 놓았다.

응용

2 다음 그림 문자의 뜻은 무엇입니까? (   )

이집트	수메르	중국

① 양 ② 물 ③ 사람
④ 태양 ⑤ 하늘

서술형

3 문자가 필요한 까닭을 이야기하려고 합니다. 철우가 할 수 있는 말을 말풍선 안에 쓰시오.

4~5 다음 그림을 보고, 물음에 답하시오.

4 문자를 모르는 사람들은 어떤 일을 겪었을지 두 가지 고르시오. (,   )

① 말을 할 수 없었다.
② 억울한 일을 당했다.
③ 책을 읽을 수 없었다.
④ 다른 마을에 갈 수 없었다.
⑤ 문자를 배우느라 농사를 지을 수 없었다.

중요

5 세종 대왕이 했던 고민은 무엇이겠습니까? (   )

① 백성이 알기 쉬운 문자를 만들고 싶다.
② 백성에게 글을 배울 시간을 주고 싶다.
③ 백성이 겪은 모든 일에 대해 알고 싶다.
④ 백성에게 한자를 빨리 익히게 하고 싶다.
⑤ 백성에게 자신이 쓴 글을 읽어 주고 싶다.

6~7 다음 글을 읽고, 물음에 답하시오.

세종은 대낮에도 깜깜한 어둠 속에 있는 것 같은 날들이 하루하루 늘어 갔지만, 식사를 하거나 휴식을 취할 때조차 늘 문자를 생각했습니다.

"글은 말과 같아야 한다. 글로는 '天(천)'이라고 하고, 말로는 '하늘'이라고 하면 안 된다. 쉽고 단순한 문자이지만, 그 안에 담긴 의미는 세상 어떤 것보다 깊어야 한다. 이 우주 만물에는 하늘과 땅이 있고 그 가운데 사람이 있다. 이 원리를 바탕으로 문자를 만들면 어떨까? 또 사람이 말소리를 내는 기관을 본떠 문자를 만드는 것도 좋을 것이다."

오랜 시간을 묵묵히 연구한 끝에 세종은 '훈민정음' 28자를 완성했습니다.

그 뒤, 훈민정음은 백성들 사이에 퍼져 나갔습니다. 이제는 글을 읽지 못해 억울한 일을 당하는 사람이 줄었습니다. 한자를 배울 기회조차 적었던 여자들도 훈민정음을 익혀 책을 읽거나 편지를 썼습니다. 훈민정음은 그야말로 세종이 백성들에게 준 가장 큰 선물이었습니다.

「훈민정음의 탄생」, 이은서

6 세종은 훈민정음을 만들기 위해 어떤 노력을 했습니까? (　　　)

① 여러 신하들의 지원을 받았다.
② 중국의 문법을 그대로 받아들였다.
③ 한자를 만든 사람의 도움을 받았다.
④ 각 마을마다 글자를 만드는 기관을 두었다.
⑤ 소리를 내는 기관과 우주의 이치를 연구했다.

서술형

7 훈민정음이 세종이 백성들에게 준 가장 큰 선물인 까닭은 무엇인지 쓰시오.

____

____

8~10 다음 글을 읽고, 물음에 답하시오.

재러드 다이아몬드라는 학자는 한글은 독창성이 있고 과학적인 문자라고 칭찬하면서 한국인의 문맹률이 낮은 것은 바로 한글 덕분이라고 말하였다. 또 노벨 문학상을 받은 유명한 작가 펄 벅은 한글은 익히기 쉬운 훌륭한 문자이며, 한글을 창제한 세종 대왕은 '한국의 레오나르도 다빈치'라며 칭찬을 아끼지 않았다.

그렇다면 구체적으로 어떤 점에서 한글이 우수한 문자 체계라고 말할 수 있는 것일까?

첫째, 한글은 그 제자 원리가 독창적이고 과학적인 문자이다. 한글 모음자의 경우 하늘, 땅, 사람을 본떠 각각 'ㆍ', 'ㅡ', 'ㅣ'의 기본 문자를 먼저 만들고, 이 기본 문자를 합쳐 'ㆍㅡ', 'ㅣㆍ', 'ㅡㆍ', 'ㆍㅣ'와 같은 나머지 모음자를 만들었다.

한글 자음자의 경우 발음 기관의 모양을 본떠 'ㄱ, ㄴ, ㅁ, ㅅ, ㅇ'의 기본 문자를 만들고, 이 기본 문자에 획을 더하거나 같은 문자를 하나 더 써서 'ㅋ, ㄲ'과 같은 자음자를 만들었다.

「한글이 위대한 이유」, 박영순

8 펄 벅이 한글에 대해 칭찬한 내용은 무엇입니까? (　　　)

① 과학적인 문자이다.
② 독창적인 문자이다.
③ 모양이 아름다운 문자이다.
④ 익히기 쉬운 훌륭한 문자이다.
⑤ 전 세계인이 사용하는 문자이다.

9 한글의 자음자의 기본 문자는 무엇의 모양을 본떠 만들었습니까? (　　　)

① 땅　② 나무　③ 사람
④ 하늘　⑤ 발음 기관

10 한글 자음자의 기본 문자가 아닌 것은 무엇입니까? (　　　)

① ㄱ　② ㄴ　③ ㄷ　④ ㅁ　⑤ ㅅ

9 단원

11~13 다음 글을 읽고, 물음에 답하시오.

한글은 컴퓨터, 휴대 전화 등 기계화에 적합한 문자이다. 오늘날과 같은 정보 통신 시대에 사용하기 좋은 '디지털 문자'로서 탁월하다. 휴대 전화로 문자를 보낼 때에 한글로는 5초면 되는 문장을 중국어나 일본어로는 35초가 걸린다는 연구가 있다. 휴대 전화의 한글 자판은 한글의 자음자와 모음자의 획을 더하는 원리에 기초하여 설계되었다. 그렇기 때문에 누구나 쉽고 빠르게 글자를 입력할 수 있다.

로버트 램지 교수는 "한글은 소리와 문자가 서로 체계적 연관성을 지닌 과학적인 문자"라면서 "한글 창제는 그 어느 문자에서도 찾아볼 수 없는 위대한 성취"라고 하였다. 한글의 우수성은 널리 외국에도 알려졌고, 한글을 배우고자 하는 외국인의 수도 늘어나고 있다.

11 이 글에서 알 수 있는 한글의 우수성은 무엇입니까? (　　　)

① 그림과 비슷하다.
② 기계화에 적합하다.
③ 쉽고 빨리 배울 수 있다.
④ 제자 원리가 과학적이다.
⑤ 대부분의 소리를 적을 수 있다.

서술형

12 한글이 문제 11번의 답과 같은 우수성을 가진 까닭은 무엇인지 쓰시오.

13 로버트 램지 교수는 한글에 대해 어떤 칭찬을 하였습니까? (　　　)

① 쉬운 문자이다.
② 편리한 문자이다.
③ 과학적인 문자이다.
④ 자유로운 문자이다.
⑤ 아름다운 문자이다.

14~15 다음 글을 읽고, 물음에 답하시오.

주시경은 그전에도 한문 글귀를 못 알아들은 적이 몇 번 있었어요. 그때마다 공부를 열심히 안 한 스스로를 탓했지요. 그런데 오늘은 도무지 잘못했다는 마음이 들지 않았어요.

공부를 마치고 집으로 가는 동안 주시경은 골똘히 생각에 잠겼어요.

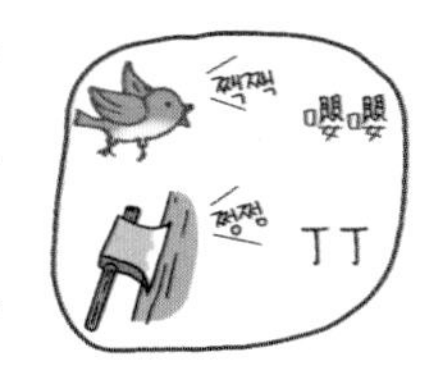

'나무 찍는 소리 쩡쩡은 쩡이라 읽는 한자가 없어 정을 쓰고, 새 울음소리 짹짹도 짹이라 읽는 한자가 없어 새가 운다는 뜻의 한자 앵을 쓴 거야. '쩡쩡'과 '짹짹'이라 쓰면 훨씬 알아듣기 쉽고 본디 소리에도 가까운데 말이야.'

주시경은 답답한 마음에 철퍼덕 주저앉았어요. 그러고는 몇 해 전 배운 한글을 흙바닥에 끼적였어요. 십 년을 넘게 배워도 아직 다 깨치지 못한 한문과 달리 한글은 며칠 만에 읽고 쓸 수 있었어요.

「주시경」, 이은정

14 이 글에서 알 수 있는 것은 무엇입니까? (　　　)

① 주시경이 독립운동을 한 까닭
② 주시경이 일제에 항거해 한 일
③ 주시경이 만든 한글 사전의 내용
④ 주시경이 한글 보급을 위해 한 일
⑤ 주시경이 한글에 관심을 가지게 된 까닭

주의

15 한문과 비교하여 한글은 어떤 특성을 가지고 있는지 두 가지 고르시오. (　　,　　)

① 글자의 모양이 아름답다.
② 배워야 할 글자 수가 많다.
③ 쉽고 빠르게 배울 수 있다.
④ 한 글자가 여러 가지 소리를 낸다.
⑤ 많은 소리를 글자로 표현할 수 있다.

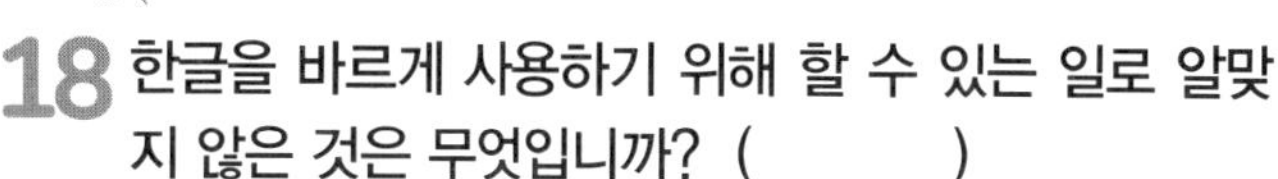

16~17 다음 글을 읽고, 물음에 답하시오.

당시 우리나라에는 사람들이 두루 볼 만한 우리말 문법책이 없었어요. 많은 사람이 한문만을 글로 여기고 우리글에는 관심을 가지지 않았기 때문이지요. 주시경은 사람들이 쉽게 알아볼 수 있는 우리말 문법책을 만들기로 마음먹었어요. 도움이 될 만한 자료가 있다는 얘기를 들으면 먼 길도 마다하지 않고 찾아갔어요. 빌려 봐야 하는 자료는 일일이 베껴서 모았지요.

1906년 주시경은 『대한 국어 문법』이라는 책을 펴냈어요. 이 책에는 한글과 우리말을 바르게 사용하기 위한 규칙인 문법이 실려 있었어요. 그 후로 주시경은 사람들에게 한글을 연구하는 학자로 널리 알려졌어요. 여기저기에서 한글을 가르쳐 달라고 주시경에게 부탁을 해 왔어요. 이 무렵은 다른 나라들이 서로 우리나라를 차지하려고 다투던 시기였어요. 우리나라는 힘이 없었지요. 주시경은 이런 어려운 때일수록 우리글이 힘이 될 거라고 생각하며 한글을 가르쳐 달라는 곳이 있으면 어디든지 달려갔어요. 주시경은 한글을 가르치며 늘 우리글을 아끼고 사랑하는 것이 나라를 사랑하는 길이라는 것을 강조했어요.

16 이 글에는 한글에 대한 주시경의 어떤 마음이 나타나 있습니까? (　　　)

① 탓하는 마음　② 아쉬운 마음
③ 사랑하는 마음　④ 원망하는 마음
⑤ 불만스러운 마음

서술형

17 주시경이 우리말 문법책을 만든 까닭은 무엇인지 쓰시오.

____

____

중요

18 한글을 바르게 사용하기 위해 할 수 있는 일로 알맞지 않은 것은 무엇입니까? (　　　)

① 한글에 관심을 가진다.
② 한자로 된 말을 한글로 표현한다.
③ 한글을 어려운 말로 바꾸어 본다.
④ 바르고 정확하게 한글을 사용한다.
⑤ 외국어로 된 말은 우리말로 고쳐 써 본다.

국어활동

19~20 다음 글을 읽고, 물음에 답하시오.

『　　　　』은/는 한글의 자음자와 모음자를 만든 원리를 자세하게 설명해 놓은 책입니다. 이 책은 1940년에야 뒤늦게 발견했기 때문에 그 전까지는 한글학자들도 한글을 만든 원리를 추측할 수 밖에 없었습니다. 『　　　　』은/는 유네스코가 세계 기록 유산으로 지정한 소중한 우리 문화유산입니다.

19 [　　] 안에 들어갈 말은 무엇입니까? (　　　)

① 훈민정음　② 독립신문
③ 용비어천가　④ 훈민정음해례본
⑤ 대한 국어 문법

20 이 글에서 설명하는 책의 특징으로 알맞은 것을 두 가지 고르시오. (　　,　　)

① 중국의 문화 유산이다.
② 외국인의 한글 학습을 돕던 자료이다.
③ 세종 대왕이 한글을 만들 때 참고하였다.
④ 유네스코가 세계 기록 유산으로 지정하였다.
⑤ 한글의 자음자와 모음자를 만든 원리를 알 수 있다.

9 단원

2회 단원 평가

9. 자랑스러운 한글

국어 246~273쪽 국어 활동 84~89쪽

서술형

1 문자가 없었을 때에는 자신의 생각을 어떻게 기록했을지 다음 사진을 참고하여 쓰시오.

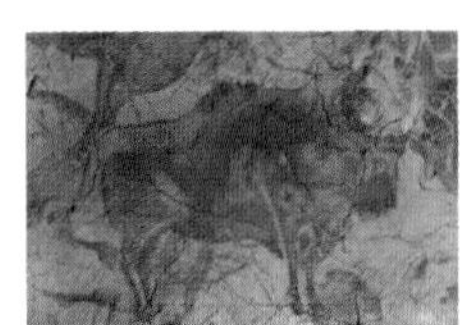

2 그림 문자로 할 말을 표현할 때의 불편한 점을 말한 것으로 알맞지 않은 것의 기호를 쓰시오.

㉮ 그리는 데 오래 걸렸습니다.
㉯ 모습이 간단하고 보기 쉬웠습니다.
㉰ 사람마다 다르게 표현해서 이해하기 어려웠습니다.
㉱ 어떤 그림으로 표현할지 생각하는 것이 힘들었습니다.

( )

서술형

3 다음은 '물'을 나타내는 그림 문자입니다. 지역마다 모양이 다른 까닭은 무엇일지 쓰시오.

수메르	이집트	중국

4~5 다음 그림을 보고, 물음에 답하시오.

조선 시대.

백성은 나라의 근본이요, 근본이 튼튼해야만 나라가 평안하다고 여겼던 세종 대왕. 억울한 사람이 없고 태평한 세상, 이것이 바로 세종 대왕이 꿈꾸던 조선이었다.

그러던 어느 날…….

4 한글이 없던 시절에는 사람들이 어떤 문자를 썼는지 쓰시오.

( )

5 만화의 내용으로 보아, 문자를 모르는 사람들은 어떤 어려움을 겪었겠습니까? ( )

① 그림도 보기 힘들었다.
② 그림 문자를 만들 수 없었다.
③ 안내문이 붙어도 읽지 못했다.
④ 말을 듣고 이해하기 어려웠다.
⑤ 자신의 생각을 표현할 수 없었다.

6~7 다음 글을 읽고, 물음에 답하시오.

(가) 신하들은 세종이 새 문자를 만들고 있는 줄은 꿈에도 생각하지 못했습니다. 세종은 평소에도 워낙 많은 책을 읽는 터라 누구의 의심도 받지 않았습니다.

세종 또한 새 문자를 만드는 일을 철저히 비밀에 부쳤습니다. 신하들 중에는 중국의 문자인 한자를 쓰는 데 자부심을 느끼는 이가 많아 그들이 새 문자를 만들고 있다는 사실을 알았다가는 벌 떼처럼 들고일어날 게 뻔했기 때문입니다.

(나) 오랜 시간을 묵묵히 연구한 끝에 세종은 '훈민정음' 28자를 완성했습니다.

그 뒤, 훈민정음은 백성들 사이에 퍼져 나갔습니다. 이제는 글을 읽지 못해 억울한 일을 당하는 사람이 줄었습니다. 한자를 배울 기회조차 적었던 여자들도 훈민정음을 익혀 책을 읽거나 편지를 썼습니다. 훈민정음은 그야말로 세종이 백성들에게 준 가장 큰 선물이었습니다.

6 세종이 새로운 문자를 만드는 일을 비밀로 한 까닭은 무엇입니까? (　　　)

① 신하들이 반대할 것을 염려해서
② 사람들을 놀라게 해 주기 위해서
③ 백성이 찬성하지 않을 것이 뻔해서
④ 혼자서 새로운 문자를 사용하기 위해서
⑤ 신하들이 만든 문자를 이미 쓰고 있어서

7 훈민정음을 익힌 백성의 삶은 어떻게 달라졌습니까? (　　　)

① 한자를 배우는 사람이 늘어났다.
② 편지를 쓰는 여자들이 줄어들었다.
③ 한글로 책을 읽는 사람이 줄어들었다.
④ 억울한 일을 당하는 사람이 줄어들었다.
⑤ 책을 쓰거나 그림을 그리는 사람이 늘어났다.

8~10 다음 글을 읽고, 물음에 답하시오.

한글은 그 제자 원리가 독창적이고 과학적인 문자이다. 한글 모음자의 경우, 하늘, 땅, 사람을 본떠 각각 '·', 'ㅡ', 'ㅣ'의 기본 문자를 먼저 만들고, 이 기본 문자를 합쳐 'ㅗ', 'ㅏ', 'ㅜ', 'ㅓ'와 같은 나머지 모음자를 만들었다.

한글 자음자의 경우 발음 기관의 모양을 본떠 'ㄱ, ㄴ, ㅁ, ㅅ, ㅇ'의 기본 문자를 만들고, 이 기본 문자에 획을 더하거나 같은 문자를 하나 더 써서 'ㅋ, ㄲ'과 같은 자음자를 만들었다.

8 다음 한글의 모음자는 어떤 모양을 본떠 만들었는지 선으로 이으시오.

(1) · •　　　　• ㉠ 땅
(2) ㅡ •　　　　• ㉡ 사람
(3) ㅣ •　　　　• ㉢ 하늘

9 자음자 'ㄲ'을 만든 원리는 무엇입니까? (　　　)

① 기본 문자를 위로 합쳤다.
② 같은 문자를 하나 더 썼다.
③ 기본 문자에 획을 더하였다.
④ 기본 문자를 아래로 합쳤다.
⑤ 발음 기관의 모양을 똑같이 본떴다.

10 오른쪽 문자의 형태와 관련 있는 발음 기관의 모양을 찾아 ○표를 하시오.

(1) 목구멍의 모양 (　　　)
(2) 이 모양, 입 모양 (　　　)
(3) 혀가 윗잇몸에 닿는 모양 (　　　)

9 단원

11~12 다음 글을 읽고, 물음에 답하시오.

한글은 일정한 원리에 따라 만들어졌기 때문에, 기본이 되는 자음자 다섯 개, 모음자 세 개만 익히면 다른 문자도 쉽게 익힐 수 있어 문자를 배우는 데 드는 시간이 놀랄 만큼 절약된다.

예를 들어 한글의 자음자는 'ㄱ, ㄴ, ㅁ, ㅅ, ㅇ' 등과 같이 기본 문자를 바탕으로 새로운 문자를 만들어 그것들이 서로 연관 있는 소리임을 미루어 짐작할 수 있다. 기본 자음자에 획을 더 그으면 거센소릿자가 되고 겹쳐 쓰면 된소릿자가 된다. 한글의 모음자는 소리의 변화가 없이 한 문자가 한 소리만 나타낸다. 한글의 '아'는 언제나 [아]로만 발음되지만, 영어의 'a'는 낱말에 따라 여러 가지로 발음되기 때문에 영어는 발음법을 배우는 데 상당한 노력을 기울여야 한다. 이렇게 한글이 배우기 쉽고 과학적인 까닭에 세계 언어학자들은 한글을 '알파벳의 꿈'이라고 표현한다.

11 한글의 어떤 특성에 대한 내용입니까? (　　　　)

① 발음 기관을 본떠 만든 문자이다.
② 많은 소리를 적을 수 있는 문자이다.
③ 휴대 전화에서 쓸 수 있는 문자이다.
④ 한글은 쉽고 빨리 배울 수 있는 문자이다.
⑤ 컴퓨터 등과 같은 기계화에 적합한 문자이다.

12 세계의 언어학자들이 한글을 '알파벳의 꿈'이라고 표현하는 까닭을 두 가지 고르시오. (　　,　　)

① 과학적이어서
② 배우기 쉬워서
③ 날마다 새로운 글자가 생겨나서
④ 글자를 익히는 사람이 늘어나서
⑤ 모음의 위치에 따라 다양하게 발음되어서

13~15 다음 글을 읽고, 물음에 답하시오.

(가) 1876년 12월 22일 황해도 봉산에서 태어난 주시경은 과거 시험을 잘 보기 위해서 하루도 공부를 게을리하지 않았어요.

(나) 1894년 열아홉 살이 된 주시경은 배재학당에 입학해 지리, 수학, 영어 등 여러 가지를 공부하며 한글 연구에 필요한 지식을 다져 나갔어요. 주시경은 집안 형편이 어려워 수업이 끝나면 인쇄소에서 일하며 생활에 필요한 돈을 마련해야 했지요. 집에 돌아오면 몹시 피곤했지만 주시경은 한글을 연구했어요.

(다) 1906년 주시경은 『대한 국어 문법』이라는 책을 펴냈어요. 이 책에는 한글과 우리말을 바르게 사용하기 위한 규칙인 문법이 실려 있었어요. 그 후로 주시경은 사람들에게 한글을 연구하는 학자로 널리 알려졌어요.

13 주시경은 무엇이 실린 책을 펴냈는지 글 (다)에서 찾아 쓰시오.

• 한글과 (　　　　　　)을 바르게 사용하기 위한 규칙인 문법

14 주시경의 생애에서 중요한 일은 무엇입니까? (　　　)

① 한글 연구　　② 장원 급제
③ 학교 입학　　④ 학비 마련
⑤ 수학 공부

15 주시경의 삶을 연표로 나타내시오.

1876년	태어남.
(1)	배재학당에 입학함.
1906년	『(2)　　　　　』(이)라는 책을 펴냄.

16~17 다음 글을 읽고, 물음에 답하시오.

주시경은 이런 어려운 때일수록 우리글이 힘이 될 거라고 생각하며 한글을 가르쳐 달라는 곳이 있으면 어디든지 달려갔어요. 주시경은 한글을 가르치며 늘 우리글을 아끼고 사랑하는 것이 나라를 사랑하는 길이라는 것을 강조했어요.

"주 보따리 오신다!"

학교에 들어설 때마다 학생들이 주시경을 알아보고 소리쳤어요. 주시경은 늘 두루마기를 차려입고 옆구리에 커다란 보따리를 들고 다녔어요. 그래서 '주 보따리'라는 별명이 붙었지요.

그 안에는 학생들을 가르칠 책과 여러 자료가 있었어요. 주시경은 우리글을 연구하는 일 못지않게 우리글을 가르치는 일도 중요하다고 생각했어요. 주시경은 한글을 가르치기 위해 보따리를 들고 이곳저곳을 찾아다녔어요.

16 주시경이 생각한 나라를 사랑하는 방법은 무엇입니까? (　　　)

① 배고픈 사람이 없게 하는 것
② 우리글을 아끼고 사랑하는 것
③ 과학이 발달한 나라를 만드는 것
④ 모든 사람에게 책을 나눠 주는 것
⑤ 경제적으로 부유한 나라를 만드는 것

17 주시경이 여러 곳을 찾아다니며 한글을 가르친 까닭은 무엇입니까? (　　　)

① 한글을 많은 사람이 쓰게 하기 위해서
② 외국인에게 우리나라를 알리기 위해서
③ 한글을 어렵게 여기는 학생이 많아져서
④ 한글을 세계인이 쓰는 언어로 만들기 위해서
⑤ 많은 사람들이 한글보다 영어나 한문이 중요하다고 생각해서

서술형

18 다음 간판을 한글로 바꾸어 쓰시오.

名品 의류 ➡ (　　　　)

19~20 다음 그림을 보고, 물음에 답하시오.

19 친구들이 궁금해하는 것은 무엇입니까? (　　　)

① 한글의 쓰임
② 한글을 만든 원리
③ 세종 대왕의 업적
④ 세종 대왕의 탄생과 죽음
⑤ 세종 대왕이 한글을 만든 까닭

20 친구들이 찾은 자료에 실려 있을 내용으로 알맞은 것에 모두 ○표를 하시오.

(1) 백성들이 한자를 잘 사용하였다. (　　　)
(2) 우리말을 한자로 옮기는 것이 어려워서이다. (　　　)
(3) 글을 몰라 어려움을 겪는 백성들이 많았기 때문이다. (　　　)

9 단원

창의서술형 평가

9. 자랑스러운 한글

국어 246~273쪽 국어 활동 84~89쪽

1~3

첫째, 한글은 그 제자 원리가 독창적이고 과학적인 문자이다. 한글 모음자의 경우, 하늘, 땅, 사람을 본떠 각각 '·', 'ㅡ', 'ㅣ'의 기본 문자를 먼저 만들고, 이 기본 문자를 합쳐 'ㅗ', 'ㅏ', 'ㅜ', 'ㅓ'와 같은 나머지 모음자를 만들었다.

한글 자음자의 경우 발음 기관의 모양을 본떠 'ㄱ, ㄴ, ㅁ, ㅅ, ㅇ'의 기본 문자를 만들고, 이 기본 문자에 획을 더하거나 같은 문자를 하나 더 써서 'ㅋ, ㄲ'과 같은 자음자를 만들었다.

둘째, 한글은 적은 수의 문자로 많은 소리를 적을 수 있는 음소 문자이다. 한글은 자음자와 모음자 스물넉 자의 문자로 많은 음절을 적을 수 있다. 한글은 사람의 입에서 나오는 대부분의 소리를 효과적으로 적을 수 있는 문자이다.

셋째, 한글은 쉽고 빨리 배울 수 있는 문자이다. 영어 알파벳이 스물여섯 자이지만, 소문자, 대문자, 인쇄체, 필기체를 알아야 하니 100개가 넘고, 현재 중국어에서 사용하는 문자는 약 3500자이며, 일본의 가나 문자 역시 모든 문자를 따로 익혀야 한다. 반면에 한글은 일정한 원리에 따라 만들어졌기 때문에, 기본이 되는 자음자 다섯 개, 모음자 세 개만 익히면 다른 문자도 쉽게 익힐 수 있어 문자를 배우는 데 드는 시간이 놀랄 만큼 절약된다.

도움말

한글에 대해 쓴 글을 읽고 한글의 우수성을 알리는 광고를 만들어 봅니다.

1 한글의 우수한 점이 무엇이라고 생각하는지 쓰시오.

1 한글이 다른 문자에 비해 어떤 점이 좋은지 살펴봅니다.

2 한글의 어떤 우수한 점을 알리고 싶은지 쓰시오.

2 글에 나온 한글의 우수성을 생각해 보고, 자신이 알리고 싶은 한글의 우수한 점을 써야 합니다.

3 한글의 우수성을 알리는 광고 문구를 쓰시오.

3 광고 문구는 알리고 싶은 내용을 인상적이고 분명하게 전달해야 합니다.

4 외국인 친구에게 자랑할 한글의 우수한 점을 정리해 쓰시오.

5 우수한 한글을 소중히 여기는 마음을 담아 표어를 만들어 쓰시오.

6 다음 물건을 한글로 예쁘게 꾸며 보고, 한글을 바르게 사용하기 위해 할 수 있는 일을 쓰시오.

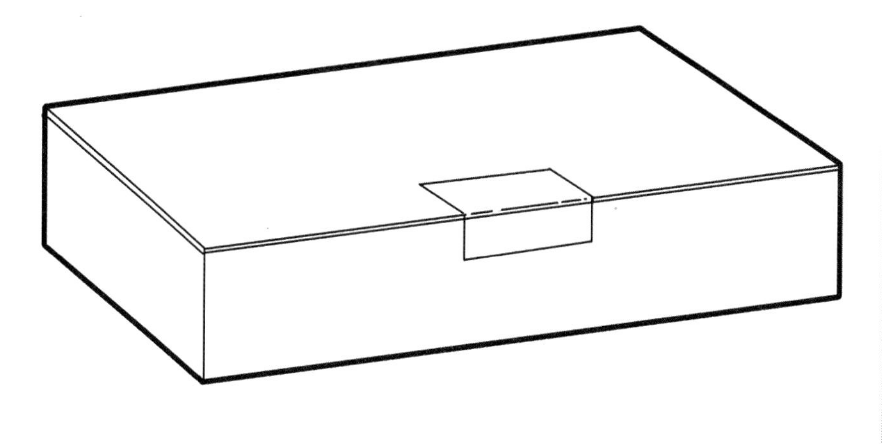

도움말

한글에 대해 쓴 글을 읽고 한글에 대해 설명하는 글과 표어를 써 봅니다.

4 한글의 특성, 한글의 우수성에 대해 알려 줍니다.

5 표어는 짧은 문구에 전하고자 하는 말을 담아야 합니다.

6 물건을 한글로 꾸미면서 우리말의 소중함을 느껴 봅니다.

9 단원

10. 인물의 마음을 알아봐요

학습목표

만화를 보고 생각과 느낌을 나타낼 수 있습니다.

국어 274~303쪽 국어 활동 90~95쪽

핵심 1 표정이나 행동으로 인물의 마음 짐작하기 예

상황	마음
운동 경기에서 이겼을 때	날아갈 것 같은 마음
징그러운 벌레를 봤을 때	깜짝 놀라고 무서운 마음
밤이 되어 잠잘 시간이 되었을 때	피곤하고 지친 마음
다른 사람에게 칭찬받을 때	수줍고 부끄러운 마음
친한 친구가 전학 갈 때	외롭고 슬픈 마음

핵심 2 인물의 마음을 짐작하며 만화 읽기

- 인물의 표정이나 행동을 살펴봅니다.
- 말풍선의 내용과 함께 그 모양도 살펴봅니다.
- 인물뿐만 아니라 인물 뒤편 배경이나 배경에 그려진 다양한 효과로도 인물의 마음을 짐작할 수 있습니다. (→기호, 글자 크기, 모양 등)

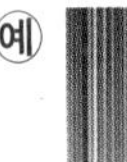

→ 눈썹 모양(표정)과 이마의 땀으로 인물의 마음을 짐작할 수 있습니다.

→글 뿐만 아니라 배경, 인물의 표정과 행동, 말풍선 모양, 글자 크기 따위를 함께 살펴 봅니다.

핵심 3 만화를 읽고 인물의 마음을 표현하기

- 장면을 보고 인물의 마음을 짐작해 봅니다.
- 인물의 마음을 실감 나게 표현하기 위한 방법을 알아봅니다.
  - 표정이나 행동을 조금 과장되게 표현합니다.
  - 그 상황에 어울리는 소리를 내면 좋습니다.
  - 상황에 어울리는 말투와 몸짓으로 표현합니다.
- 인물의 마음을 실감 나게 표현하는 방법을 떠올립니다. →상황에 어울리는 표정, 소리, 말투, 몸짓을 해야 합니다.

핵심 4 인물의 마음을 짐작하며 만화 영화 보기

- 인물의 행동과 말투, 표정을 자세히 보면서 인물의 마음을 짐작합니다.
  - 「밥 묵자」를 보고 인물의 마음 짐작하기 예

장면	인물의 마음
	날아가는 잠자리를 보고 활짝 웃고 있다. 신나고 즐거운 것 같다.
	고추가 너무 매워서 콧물이 났다. 안 매울 줄 알았다가 놀라고 당황했을 것 같다.

핵심 5 재미있었던 일을 만화로 표현하기

- 자신이 겪었던 일 가운데에서 재미있었던 일을 떠올리고 그때의 마음과 기분은 어떠했는지 생각해 봅니다.
- 재미있었던 일의 차례를 정리해 봅니다.
- 인물의 마음을 표현하는 방법을 생각하며 재미있었던 일을 만화로 표현합니다.
  - 마음에 어울리는 표정과 몸짓을 과장되게 표현합니다. (→자신만의 독특한 표현을 생각해 봅니다.)
  - 말풍선에 적당한 말을 넣습니다.
  - 글 자체의 크기나 모양을 바꿀 수 있습니다.
  - 기호나 작은 그림, 주변 상황의 묘사 등을 활용합니다.

국어활동

핵심 6 인물의 마음을 짐작하며 만화 영화를 볼 수 있는지 확인하기

- 인물의 마음을 짐작하며 만화를 읽어 봅니다.
  - 인물의 표정을 보고 마음을 짐작해 봅니다.
  - 인물이 왜 그렇게 말하고 있는지 의도를 알아봅니다.
  - 인물의 표정을 살펴봅니다.
  - 인물이 한 말을 살펴봅니다.

조금 더 알기

인물의 행동에 어울리는 마음

날아갈 것 같은 마음	깜짝 놀라고 무서운 마음	피곤하고 지친 마음

다양한 인물의 표정

「발표하는 게 무서워요」를 보고 인물의 마음 짐작하기 ㉔

긴장한 것 같다. / 걱정하고 있는 것 같다.

낱말 사전

★ **짐작** 사정이나 형편 따위를 어림잡아 헤아림.

★ **과장** 사실보다 지나치게 불려서 나타냄.

★ **의도** 무엇을 하고자 하는 생각이나 계획.

개념을 확인해요

1 인물의 마음을 짐작하려면 인물의 ☐☐이나 행동을 살펴봅니다.

2 인물의 마음을 짐작하며 만화를 읽을 때 말풍선의 내용과 함께 그 ☐☐도 살펴봅니다.

3 만화를 읽을 때 인물의 마음은 만화의 배경 색이나 배경에 그려진 다양한 ☐☐로도 알 수 있습니다.

4 만화를 읽고 인물의 마음을 실감 나게 표현하려면 표정이나 행동을 조금 ☐☐되게 표현합니다.

5 만화를 읽고 상황에 어울리는 ☐☐와 몸짓으로 표현해야 합니다.

6 만화 영화를 보며 인물의 마음을 짐작하려면 인물의 행동, 말투, ☐☐을 자세히 봅니다.

7 재미있었던 일을 떠올려 만화로 표현하려면 그때의 마음과 ☐☐은 어떠했는지 생각해 봅니다.

8 재미있었던 일을 만화로 표현하려면 재미있었던 일의 ☐☐를 정리해 봅니다.

9 만화로 표현할 때에는 ☐☐☐에 적당한 말을 넣습니다.

10 인물의 마음을 짐작하며 만화 영화를 볼 때 인물이 왜 그렇게 말하고 있는지 ☐☐를 알아봅니다.

10 단원

10. 인물의 마음을 알아봐요

국어 274~303쪽 국어 활동 90~95쪽

도움말

1. 만화는 글과 그림으로 표현합니다.

2. 만화를 읽고 표현하고 싶은 장면을 골라 실감 나게 표현해 봅니다.

3. 만화 영화에서 인물의 말뿐만 아니라 표정이나 말투, 몸짓을 잘 보아야 합니다.

핵심 2

1 인물의 마음을 짐작하며 만화를 읽을 때 살펴볼 점이 아닌 것은 어느 것입니까? (   )

① 인물의 행동
② 인물의 표정
③ 말풍선 모양
④ 만화의 배경
⑤ 만화를 그린 장소

핵심 3

2 만화를 읽고 인물의 마음을 실감 나게 표현하기 위한 방법을 두 가지 고르시오. (,   )

① 항상 큰 소리로 표현한다.
② 상황에 어울리는 목소리를 낸다.
③ 표정을 과장되게 표현하지 않는다.
④ 상황에 어울리는 말투로 표현한다.
⑤ 마음속으로만 하고 싶은 말을 한다.

핵심 4

3 만화 영화를 보면서 인물의 마음을 짐작하는 방법으로 알맞은 것에 ○표를 하시오.

(1) 사건의 전개를 바꾸어 본다. (   )
(2) 인물의 행동과 말투, 표정을 자세히 본다. (   )
(3) 인물의 이름이 지어진 까닭을 생각해 본다. (   )

핵심 5

4 재미있었던 일을 만화로 표현하는 차례대로 기호를 쓰시오.

> ㉮ 재미있었던 일의 차례를 정리해 본다.
> ㉯ 자신이 겪었던 재미있었던 일을 떠올린다.
> ㉰ 재미있었던 일을 겪으면서 어떤 기분과 마음이 들었는지 생각해 본다.
> ㉱ 인물의 마음을 표현하는 방법을 생각하며 재미있었던 일을 만화로 표현한다.

㉯ →( )→( )→( )

핵심 5

5 재미있었던 일을 만화로 표현하는 방법으로 알맞지 않은 것은 무엇입니까? ( )

① 말풍선에 적당한 말을 넣는다.
② 기호나 작은 그림 등을 활용한다.
③ 주변 상황을 자세히 글로만 적는다.
④ 글 자체의 크기나 모양을 바꿀 수 있다.
⑤ 마음에 어울리는 몸짓을 과장되게 표현한다.

핵심 6

6 만화 영화를 보고 인물의 마음을 짐작하는 방법으로 알맞은 것에 모두 ○표를 하시오.

(1) 인물의 표정을 살펴본다. ( )
(2) 인물이 한 말을 살펴본다. ( )
(3) 사건의 전개를 자연스럽게 꾸민다. ( )
(4) 인물이 왜 그렇게 말하고 있는지 의도를 알아본다. ( )

도움말

4. 자신이 겪었던 일의 차례와 인물의 마음이 잘 드러나게 표현해 봅니다.

5. 만화로 표현할 때 자신이 경험했던 일에 대한 마음이 잘 드러나도록 인물의 표정과 행동, 글자체, 여러 가지 기호 등 만화의 표현 장치들을 활용할 수 있습니다.

6. 사건의 전개에 따라 인물의 마음이 변하고 인물의 표정이나 말투, 행동도 변합니다.

1회 단원 평가 도전

10. 인물의 마음을 알아봐요

국어 274~303쪽 국어 활동 90~95쪽

1~3 다음 그림을 보고, 물음에 답하시오.

(가)

(나)

(다)

(라)

1 그림 (가)에서 인물의 행동은 어떠합니까? ( )

① 하품을 하고 있다.
② 깜짝 놀라고 있다.
③ 수줍게 웃고 있다.
④ 양팔을 높이 들고 있다.
⑤ 무릎을 세우고 울고 있다.

응용

2 다음 상황에 어울리는 그림의 기호를 각각 쓰시오.

(1) 징그러운 벌레를 봤을 때 ( )
(2) 친한 친구가 전학 갈 때 ( )

3 그림 (다)의 여자아이는 어떤 마음이겠습니까? ( )

① 슬픈 마음 ② 지친 마음
③ 외로운 마음 ④ 수줍은 마음
⑤ 무서운 마음

4~5 다음 그림을 보고, 물음에 답하시오.

「발표하는 게 무서워요」, 박현진

4 선생님은 소민이에게 어떤 말씀을 하셨습니까? ( )

① 좀 더 집중하라고 하셨다.
② 책을 보지 않으면 안 된다고 하셨다.
③ 알맞은 목소리로 잘 읽었다고 하셨다.
④ 다음부터는 좀 더 크게 읽으라고 하셨다.
⑤ 표정을 조금 더 자연스럽게 하라고 하셨다.

중요

5 장면 4에서 소민이의 마음은 어떤 것 같습니까? ( )

① 긴장한 것 같다.
② 즐거운 것 같다.
③ 안심하는 것 같다.
④ 기대하는 것 같다.
⑤ 자신감이 넘치는 것 같다.

6~7 다음 그림을 보고, 물음에 답하시오.

「두근두근 탐험대」, 김홍모

6 산에 도착했을 때 장면 ③의 아이는 어떻게 행동했습니까? (　　　)

① 길을 찾아서 기뻐했다.
② 산에서 "야호"를 외쳤다.
③ 목이 말라서 물을 찾았다.
④ 입고 있던 겨울옷을 벗었다.
⑤ 가방에서 옷을 꺼내 입었다.

중요

7 장면 ①에서 아이의 마음을 실감 나게 표현하는 방법은 무엇입니까? (　　　)

① 빙글빙글 돌며 춤을 춘다.
② 기대에 찬 표정을 짓는다.
③ 신기하다는 듯한 표정을 짓는다.
④ 흐느끼며 작은 목소리로 말한다.
⑤ 즐거워하는 듯이 팔짝팔짝 뛴다.

8~10 다음 그림을 보고, 물음에 답하시오.

8 용의 등에 올라탄 아이들이 찾아가게 될 곳은 어디일지 쓰시오.

(　　　　　　　　　　)

9 장면 ②에서 "타자, 타!" 라고 말한 아이의 마음은 어떠하겠습니까? (　　　)

① 무섭다.　② 걱정된다.
③ 흥미롭다.　④ 재미없다.
⑤ 심심하다.

서술형

10 친구들 앞에서 용의 표정과 몸짓을 실감 나게 표현하려면 어떻게 해야 하는지 쓰시오.

10 단원

11~13 다음 그림을 보고, 물음에 답하시오.

11 소년은 잠자리를 잡아서 어떻게 했습니까? (　　　)

① 채집통에 넣어 두었다.
② 나뭇잎 위에 올려놓았다.
③ 실을 매달아 날려 보냈다.
④ 다른 잠자리와 싸움을 붙였다.
⑤ 날개를 손가락 사이에 끼우고 장난을 쳤다.

12 소년의 마음은 어떠하겠습니까? (　　　)

① 당황스럽다.
② 걱정이 된다.
③ 신나고 즐겁다.
④ 매우 염려스럽다.
⑤ 불안하고 겁이 난다.

중요

13 이 만화에서 인물의 마음은 무엇을 보고 알 수 있습니까? (　　　)

① 하는 말　　② 얼굴 표정
③ 글자 크기　　④ 글자 모양
⑤ 목소리 크기

14~15 다음 그림을 보고, 물음에 답하시오.

「밥 묵자」, 민성아

14 이 장면은 어떤 상황입니까? (　　　)

① 소년과 할머니가 밥을 먹고 있다.
② 소년과 할머니가 농사를 짓고 있다.
③ 소년과 할머니가 고추를 따고 있다.
④ 소년과 할머니가 빨래를 하고 있다.
⑤ 소년에게 할머니가 공부를 가르치고 있다.

주의

15 장면 에서 소년의 말을 실감 나게 표현하려면 어떻게 해야 합니까? (　　　)

① 책을 읽듯 딱딱하게 말한다.
② 할머니를 보며 싱글벙글 웃는다.
③ 깜짝 놀란 표정을 하며 당황해한다.
④ 최대한 느리게 숨을 멈추며 기어간다.
⑤ 눈을 깜빡이며 귀여운 표정으로 말한다.

16~17 다음 그림을 보고, 물음에 답하시오.

「놓지 마」, 홍승우

16 여자아이는 엄마에게 왜 놓지 말라고 했겠습니까? (　　　)

① 귀찮아서　　② 즐거워서
③ 겁이 나서　　④ 재미있어서
⑤ 너무 지루해서

17 장면 ❺, ❻에 나타난 여자아이의 마음은 어떠한지 쓰시오.

(　　　　　　　　　　　　　　　　)

18~20 다음 그림을 보고, 물음에 답하시오.

「미리와 준수의 안전 이야기」, 질병관리본부 누리집

18 준수에게 일어난 일은 무엇입니까? (　　　)

① 피가 났다.　　② 배탈이 났다.
③ 병원에 갔다.　　④ 다리를 다쳤다.
⑤ 화상을 입었다.

서술형

19 장면 ❶에서 준수의 모습이 겹쳐 보이니까 어떤 느낌이 드는지 쓰시오.

20 장면 ❷에서 여자아이의 마음과 그렇게 짐작한 까닭을 바르게 말한 것을 찾아 ○표를 하시오.

(1) 입과 눈이 크게 그려져 있어 걱정스러운 마음을 나타낸 것 같아. (　　)

(2) 입을 크게 벌리며 웃는 모습을 보니 약을 가지고 있어서 기쁜가 봐. (　　)

10 단원

2회 단원 평가

10. 인물의 마음을 알아봐요

국어 274~303쪽 국어 활동 90~95쪽

1~4 다음 그림을 보고, 물음에 답하시오.

(가) (나)  (다)  (라)  (마)

1 다음 상황에 어울리는 그림의 기호를 쓰시오.

> 밤이 되어 잠잘 시간이 되었을 때

( )

2 그림 ㈎ 속 인물의 마음으로 알맞지 않은 것은 어느 것입니까? ( )

① 슬픈 마음 ② 기쁜 마음
③ 즐거운 마음 ④ 신나는 마음
⑤ 날아갈 것 같은 마음

3 친한 친구가 전학을 가서 외롭고 슬플 때의 모습으로 알맞은 그림의 기호를 쓰시오.

( )

4 그림 ㈑에 알맞은 상황은 언제입니까? ( )

① 무서운 꿈을 꿨을 때
② 친한 친구와 다퉜을 때
③ 동생이 떼를 쓰며 울 때
④ 다른 사람에게 칭찬받았을 때
⑤ 부모님께 꾸지람을 들었을 때

5~6 다음 그림을 보고, 물음에 답하시오.

5 인물의 마음을 짐작할 수 있는 부분이 아닌 것은 무엇입니까? ( )

① 조그만 눈의 모양
② 인물이 직접 하는 말
③ "콩닥"이라고 적힌 말풍선
④ 배경에 그려진 구부러진 선
⑤ 인물의 이마에 그려진 땀방울

서술형

6 만화 속 인물은 어떤 성격일지 쓰시오.

7~9 다음 그림을 보고, 물음에 답하시오.

7 이 장면에서 일어난 일은 무엇입니까? (   )

① 아이들이 용을 만났다.
② 아이들이 동굴에 갇혔다.
③ 아이들이 산신령을 만났다.
④ 아이들이 낯선 나그네를 만났다.
⑤ 아이들이 길을 찾아 마을로 왔다.

서술형

8 장면 ❶에서 용을 본 아이들의 마음은 어떠할지 쓰시오.

____

9 장면 ❷에서 용의 마음을 실감 나게 표현하는 방법은 무엇입니까? (   )

① 실망스러운 목소리를 낸다.
② 가만히 엎드려 있는 몸짓을 한다.
③ 느린 말투로 똑바로 서서 말한다.
④ 무서운 표정을 지으며 위협하듯 말한다.
⑤ 사람을 보고 반가워하는 표정을 과장되게 흉내 낸다.

10~11 다음 그림을 보고, 물음에 답하시오.

10 이 장면에서 용이 한 일은 무엇입니까? (   )

① 땅속을 기어 다니고 있다.
② 아이들에게 겁을 주고 있다.
③ 하늘로 혼자 올라가고 있다.
④ 아이들을 피해 달아나고 있다.
⑤ 아이들을 등에 태워 가고 있다.

11 이 장면에 대한 설명으로 알맞은 것은 무엇입니까? (   )

① 속도감을 느낄 수 있으며 시원해 보인다.
② 용들이 신기한 광경을 보고 할 말을 잃었다.
③ 용에게 장난을 치고 싶은 하는 아이들의 마음이 느껴진다.
④ 친구들의 반응이 어떨지 용들이 궁금해하는 표정인 것 같다.
⑤ 아이들을 깜짝 놀라게 해 주지 못해 실망하는 용의 마음이 나타나 있다.

12~13 다음 그림을 보고, 물음에 답하시오.

12 소년의 모습으로 알맞은 것은 무엇입니까? (　　　)

① 매우 고추를 맛있게 먹고 있다.
② 벽에 붙어 살금살금 걷고 있다.
③ 너무 매워서 콧물이 나고 있다.
④ 잠자리를 보고 활짝 웃고 있다.
⑤ 발에 무언가를 밟고 멈추어 섰다.

13 이 장면을 역할극으로 꾸밀 때, 소년을 실감 나게 연기한 친구를 찾아 ○표를 하시오.

(1) (　　　)

(2) (　　　)

14~16 다음 그림을 보고, 물음에 답하시오.

14 여자아이와 엄마가 무엇을 하고 있습니까? (　　　)

① 시장에서 물건을 사고 있다.
② 공원에서 자전거를 신나게 타고 있다.
③ 무거운 짐을 자전거에 실어 옮기고 있다.
④ 여자아이가 엄마에게 자전거를 배우고 있다.
⑤ 여자아이가 엄마의 자전거를 끌어 주고 있다.

15 여자아이는 엄마가 손을 놓으면 어떻게 한다고 하였습니까? (　　　)

① 화를 내겠다.
② 앞을 보지 않겠다.
③ 손을 놓고 가겠다.
④ 아줌마라고 부르겠다.
⑤ "엄마!" 하고 부르겠다.

서술형

16 여자아이의 마음은 어떠합니까? 그렇게 생각한 까닭과 함께 쓰시오.

17~18 다음 그림을 보고, 물음에 답하시오.

17 여자아이가 혼자 자전거를 타게 되었을 때 어떤 기분을 느꼈습니까? (　　　)

① 믿었던 엄마에게 배신감이 들었다.
② 의지할 곳이 없어 허전한 기분을 느꼈다.
③ 주변이 어수선하여 어지러운 기분을 느꼈다.
④ 중심을 못 잡고 넘어질까 봐 두려움을 느꼈다.
⑤ 바람을 가르며 몸이 둥실 떠오르는 기분을 느꼈다.

18 장면 ❸, ❹에서 여자아이의 마음을 짐작할 수 있는 표현은 무엇입니까? (　　　)

① 뒤돌아보고 있다.
② 눈물을 흘리고 있다.
③ 엄마를 바라보고 있다.
④ 몸이 부들부들 떨고 있다.
⑤ 눈빛이 편안해지고 웃고 있다.

19~20 다음 그림을 보고, 물음에 답하시오.

19 장면 ❷에서 준수의 어떤 마음을 짐작할 수 있습니까? (　　　)

① 걱정스럽다.
② 정말 행복하다.
③ 몹시 화가 난다.
④ 아프고 힘이 없다.
⑤ 겁이 나고 무섭다.

20 다음은 어떤 장면에 대한 설명인지 알맞은 것에 ○표를 하시오.

• 찡그린 표정과 흐르는 땀으로 짐작할 수 있다.
• 준수에게 문제가 생긴 것 같은 느낌이 든다.

(1)　　　　(2)

(　　　)　　　(　　　)

국어 274~303쪽 국어 활동 90~95쪽

1~3

도움말

만화를 읽고 인물의 마음을 짐작해 봅니다.

1 이 만화의 내용은 무엇인지 간추려 쓰시오.

1 만화에서 누구에게 어떤 일이 일어났는지 살펴봅니다.

2 장면 ③에서 소민이의 마음을 짐작하여 보고 그렇게 짐작한 까닭을 쓰시오.

(1) 소민이의 마음	
(2) 그렇게 짐작한 까닭	

2 만화의 상황을 파악해 보고 소민이의 마음을 나타낸 표현을 잘 살펴봅니다.

3 소민이와 비슷한 경험을 한 적이 있는지 떠올려 쓰시오.

3 인물과 비슷한 경험을 떠올리면 인물의 마음을 더 잘 이해할 수 있습니다.

4 자전거에 대한 자신의 경험을 떠올려 쓰시오.

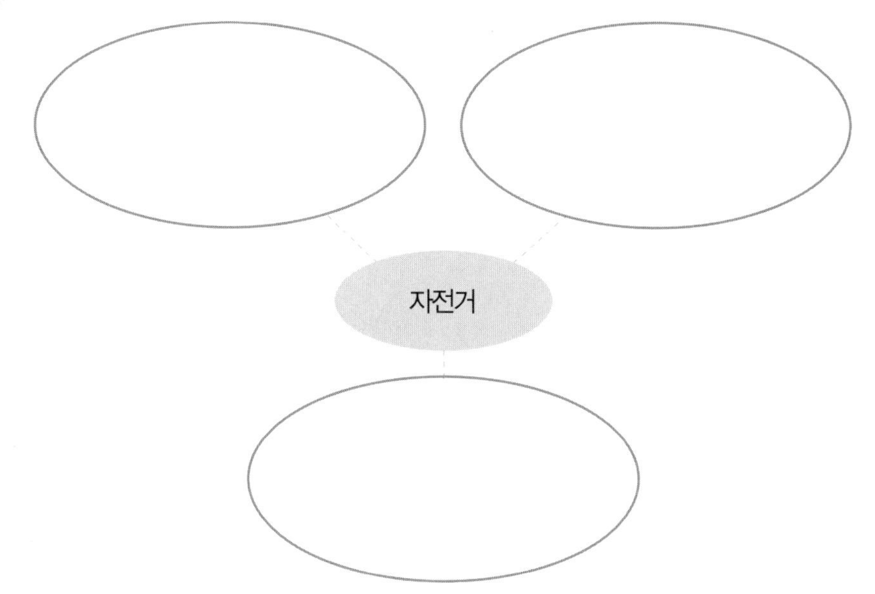

도움말

재미있었던 일 가운데에서 한 가지를 골라서 인물의 마음을 표현하는 방법을 생각하며 만화로 표현해 봅니다.

4 자전거를 타 본 경험을 떠올려 보고, 그때의 마음이 어떠했는지 자유롭게 써 봅니다.

5 자신이 겪었던 일 가운데에서 재미있었던 일을 떠올려 보고 그때의 마음과 기분을 쓰시오.

(1) 재미있었던 일	
(2) 그때의 마음과 기분	

5 만화로 그리고 싶은 재미있었던 일을 떠올려 봅니다.

10 단원

6 재미있었던 일을 이야기의 차례를 정해 쓰시오.

(1)

⬇

(2)

⬇

(3)

6 만화로 표현할 내용을 차례대로 정리해 봅니다.

100점 예상문제

국어 4-1

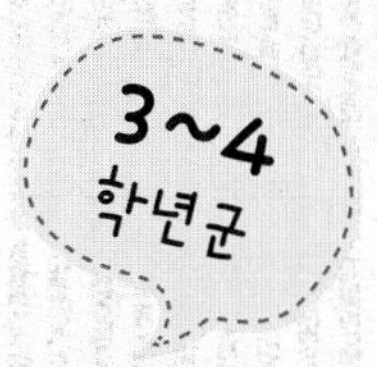

100점 예상문제

1회 1. 생각과 느낌을 나누어요 ~ 5. 내가 만든 이야기

1~2 다음 시를 읽고, 물음에 답하시오.

몰래
겨울을 녹이면서
봄비가 내려와 앉으면

꽃씨는
땅속에 살짝 돌아누우며
눈을 뜹니다.

봄을 기다리는 아이들은
쏘옥
손가락을 집어넣어 봅니다.

꽃씨는 저쪽에서
고개를 빠끔
얄밉게 숨겨 두었던
파란 손을 내밉니다.

1. 생각과 느낌을 나누어요

1 꽃씨가 살짝 돌아누우며 눈을 뜨는 때는 언제입니까? (　　　)

① 봄비가 내려와 앉을 때
② 따스한 바람이 불어올 때
③ 새싹이 파란 손을 내밀 때
④ 새들이 봄이 왔다고 알려줄 때
⑤ 아이들이 땅속에 손가락을 넣을 때

서술형

1. 생각과 느낌을 나누어요

2 이 시에 대한 생각이나 느낌이 다음과 같이 서로 다른 까닭은 무엇일지 쓰시오.

3~5 다음 글을 읽고, 물음에 답하시오.

다음 날 준은 아침 일찍 일어나 사랑채로 건너갔습니다. 어젯밤 늦게까지 제사를 지내 조금 피곤했지만 꾹 참았지요. 할아버지는 모처럼 일찍 사랑채에 건너온 준이 신기한 듯 동그란 눈으로 준을 바라보았습니다. 준은 다른 도령들과 함께 얌전히 꿇어앉아 "사방 백 리 안에 굶어 죽는 사람이 없게 하라."라는 가훈을 크게 썼습니다.

붓글씨를 쓴 뒤에 할아버지는 준과 다른 도령들에게 희한하게 생긴 뒤주를 보여 주었습니다.

"이 뒤주는 가난한 사람들이나 지나가는 나그네가 쌀을 퍼 갈 수 있도록 만든 것이란다."

준은 쌀을 한 줌 꺼내 보았습니다. 할아버지의 훈훈한 마음이 전해지는 것 같았지요. 최 부잣집에는 가난한 사람들을 위해 쌀을 담아 놓은 뒤주가 있었습니다. 쌀 삼천 석 가운데 천 석을 불쌍한 사람들을 돕는 데 썼다고 합니다.

1. 생각과 느낌을 나누어요

3 할아버지가 준과 다른 도령들에게 보여 준 뒤주는 누구누구를 위해 만든 것입니까? (　　,　　)

① 조상　② 양반　③ 하인
④ 나그네　⑤ 가난한 사람

1. 생각과 느낌을 나누어요

4 할아버지가 바라는 삶은 무엇입니까? (　　　)

① 칭찬을 아끼지 않는 삶
② 이웃과 함께 나누는 삶
③ 용기를 갖고 도전하는 삶
④ 재물을 중요하게 생각하는 삶
⑤ 포기하지 않고 참고 견디는 삶

서술형

1. 생각과 느낌을 나누어요

5 "사방 백 리 안에 굶어 죽는 사람이 없게 하라."라는 가훈의 의미에 대하여 쓰시오.

6~8 다음 글을 읽고, 물음에 답하시오.

❶ 동물들이 소리를 내는 방식은 다양합니다. 성대를 이용하여 소리를 내는 동물도 있고 다른 부위를 이용하는 동물도 있습니다.
❷ 개나 닭은 사람과 같이 성대를 울려 소리를 내지만 다양한 소리를 내지는 못합니다. 왜냐하면 성대나 입과 혀의 생김새가 사람과 다르기 때문입니다. 그래서 몇 가지 소리만 낼 수 있습니다. 동물들은 대개 서로를 부르거나 위협하기 위해서 소리를 냅니다.
❸ 매미는 발음근으로 소리를 냅니다. 매미는 수컷만 소리를 낼 수 있고, 암컷은 소리를 내지 못합니다. 매미의 배에 있는 발음막, 발음근, 공기주머니는 매미가 소리를 내게 도와줍니다. 그런데 암컷은 발음근이 발달되어 있지 않고 발음막이 없어서 소리를 낼 수 없답니다. 수컷은 발음근을 당겨서 발음막을 움푹 들어가게 한 다음 '딸깍' 하고 소리를 냅니다.

2. 내용을 간추려요

6 사람은 어떻게 소리를 냅니까? (　　　)

① 공기주머니를 이용한다.
② 성대를 울려 소리를 낸다.
③ 작은 근육들을 진동시킨다.
④ 배에 있는 발음막을 이용한다.
⑤ 발음근을 당겨서 소리를 낸다.

2. 내용을 간추려요

7 개나 닭이 다양한 소리를 내지 못하는 까닭은 무엇인지 쓰시오.

(　　　　　　　　　　　　　　　　　)

2. 내용을 간추려요

8 ❶~❸문단의 중심 문장을 찾아 쓰시오.

❶ 문단	(1)
❷ 문단	(2)
❸ 문단	(3)

9~11 다음 글을 읽고, 물음에 답하시오.

우리가 에너지를 절약하는 방법은 두 가지로 나눌 수 있다. 먼저, 에너지를 불필요하게 사용하지 않는 것이다. 쓰지 않는 꽂개는 반드시 뽑아 놓고, 빈방에 켜 놓은 전깃불은 끈다. 그리고 뜨거운 음식은 식힌 뒤에 냉장고에 넣는다.

다음은, 에너지 사용을 줄이는 것이다. 가전제품은 에너지 효율이 높은 것을 쓰고, 조명 기구는 전기가 적게 드는 제품을 사용한다. 한여름에는 냉방기를 적게 쓰고 겨울에도 난방 기구를 덜 쓰도록 노력해야 한다.

지금까지 에너지 절약 방법을 알아보았다. 에너지 절약은 말로 하는 것이 아니다. 생활 속에서 바로 실천해야 한다.

2. 내용을 간추려요

9 이 글을 쓴 목적은 무엇입니까? (　　　)

① 에너지 사용을 홍보하려고
② 에너지 절약을 주장하려고
③ 에너지에 대하여 설명하려고
④ 새로운 에너지를 알려 주려고
⑤ '에너지'라는 낱말을 풀이하려고

2. 내용을 간추려요

10 글쓴이가 제시한 문제 해결 방안을 한 가지 더 쓰시오.

해결 방안 1	에너지를 불필요하게 사용하지 않는다.
해결 방안 2	

2. 내용을 간추려요

11 글쓴이가 제시한 실천 방법으로 알맞지 <u>않은</u> 것은 무엇입니까? (　　　)

① 빈방에 켜 놓은 전깃불은 끈다.
② 쓰지 않는 꽂개는 뽑아 놓는다.
③ 한여름에는 냉방기를 적게 쓴다.
④ 뜨거운 음식은 냉장고에 바로 넣는다.
⑤ 조명 기구는 전기가 적게 드는 제품을 쓴다.

100점 예상 문제

3. 느낌을 살려 말해요

12 다음 상황 속 인물은 어떤 몸짓을 하며 말해야 합니까? (   )

① 바닥이나 천장만 바라본다.
② 손가락을 계속 만지작거린다.
③ 다리를 떨며 팔을 계속 움직인다.
④ 바르게 서서 듣는 사람을 바라본다.
⑤ 비뚤게 서서 손가락으로 머리를 긁적인다.

3. 느낌을 살려 말해요

13 우승한 사람의 말투를 살펴보고, 고쳐야 할 점은 무엇인지 쓰시오.

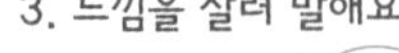

14 오른쪽 그림 속 남자 아이의 표정이나 몸짓이 의미하는 것은 무엇입니까? (   )

① 고맙다.
② 축하한다.
③ 재미있다.
④ 배가 아프다.
⑤ 기분이 좋다.

15~16 다음 광고를 보고 물음에 답하시오.

에너지 · 온실가스 줄이기를 실천합시다

「어느 새, 우리의 이야기」, 한국방송광고진흥공사

3. 느낌을 살려 말해요

15 제시된 장면은 무엇에 대해 이야기하고 있습니까? (   )

① 무한정 공급될 에너지 자원이 필요하다.
② 북극곰은 뛰어난 생존 적응력을 지니고 있다.
③ 북극곰은 북극의 날씨를 이겨낼 만큼 체온 손실이 거의 없다.
④ 북극의 빙하가 녹아서 북극곰이 살아가는 환경이 파괴되고 있다.
⑤ 북극은 겨울이 길고 추우며 여름은 짧고, 일 년 내내 얼음과 눈으로 덮여 있다.

3. 느낌을 살려 말해요

16 이 광고를 보고 할 수 있는 생각으로 알맞은 것을 두 가지 고르시오. (,   )

① 북극곰에게 미안한 마음이 들었고, 환경을 보호해야겠어.
② 이것만 보고 우리가 에너지를 왜 아껴 써야 하는지 알 수 없어.
③ 우리가 살아가려면 에너지는 꼭 필요하기 때문에 줄이기는 힘들어.
④ 동식물들이 사라지는 것은 안타깝지만 모든 것을 보호할 수는 없어.
⑤ 환경을 보호하기 위해 학용품을 아껴 쓰고 가까운 거리는 걸어 다녀야겠어.

17~18 다음 글을 읽고, 물음에 답하시오.

우리는 울릉도에 가서 다시 독도로 가는 배를 탔다. 배는 항구를 떠나 독도로 향했다. 우리는 바다를 바라보며 독도에 대한 이야기를 나누었다. 한참을 지나 드디어 독도에 도착했다. 배에서 내려 독도에 발을 내딛는 순간 이상하게 가슴이 떨렸다. 수많은 괭이갈매기가 우리를 반겨 주었다.

독도에는 괭이갈매기뿐만 아니라 슴새, 바다제비, 같은 텃새도 산다고 한다. 또 멧도요, 물수리, 노랑지빠귀 들은 독도를 휴식처로 삼아 철마다 머물다 간다고 한다. 책에서만 보았던 슴새나 바다제비를 직접 보니 신기하기만 했다.

독도는 화산섬이라서 식물이 잘 자라기 힘든 곳이다. 이러한 자연환경에도 불구하고 번행초, 괭이밥, 쇠비름 같은 풀이 잘 자란다고 한다.

독도에서 동해를 바라보니 가슴이 탁 트이는 것 같았다. 우리나라 동쪽 끝 섬인 독도를 아끼고 독도에 꾸준히 관심을 가져야겠다고 생각했다.

4. 일에 대한 의견

17 다음 글에서 사실과 의견을 구별하여 보고, 사실과 의견의 특성은 보기 에서 찾아 쓰시오.

글	사실/의견	특성
우리는 울릉도에 가서 다시 독도로 가는 배를 탔다.	(1)	(2)
독도에서 동해를 바라보니 가슴이 탁 트이는 것 같았다.	(3)	(4)

보기

한 일　　본 일　　들은 일　　생각이나 느낌

4. 일에 대한 의견

18 독도에 가서 생각한 것은 무엇입니까? (　　　)

① 자연환경을 잘 개발해야겠다.
② 독도의 식물을 잘 가꾸어야겠다.
③ 책에서만 보았던 새를 봐야겠다.
④ 독도에 꾸준히 관심을 가져야겠다.
⑤ 우리나라 동쪽 끝 섬에 가 봐야겠다.

19~20 다음 글을 읽고, 물음에 답하시오.

아버지 제삿날이 돌아왔습니다. 동생이 형을 초대하였습니다. 형은 동생이 큰 부자가 된 것을 보고 그 까닭을 물었습니다. 동생은 사실대로 이야기를 해 주었습니다.

그러자 욕심이 생긴 형은 동생에게 감나무를 빌려 달라고 사정하였습니다. 동생은 형에게 감나무를 빌려주었습니다. 가을이 되자 또 까마귀들이 날아와 감을 먹었습니다. 형도 동생과 같이 말하였습니다. 그리고 형은 아주 큰 자루를 만들었습니다. 까마귀 우두머리는 형도 그 산으로 데려다주었습니다. 형은 무척 기뻤습니다. 자기가 동생보다 더 큰 부자가 될 것이라고 생각했습니다. 형은 큰 자루에 금을 꾹꾹 채워 넣고, 그것도 모자라 옷 속에도, 입속에도, 그리고 귓구멍 속에도 가득 채워 넣었습니다. 까마귀가 말하였습니다.

"다 담았어요? 그러면 제 등에 오르세요. 제가 당신 집까지 데려다줄게요."

까마귀가 날아올랐습니다. 그런데 금 자루가 너무 무거워 형은 까마귀 등에서 떨어지고 말았습니다. 까마귀는 형을 금 산 위에 놓아두고 혼자 날아갔습니다.

5. 내가 만든 이야기

19 금으로 가득한 산에서 형에게 일어난 일은 무엇입니까? (　　　)

① 동생에게 감나무를 빌렸다.
② 금을 가져와 부자가 되었다.
③ 까마귀가 감을 다 먹어 버렸다.
④ 욕심을 너무 많이 부려 금을 가져오지 못했다.
⑤ 감나무가 있는 집 한 채만 동생에게 주고 나머지는 모두 차지했다.

5. 내가 만든 이야기

20 글쓴이가 전하고 싶은 생각은 무엇이겠습니까? (　　　)

① 동물을 사랑하자.
② 어른을 존경하자.
③ 규칙을 잘 지키자.
④ 욕심을 부리지 말자.
⑤ 친구와 사이좋게 지내자.

1~2 다음 글을 읽고, 물음에 답하시오.

사회자: 다른 의견 없습니까? 그러면 지금까지 나온 의견에서 실천 내용을 정해도 되겠습니까?
회의 참여자들: 네, 좋습니다.
사회자: 먼저, "안전 게시판을 만들자."를 실천 내용으로 정하는 것에 찬성하시는 분은 손을 들어 주십시오. 참석 인원의 반 이상이 찬성하면 채택하겠습니다.
27명 가운데 21명이 찬성했습니다.
다음, "안전 지킴이 활동을 하자."를 실천 내용으로 정하는 것에 찬성하시는 분은 손을 들어 주십시오.
27명 가운데에서 9명이 찬성했으므로 실천 내용으로 채택하지 않겠습니다.
마지막으로, "안전한 생활을 위한 벌점 제도를 만들자."를 실천 내용으로 정하는 것에 찬성하시는 분은 손을 들어 주십시오.
27명 가운데에서 12명이 찬성했습니다.
기록자: (칠판이나 회의록에 내용을 기록한다.)

6. 회의를 해요

1 회의 절차 가운데 무엇을 하는 것입니까? (　　　)

① 회의의 시작을 알린다.
② 결정된 의견을 발표한다.
③ 회의에 임하는 마음을 가다듬는다.
④ 선정된 주제에 맞는 의견을 제시한다.
⑤ 찬성과 반대 의견을 헤아려 다수결로 결정한다.

6. 회의를 해요

2 가장 많은 수가 찬성한 실천 내용을 쓰시오.

(　　　　　　　　　　　　　　　　)

6. 회의를 해요

3 사회자의 역할로 알맞은 것은 무엇입니까? (　　　)

① 의견을 결정한다.
② 회의 절차를 안내한다.
③ 회의 내용을 기록한다.
④ 주제에 대해 의견을 발표한다.
⑤ 회의가 열린 날짜를 기록한다.

4~5 다음 글을 읽고, 물음에 답하시오.

❶ **사회자:** "친구들과 사이좋게 지냅시다."라는 주제에 맞게 의견을 발표해 주시기 바랍니다.
회의 참여자 1: (갑자기 벌떡 일어나며) 친구들끼리 고운 말을 썼으면 좋겠습니다.
사회자: (당황하며) 사회자 허락을 얻고 말씀해 주시기 바랍니다.
❷ **회의 참여자 2:** 친구들끼리 서로 별명을 부르지…….
회의 참여자 3: (중간에 말을 가로채며) 별명을 부르는 것은 서로 가깝기 때문입니다. 저는 함께 어울려 노는 것이…….
회의 참여자 2: 제 의견을 끝까지 들어 주시기 바랍니다.
❸ **회의 참여자 2:** 친구들끼리 서로 별명을 부르지 않았으면 합니다. 별명을 들으면 기분이 나쁠 때가 많기 때문입니다.
사회자: 또 다른 의견이 있습니까? (여러 친구가 손을 들지만 다시 회의 참여자 2를 가리키며) 네, 김현수 친구, 발표해 주십시오.
회의 참여자 4: 사회자님, 말할 기회를 골고루 주시기 바랍니다.

6. 회의를 해요

4 장면 ❷에서 회의 참여자 3은 어떤 행동을 하였습니까? (　　　)

① 작게 말했다.　② 말을 가로챘다.
③ 불만을 말했다.　④ 말할 기회를 얻었다.
⑤ 까닭을 듣지 않았다.

서술형　6. 회의를 해요

5 회의 장면에서 나타난 문제점을 쓰시오.

장면	문제점
❶	(1)
❸	(2)

6~8 다음 글을 읽고, 물음에 답하시오.

화성에 물이 있는지는 과학자들은 물론 일반인들도 관심이 많다. 물이 있다는 것은 화성인 또는 외계인까지는 아니더라도 생명체가 있을 수 있다는 것을 뜻하기 때문이다. 2004년에 미국의 쌍둥이 화성 로봇 탐사선인 스피릿 로버와 오퍼튜니티 로버가 서로 화성 반대편에 착륙했다. 이들 탐사선은 물의 영향을 받은 암석이 발견했다. 이 암석들은 물속과 물 밖의 환경이 번갈아 바뀌는 곳에서 만들어진 것이다. 이것은 화성 표면에서 오랜 시간에 걸쳐 물이 있다가 ㉠증발하는 과정이 반복되었다는 것을 알려 준다.

미국의 화성 탐사선인 큐리오시티는 2012년에 화성의 적도 부근에 착륙했다. 이 탐사선은 화성 표면 바로 아래에 있는 얼음을 발견했다.

7. 사전은 내 친구

6 물의 영향을 받은 암석으로 알 수 있는 것은 무엇입니까? (　　　)

① 지구와 똑같은 자연 환경을 갖고 있다.
② 물속과 물 밖의 환경이 수시로 바뀐다.
③ 화성에 외계인이나 생명체가 살고 있다.
④ 화성 표면이 두꺼운 얼음으로 되어 있다.
⑤ 오랜 시간에 걸쳐 물이 있다가 증발하는 과정이 반복되었다.

7. 사전은 내 친구

7 탐사선인 큐리오시티가 화성 표면 바로 아래에서 발견한 것은 무엇인지 쓰시오.

(　　　　　　　　　　　　)

7. 사전은 내 친구

8 ㉠'증발'의 뜻으로 알맞은 것에 ○표를 하시오.

(1) 생활하는 주위의 상태. (　　)
(2) 어떤 물질이 액체 상태에서 기체 상태로 변함. (　　)
(3) 미처 찾아내지 못하였거나 아직 알려지지 아니한 사물이나 현상을 찾아냄. (　　)

9~10 다음 글을 읽고, 물음에 답하시오.

코끼리는 다른 동물의 뼈에는 아무런 관심이 없지만 코끼리의 뼈를 발견하면 큰 관심을 보입니다. 긴 코로 뼈 냄새를 맡아 보기도 하고, 뼈를 이리저리 굴려 보기도 하지요. 때로는 오랫동안 들고 다니기도 합니다. 뼈를 보고 죽은 어미를 떠올리기 때문이에요. 코끼리는 늘 신선한 물과 풀을 찾아다니는데, 도중에 어미의 머리뼈가 놓여 있는 곳에 들러 한참 동안 그 뼈를 굴리며 시간을 보내곤 합니다. 눈물도 한 숨도 없지만, 코끼리가 죽은 어미를 얼마나 그리워하는지 가슴 깊이 느낄 수 있지요.

인간은 동물과 다르다고 자꾸 선을 그으려 하지만, 동물의 세계를 들여다보면 볼수록 그 속에 자꾸 인간의 모습이 보입니다. 인간만이 가지고 있다고 내세우는 능력이 동물에게서 발견되는 것만 봐도 알 수 있지요. 물론 인간이 참으로 대단한 동물인 것은 사실이에요. 하지만 그 대단함은 인간이 혼자 스스로 만들어 낸 것이 아니에요.

7. 사전은 내 친구

9 코끼리가 다른 코끼리의 뼈에 관심을 보이는 까닭은 무엇입니까? (　　　)

① 뼈를 통해 칼슘을 보충하기 때문이다.
② 뼈를 보고 죽은 어미를 떠올리기 때문이다.
③ 뼈를 가지고 놀던 일을 기억하기 때문이다.
④ 뼈를 단순히 장난감으로 생각하기 때문이다.
⑤ 뼈 주위에 신선한 물과 풀이 있기 때문이다.

7. 사전은 내 친구

10 글쓴이와 비슷한 생각을 가진 친구의 이름을 쓰시오.

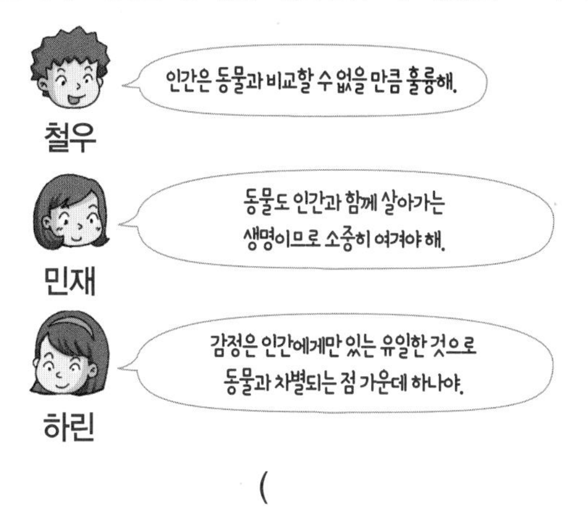

(　　　　　　　　　　　　)

100점 예상 문제

11~12 다음 글을 읽고, 물음에 답하시오.

지난 주말에 저는 동생과 함께 집 앞 꽃밭에 꽃을 심었습니다. 그런데 오늘 물을 주려고 보니 쓰레기가 꽃 주위에 흩어져 있었습니다. 그 모습을 보니 속이 상했습니다.

㉠꽃밭에 쓰레기를 버리지 않았으면 좋겠습니다. 꽃은 쓰레기가 없는 깨끗한 꽃밭에서 건강하게 자랄 수 있습니다. 우리가 노력하면 꽃밭을 더 아름답게 가꿀 수 있습니다.

8. 이런 제안 어때요

11 어떤 문제가 있었습니까? (　　　)

① 꽃밭에 있는 꽃이 꺾여 있었다.
② 꽃밭에 쓰레기가 버려져 있었다.
③ 꽃밭이 없어서 꽃을 심을 수 없었다.
④ 꽃밭을 막아 놓아서 꽃에 물을 줄 수 없었다.
⑤ 꽃밭 근처 쓰레기통에 쓰레기가 넘쳐 있었다.

8. 이런 제안 어때요

12 ㉠은 제안하는 글의 짜임 가운데 무엇입니까? (　　　)

① 의견　② 문제 상황
③ 자신의 생각　④ 제안하는 내용
⑤ 제안하는 까닭

8. 이런 제안 어때요

13 오른쪽 그림과 같은 문제 상황에서 제안할 내용과 제안하는 까닭을 떠올려 쓰시오.

(1) 제안할 내용	
(2) 제안하는 까닭	

14~16 다음 글을 읽고, 물음에 답하시오.

세종은 대낮에도 깜깜한 어둠 속에 있는 것 같은 날들이 하루하루 늘어 갔지만, 식사를 하거나 휴식을 취할 때조차 늘 문자를 생각했습니다.

"글은 말과 같아야 한다. 글로는 '天(천)'이라고 하고, 말로는 '하늘'이라고 하면 안 된다. 쉽고 단순한 문자이지만, 그 안에 담긴 의미는 세상 어떤 것보다 깊어야 한다. 이 우주 만물에는 하늘과 땅이 있고 그 가운데 사람이 있다. 이 원리를 바탕으로 문자를 만들면 어떨까? 또 사람이 말소리를 내는 기관을 본떠 문자를 만드는 것도 좋을 것이다."

오랜 시간을 묵묵히 연구한 끝에 세종은 '훈민정음' 28자를 완성했습니다.

그 뒤, 훈민정음은 백성들 사이에 퍼져 나갔습니다. 이제는 글을 읽지 못해 억울한 일을 당하는 사람이 줄었습니다.

9. 자랑스러운 한글

14 세종은 어떤 원리를 바탕으로 문자를 만들고자 했는지 쓰시오.

• (　　　　　　　　　　)과 하늘, 땅, 사람의 모양을 본떠 문자를 만들고자 하였다.

9. 자랑스러운 한글

15 세종이 오랜 시간을 연구한 결과, 무엇을 완성했는지 쓰시오.

(　　　　　　　　　　)

9. 자랑스러운 한글

16 훈민정음을 익힌 백성들의 삶은 어떻게 달라졌습니까? (　　　)

① 한문을 쉽게 읽고 쓸 수 있었다.
② 문자에 담긴 뜻을 깨닫게 되었다.
③ 억울한 일을 당하는 사람이 줄었다.
④ 말을 그림 글자로 표현할 수 있었다.
⑤ 문자를 만든 모든 원리를 알게 되었다.

17~18 다음 글을 읽고, 물음에 답하시오.

당시 우리나라에는 사람들이 두루 볼 만한 우리말 문법책이 없었어요. 많은 사람이 한문만을 글로 여기고 우리글에는 관심을 가지지 않았기 때문이지요. 주시경은 사람들이 쉽게 알아볼 수 있는 우리말 문법책을 만들기로 마음먹었어요. 도움이 될 만한 자료가 있다는 얘기를 들으면 먼 길도 마다하지 않고 찾아갔어요. 빌려 봐야 하는 자료는 일일이 베껴서 모았지요.

1906년 주시경은 『대한 국어 문법』이라는 책을 펴냈어요. 이 책에는 한글과 우리말을 바르게 사용하기 위한 규칙인 문법이 실려 있었어요. 그 후로 주시경은 사람들에게 한글을 연구하는 학자로 널리 알려졌어요. 여기저기에서 한글을 가르쳐 달라고 주시경에게 부탁을 해 왔어요. 이 무렵은 다른 나라들이 서로 우리나라를 차지하려고 다투던 시기였어요. 우리나라는 힘이 없었지요. 주시경은 이런 어려운 때일수록 우리글이 힘이 될 거라고 생각하며 한글을 가르쳐 달라는 곳이 있으면 어디든지 달려갔어요. 주시경은 한글을 가르치며 늘 우리글을 아끼고 사랑하는 것이 나라를 사랑하는 길이라는 것을 강조했어요.

9. 자랑스러운 한글

17 주시경이 우리말 문법책을 만들기로 마음먹은 까닭은 무엇이겠습니까? (　　　)

① 많은 사람이 한문을 글로 여기지 않아서
② 우리말을 사용하는 규칙이 마을마다 달라서
③ 많은 사람이 우리글에 관심을 가지고 있어서
④ 다른 나라들이 한글을 가르쳐 달라고 하여서
⑤ 사람들이 두루 볼 만한 우리말 문법책이 없어서

서술형

9. 자랑스러운 한글

18 주시경은 한글 연구와 한글 보급을 위해 노력했습니다. 왜 이런 일들을 했을지 쓰시오.

19~20 다음 만화를 읽고, 물음에 답하시오.

10. 인물의 마음을 알아봐요

19 엄마는 아이에게 자전거를 가르치려고 어떻게 했습니까? (　　　)

① 자전거를 앞에서 끌어 주었다.
② 계속 뒤를 보고 나아가도록 했다.
③ 계속 자전거 뒤에서 힘껏 밀어 주었다.
④ 아이가 눈치채지 않게 손을 살짝 놓았다.
⑤ 손을 놓지 않겠다고 안심시킨 뒤에 사실은 손을 놓겠다고 말하고 세게 밀었다.

10. 인물의 마음을 알아봐요

20 자전거를 타고 있는 아이의 마음은 어떠하겠습니까? (　　　)

① 몸이 둥실 떠오르는 기분이 들 것이다.
② 바람이 시원해서 정말 기분이 좋을 것이다.
③ 중심을 못 잡고 넘어질까 봐 겁이 날 것이다.
④ 자전거를 실컷 탈 수 있어서 신이 날 것이다.
⑤ 혼자 자전거를 타는 것이 마법처럼 신기하기도 하고 뿌듯할 것이다.

100점 예상 문제

1~2 다음 글을 읽고, 물음에 답하시오.

노마는 더욱 의심이 났습니다. 그래서,
"내가 잃어버린 구슬 네가 집었지?"
"언제 네 구슬을 내가 집었어?"
"그럼 보여 주지 못할 게 뭐야?"
그제는 기동이도 하는 수 없나 봅니다. "자아." 하고 조끼 주머니에서 구슬을 꺼내 보입니다. 하나를 꺼냅니다. 둘을 꺼냅니다. 셋, 다섯도 넘습니다. 모두 똑같은 모양, 똑같은 빛깔입니다. 노마가 잃어버린, 모두 똑같은 그런 파란 유리구슬입니다.
어쩌면 그중에 노마가 잃어버린 구슬이 섞여 있을 성싶습니다. 그래서 노마는,
"너, 이 구슬 다 어디서 났니?"
"어디서 나긴 어디서 나. 다섯 개는 가게서 사고 한 개는 영이가 준 건데, 뭐."
"거짓부렁. 영이가 널 구슬을 왜 줘?"
"그럼 영이한테 가서 물어봐."
그래서 노마와 기동이는 영이를 찾아가기로 했습니다. 담 모퉁이를 돌아서 골목 밖으로 나갔습니다. 그리고 조그만 도랑 앞엘 왔습니다.
그런데 그 도랑물 속에 무엇이 햇빛에 번쩍하는 것이 있습니다. 유리구슬 같습니다. 정말 유리구슬입니다. 바로 노마가 잃어버린 그 구슬입니다.

1. 생각과 느낌을 나누어요

1 노마가 기동이에게 가지고 있는 구슬을 보여 달라고 한 까닭은 무엇입니까? (　　　)

① 기동이의 말을 믿지 않아서
② 영이의 말을 확인하고 싶어서
③ 기동이에게 구슬을 주고 싶어서
④ 기동이에게 미안한 마음이 들어서
⑤ 기동이에게 구슬을 자랑하고 싶어서

서술형 1. 생각과 느낌을 나누어요

2 노마가 도랑물 속에서 잃어버린 구슬을 보았을 때 어떤 마음이 들었을지 쓰시오.

3~4 다음 글을 읽고, 물음에 답하시오.

(가) "너 이놈, 허락도 없이 남의 나무 그늘에서 잠을 자다니!"
총각이 부스스 눈을 뜨며 물었어요.
"나무 그늘에 무슨 주인이 있다고 그러세요?"
"이건 우리 할아버지의 할아버지가 심은 나무야. 그러니 그늘도 당연히 내 것이지!"
부자 영감의 말에 총각은 기가 딱 막혔어요.
'이런 욕심쟁이 영감, 어디 한번 당해 봐라!'
총각은 욕심쟁이 부자를 혼내 주기로 했어요.
"영감님, 저한테 이 나무 그늘을 파는 건 어때요?"
(나) 총각은 동네 사람들을 그늘로 불렀어요. 욕심쟁이 부자를 골려 주는 일이니 모두 신이 나서 달려왔지요. 부자 영감의 집은 날마다 사람들로 북적거렸어요.
"이보게, 제발 이 그늘을 다시 팔게!"
부자 영감은 사정사정했어요.
"그늘을 사고 싶으면 만 냥을 내십시오."
"뭐라고? 마, 만 냥?"
부자 영감은 눈알이 튀어나올 것 같았지요.
"그렇게 욕심을 부리더니, 꼴좋다!"
사람들은 입을 모아 부자 영감을 놀렸어요. 부자 영감은 부끄러워서 얼굴을 들 수가 없었지요.

2. 내용을 간추려요

3 총각이 나무 그늘을 산 까닭은 무엇입니까? (　　　)

① 나무 그늘에서 잠을 자고 싶어서
② 욕심쟁이 영감을 혼내 주기 위해서
③ 영감이 나무까지 싸게 주겠다고 해서
④ 그늘까지 갖고 있는 부자에게 샘이 나서
⑤ 나무 그늘이 있는 곳에 집을 짓고 싶어서

2. 내용을 간추려요

4 부자 영감의 집이 날마다 사람들로 북적거린 까닭은 무엇인지 쓰시오.

(　　　　　　　　　　　　　　　　　　)

5 상황에 알맞은 표정, 몸짓, 말투를 사용하면 좋은 점을 모두 고르시오. (, ,)

① 느낌을 잘 표현할 수 있다.
② 시간을 더 오래 쓸 수 있다.
③ 듣는 사람이 잘 알아들을 수 있다.
④ 내용이 없어도 재미있게 말할 수 있다.
⑤ 자신의 생각을 분명하게 전달할 수 있다.

3. 느낌을 살려 말해요

6 오른쪽 그림에서 여자아이의 표정이나 몸짓이 의미하는 것은 무엇입니까? ( )

① 의심된다.
② 정말 싫다.
③ 거절하고 싶다.
④ 진심으로 고맙다.
⑤ 먹고 싶지 않다.

3. 느낌을 살려 말해요

7 돈의 재료에 대해 동생에게 설명하려고 합니다. 말하는 방법으로 알맞은 것은 무엇입니까? ( )

① 하나의 문장으로 길게 말한다.
② 이해하기 쉬운 말로 설명한다.
③ 전문 용어와 높임말을 사용한다.
④ 딱딱한 말투로 업신여기며 낮추어 말한다.
⑤ 어른들께 말씀드릴 때와 같은 표현을 사용한다.

4. 일에 대한 의견

8 다음은 '사실'과 '의견' 가운데 무엇인지 쓰시오.

그림에 나타난 조상의 생활 모습은 오늘날과는 많이 다르다는 생각이 들었다.

( )

9~10 다음 글을 읽고, 물음에 답하시오.

선생님과 친구들은 끝까지 포기하지 않고 달린 수현이를 향해 뜨거운 박수를 보냈습니다.

수현이는 꼴찌로 들어올 친구를 기다렸습니다. 그 친구에게 응원의 박수를 보내 주고 싶었습니다. 그런데 잠시 후, 그 친구가 결승점을 얼마 남기지 않고 경기를 포기했다는 사실을 알게 되었습니다. 수현이는 왠지 마음이 아팠습니다.

집으로 돌아온 수현이는 아빠, 엄마에게 마라톤에서 완주한 일을 몇 번이고 자랑했습니다.

"내 뒤에서 달려오던 친구가 없었다면 나도 중간에 포기하고 말았을 거예요."

아빠와 엄마는 그런 수현이가 무척 대견했습니다.

그날 밤, 모두가 잠든 시각이었습니다. 안방 문틈 사이로 아빠의 낮은 신음 소리가 들렸습니다. 그리고 가느다란 엄마의 목소리도 들렸습니다.

"당신도 몸이 약한데, 수현이 뒤에서 함께 뛰다니……. 너무 무리한 것 같아요. 병원에 안 가도 되겠어요?"

수현이는 그제야 알았습니다. 자신 뒤에서 꼴찌로 달렸던 사람은 바로 아빠였던 것입니다.

5. 내가 만든 이야기

9 수현이가 꼴찌로 들어올 친구를 기다린 까닭은 무엇입니까? ( )

① 병원에 데려 가기 위해서
② 완주한 일을 자랑하고 싶어서
③ 응원의 박수를 보내 주고 싶어서
④ 너무 무리하지 말라고 말해 주고 싶어서
⑤ 마라톤에서 완주 메달을 걸어 주기 위해서

5. 내가 만든 이야기

10 마지막 장면을 보고 생각할 수 있는 이야기의 주제는 무엇이겠습니까? ( )

① 우정의 소중함
② 아버지의 사랑
③ 선생님의 은혜
④ 자연의 아름다움
⑤ 이웃과 나누는 삶

11~13 다음 글을 읽고, 물음에 답하시오.

사회자: 이번 주 학급 회의 주제를 무엇으로 정하면 좋을지 말씀해 주십시오.
김영이 친구가 의견을 발표해 주십시오.
회의 참여자 1: 요즘 교실이 많이 지저분합니다. 그래서 "깨끗한 교실을 만들자."를 주제로 제안합니다.
사회자: 박지희 친구도 의견을 발표해 주십시오.
회의 참여자 2: 지난주에 복도에서 뛰다가 다친 친구를 봤습니다. 저는 "학교생활을 안전하게 하자."를 주제로 제안합니다.
사회자: 이제 어떤 주제로 할지 표결을 하겠습니다. 참석자의 반이 넘는 수가 찬성하는 것으로 주제를 정하겠습니다.
두 주제 가운데에서 첫 번째 주제에 찬성하시는 분은 손을 들어 주십시오. 두 번째 주제에 찬성하시는 분은 손을 들어 주십시오.
27명 가운데 18명이 두 번째 주제를 선택했습니다.

6. 회의를 해요

11 회의 절차 가운데 무엇에 해당하는 장면입니까? (　　　)

① 개회　② 폐회
③ 표결　④ 주제 선정
⑤ 주제 토의

6. 회의를 해요

12 결정된 이번 주 생활 목표는 무엇인지 쓰시오.
(　　　　　　　　　　)

6. 회의를 해요

13 회의 참여자의 역할은 무엇입니까? (　　　)

① 말할 기회를 준다.
② 회의 내용을 기록한다.
③ 회의 절차를 안내한다.
④ 주제에 대해 의견을 발표한다.
⑤ 회의가 열린 날짜와 장소를 기록한다.

14~15 다음 글을 읽고, 물음에 답하시오.

더욱 놀라운 것은, 전자 신호를 이용해 ㉠원격으로 스스로 인쇄를 하고, ㉡지면의 인쇄 내용을 완전히 바꿀 수 있는 '전자 종이'가 등장했다는 것입니다. 느낌은 종이와 같은데 컴퓨터 모니터처럼 언제든지 새로운 신호를 보내면 완전히 다른 내용으로 인쇄할 수도 있고, 멀리서 무선 신호로 내용을 바꿀 수 있습니다. 이것이 ㉢상용화되면 전자 종이로 된 신문이 한 장만 있으면, 매일 아침 새로운 기사들을 받아서 즉석에서 인쇄해서 보고, 다음 날도 똑같은 신문에 새로운 내용을 받아서 볼 수 있을 거예요.

7. 사전은 내 친구

14 다음 낱말의 뜻은 ㉠~㉢의 낱말 가운데 무엇인지 기호를 쓰시오.

일상적으로 쓰게 됨.

(　　　　　　)

7. 사전은 내 친구

15 전자 종이의 등장이 놀라운 까닭은 무엇입니까? (　　　)

① 이미 상용화된 신문의 하나라서
② 어두울 때 스스로 빛을 낼 수 있어서
③ 특유의 질감을 느낄 수 있는 종이라서
④ 지면의 인쇄 내용을 완전히 바꿀 수 있는 신기한 종이라서
⑤ 기록한 지 한 시간 뒤에 자동으로 내용이 없어지는 공상 과학 영화 속 종이라서

7. 사전은 내 친구

16 두 낱말이 어떤 관계에 있는지 선으로 이으시오.

(1) 가다 | 오다 •　　• ㉮ 뜻이 반대인 관계
(2) 책 | 동화책 •　　• ㉯ 한 낱말이 다른 낱말을 포함하는 관계

8. 이런 제안 어때요

17 다음 그림의 내용을 보기 와 같이 문장의 짜임에 맞게 표현하시오.

보기

누가/무엇이	어찌하다/어떠하다
아저씨가	자전거를 탑니다.

누가/무엇이	어찌하다/어떠하다
여자아이가	(1)
(2)	플루트를 연주합니다.

서술형

8. 이런 제안 어때요

18 다음 제안하는 글에 들어갈 내용을 써넣으시오.

문제 상황	깨끗한 물을 구하지 못해 어려움을 겪고 있는 아이들이 있습니다.
제안하는 내용	
제안하는 까닭	어린이들이 깨끗한 물을 마시고 사용할 수 있기 때문입니다.
제목	당신의 1리터를 나누어 주세요

9. 자랑스러운 한글

19 다음은 한글의 특성 가운데 무엇을 설명한 글입니까? (　　　)

오늘날과 같은 정보 통신 시대에 사용하기 좋은 '디지털 문자'로서 탁월하다. 휴대 전화로 문자를 보낼 때에 한글로는 5초면 되는 문장을 중국어나 일본어로는 35초가 걸린다는 연구가 있다. 휴대 전화의 한글 자판은 한글의 자음자와 모음자의 획을 더하는 원리에 기초하여 설계되었다. 그렇기 때문에 누구나 쉽고 빠르게 글자를 입력할 수 있다.

① 한글은 발음 기관을 본떠 만든 문자이다.
② 한글은 쉽고 빨리 배울 수 있는 문자이다.
③ 한글은 그 제자 원리가 독창적으로 과학적인 문자이다.
④ 한글은 컴퓨터, 휴대 전화 등 기계화에 적합한 문자이다.
⑤ 한글은 적은 수의 문자로 많은 소리를 적을 수 있는 문자이다.

10. 인물의 마음을 알아봐요

20 오른쪽 그림 속 인물의 모습에 어울리는 상황과 마음은 무엇입니까? (　　　)

	상황	마음
①	밤늦게까지 놀았을 때	피곤한 마음
②	뛰다가 넘어졌을 때	부끄러운 마음
③	짖는 개를 보았을 때	깜짝 놀란 마음
④	친한 친구가 전학 갈 때	외롭고 슬픈 마음
⑤	친구들과 놀 때	신나고 즐거운 마음

교과서에 실린 작품

실린 단원	영역	제재이름	지은이	나온 곳
1 생각과 느낌을 나누어요	국어	꽃씨	김완기	『100살 동시 내 친구』, 청개구리, 2008.
		등 굽은 나무	김철순	『사과의 길』, ㈜문학동네, 2014.
		가훈 속에 담긴 뜻	조은정	『최씨 부자 이야기』, 여원미디어, 2008.
		의심	현덕	『나비를 잡는 아버지』, ㈜효리원, 2015.
	국어 활동	할아버지와 보청기	윤수천	『고래를 그리는 아이』, 시공주니어, 2011.
		수사슴의 뿔과 다리	이솝	『이솝 이야기』, 아이즐, 2012.
2 내용을 간추려요	국어	동물이 내는 소리	문희숙	『맛있는 과학』, 주니어김영사, 2011.
		나무 그늘을 산 총각	권규헌	『나무 그늘을 산 총각』, 춤추는 꼬리연, 2014.
	국어 활동	꽃신	윤아해	『꽃신』, 사파리, 2010.
3 느낌을 살려 말해요	국어	돈은 왜 만들었을까? / 돈의 재료	김성호	『경제의 핏줄, 화폐』, 미래아이, 2013.
		어느 새 우리의 이야기	김찬 외 2	한국방송광고진흥공사, 2011.
		생태 마을 보봉	김영숙	『무지개 도시를 만드는 초록 슈퍼맨』, 스콜라, 2015.
	국어 활동	안전하게 계단 오르내리기	이성률	『아는 길도 물어 가는 안전 백과』, 풀과바람, 2016.
4 일에 대한 의견	국어	씨름	김홍도	국립중앙박물관
		묵직한 수박 위로 나비가 훨훨!	이광표	『조선 사람들의 소망이 담겨 있는 신사임당 갤러리』, 도서출판 그린북, 2016.
		초충도	신사임당	국립중앙박물관
		한옥 지붕	남궁담	『지붕이 들려주는 건축 이야기』, 현암주니어, 2016.
5 내가 만든 이야기	국어	까마귀와 감나무	김기태 엮음	『쩌우 까우 이야기』, 창작과비평사, 1991.
		아름다운 꼴찌	이철환	『아름다운 꼴찌』, ㈜알에이치코리아, 2014.
		초록 고양이	위기철	『초록 고양이』, ㈜사계절출판사, 2016.
7 사전은 내 친구	국어	최첨단 과학, 종이	김해보 외 1	『알고 보니 내 생활이 다 과학!』, ㈜예림당, 2013.
		수아의 봉사 활동	고수산나	『콩 한 쪽도 나누어요』, 열다출판사, 2014.
		동물 속에 인간이 보여요	최재천	『생명, 알면 사랑하게 되지요』, 더큰아이, 2015.
	국어 활동	영국 노팅힐 축제	유경숙	『놀면서 배우는 세계 축제 1』, 도서출판 꿈꾸는꼬리연, 2013.
		가을이네 장 담그기	이규희	『가을이네 장 담그기』, 책읽는곰, 2008.
8 이런 제안 어때요	국어 활동	복도에 안전 거울을 설치해 주세요	윤예진	제11회 대한민국어린이국회 결과 보고서, 2015.
		내가 지식인이 되는 방법	이서영	한국방송광고진흥공사, 2014.
9 자랑스러운 한글	국어	훈민정음의 탄생	이은서	『세종 대왕, 세계 최고의 문자를 발명하다』, 보물창고, 2014.
		한글이 위대한 이유	박영순	『세계 속의 한글』, 박이성출판사, 2008.
		주시경	이은정	『주시경』, ㈜비룡소, 2012.
10 인물의 마음을 알아봐요	국어	수업 시간에	박현진	『나 좀 내버려 둬』, 길벗어린이㈜, 2011.
		두근두근 탐험대	김홍모	『두근두근 탐험대』, ㈜도서출판 보리, 2008.
		밥 묵자	민성아	『밥 묵자』, 한국독립애니메이션협회, 2011.
		놓지 마	홍승우	『비빔툰9』, 문학과지성사, 2012.
	국어 활동	미리와 준수의 안전 이야기		질병관리본부, 2017.

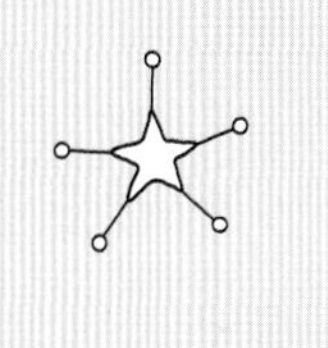

선생님이 강력 추천하는
개념+ PLUS
단원평가

4-1

정답과 풀이

1 생각과 느낌을 나누어요

개념을 확인해요

11쪽

1 상황 2 느낌 3 상상 4 그림 5 인물 6 행동 7 마음 8 까닭 9 체험 10 의견

개념을 다져요

12~13쪽

1 (3) ○ 2 ① 3 ④ 4 (1) ㉠ (2) ㉡ 5 ⑤ 6 (3) ○

풀이

1 시를 읽고 재미를 느끼는 부분이 사람마다 다르고, 일어나는 일을 서로 다르게 생각하기 때문입니다.

2 '등 굽은 나무'로 오행시 짓기를 하여 '등 굽은 나무'가 굽은 허리로 일하시는 할머니 같다는 생각을 표현했습니다.

3 서로 생각이나 느낌이 비슷하기도 하지만 다른 점도 있다는 것을 알 수 있으며 이야기를 더 잘 이해할 수 있습니다.

4 노마가 기동이를 의심하기는 했지만 안타까운 마음에 저지른 실수라고 생각한다는 의견을 말했습니다.

5 의견을 나눌 때에는 어려운 낱말보다는 쉬운 낱말로 뜻이 분명하게 드러나도록 말하는 것이 좋습니다.

6 글쓴이는 이야기 속에서 영우가 할아버지를 만난 장면에 대해 '나였다면 ~ 인사를 드렸을 것이다.'라고 자신의 생각을 썼습니다.

1회 단원 평가

14~17쪽

1 주황색 2 ② 3 ④, ⑤ 4 ② 5 (1) ○ (3) ○ 6 ② 7 예 나무에 올라타 신나게 말을 타는 느낌이었고, 구름 위를 달리는 상상을 하며 재미있었습니다. 8 ② 9 가훈 10 ④ 11 ② 12 아주 이쁘게 생긴 파란 구슬이다. 13 ④ 14 ② 15 예 기동이 주머니에 있는 구슬이 노마의 것인지는 알 수 없기 때문이다. 16 민재 17 ④ 18 보청기 19 예 할아버지가 경로당 할아버지를 만날 때면 보청기를 빼어 주머니에 넣는다는 것 20 ④

풀이

1 "주황색의 모양을 보니…….."라고 하였습니다.

2 남자아이처럼 청록색 모양을 보면 그림이 마주 보는 사람처럼 보입니다.

3 사람마다 느낀 점이 다를 수 있고 상황에 따라 다르게 생각할 수 있기 때문에 같은 그림도 서로 다르게 보일수 있습니다.

4 이 시를 읽으면 봄을 기다리는 아이들의 마음이 느껴지고, 꽃씨가 돌아누우며 눈을 뜬다는 표현에서는 꽃씨가 사람같이 느껴집니다.

5 이 시에는 봄비가 내리고 꽃씨가 싹을 틔우는 봄의 풍경이 나타나 있습니다.

더 알아볼까요!

친구들과 생각이나 느낌을 나누면 좋은 점
- 서로 생각이나 느낌이 비슷하기도 하지만 다른 점도 있다는 것을 알게 됩니다.
- 이야기를 더 잘 이해할 수 있습니다.

6 '나'는 나무에 올라타서 나무를 말이라고 생각하고 재미있는 상상을 했습니다.

7 시 속 인물이 되어 신나게 말을 탔을 때 어떤 느낌이었을지 상상하여 써 봅시다.

8 준은 아침 일찍 일어나 사랑채로 건너갔고 다른 도령들과 함께 얌전히 꿇어앉아 가훈을 썼습니다.

9 가훈은 한 집안의 교훈을 적은 글로, 어른들이 자손들에게 꼭 지켜야 할 것을 알려 주는 글입니다.

10 가훈의 내용과 가난한 사람들을 위해 쌀을 담아 놓은 뒤주를 둔 것으로 보아 할아버지는 이웃을 도우며 살아가고 있습니다.

11 노마는 구슬을 잃어버린 것을 알고 구슬을 찾으러 동네 이곳저곳을 돌아다녔습니다.

12 '아주 이쁘게 생긴 파란 구슬인데요.'에서 알 수 있습니다.

13 노마는 기동이가 여러 개의 구슬을 갖고 있는 것을 보고 자기가 잃어버린 구슬을 가지고 있는지 기동이를 의심하는 마음이었습니다.

14 노마는 기동이가 의심한 것에 대해 화를 내자 기동이에게 미안한 마음이 들어서 얼굴이 벌게졌습니다.

15 까닭은 그런 생각을 하게 된 원인이나 근거입니다.

정답과 풀이

16 민재는 쓸모 있는 못들이 쓸모 없는 못을 도와 주지도 않으면서 너무 심하게 대하는 것 같다고 의견을 말했습니다.

17 주장하는 글을 쓰는 것은 시나 이야기를 읽고 생각하거나 느낀 점을 나누는 활동과는 거리가 멉니다.

18 보청기를 끔찍이 여긴 할아버지가 가끔 보청기를 빼 놓는 점이 수상하다고 생각했습니다.

19 할아버지가 경로당 할아버지를 만날 때면 보청기를 빼어 주머니에 넣는다는 사실을 알게 되었습니다.

20 '여기 오는 할아버지들이 다들 귀가 어두운데 너희 할아버지 혼자만 귀가 밝으면 뭐 하겠냐.'라는 뻥튀기 할아버지의 말씀으로 알 수 있습니다.

2회 단원 평가

18~21쪽

1 ⑤ 2 예 놀이공원에 갔을 때 나는 '귀신의 집'에 들어가는 것이 재미있어서 좋았는데 엄마는 무섭다고 싫어하셨다. 3 ① 4 ②, ③ 5 ③ 6 ③ 7 ①, ③, ⑤ 8 ④ 9 ③ 10 예 내가 성민이라면 말을 타고 멀리 날아올라 별나라까지 가 보고 싶다. 11 흰죽 논 12 ⑤ 13 ④ 14 ③ 15 예 자신의 재산을 함께 살아가는 사람들을 위해 나누어주는 행동을 본받아야겠다는 생각을 했다. 16 기동 17 ④ 18 예 노마가 기동이를 의심한 일은 잘못이다. 왜냐하면 영이가 주었다고 한 말을 믿지 않았기 때문이다. 19 ① 20 (3) ○

풀이

1 친구들은 같은 일을 두고도 다른 사람과 생각이 달랐던 경험에 대해 이야기했습니다.

더 알아볼까요!

일에 대한 생각이 달랐던 경험 말하기
- 가족끼리 있었던 일을 말해 봅니다.
- 학교에서 있었던 일을 말해 봅니다.
- 친구 사이에 있었던 일을 말해 봅니다.

2 이야기의 주제가 같은 일에 대한 생각이 달랐던 경험이므로, 주제에 맞는 경험을 떠올려 썼으면 정답으로 합니다.

3 이 시에서는 봄비가 몰래 내려와 앉으며 겨울을 녹인다고 표현했습니다.

4 봄비가 내려와 앉는다고 표현한 것이나 꽃씨가 돌아누우며 눈을 뜬다고 표현한 것에서 봄비와 꽃씨가 사람같이 느껴집니다.

5 봄을 기다리는 아이들은 새싹을 빨리 만나고 싶어서 땅속에 손가락을 집어넣어 보았습니다.

6 성민이는 나무에 올라타서 나무를 말이라고 생각했습니다.

7 성민이는 상상 속에서 학교 앞 문방구, 네거리 그리고 성민이네 집에 갔지만 은찬이가 부르는 바람에 달나라에는 가지 못했습니다.

8 말을 타고 차보다 빠르게 구름 위를 달리는 상상을 하면 재미있는 느낌이 들 것입니다.

9 말을 타고 날아오르는 듯한 몸짓은 성민이가 상상 속에서 말을 타고 날아다니는 장면에 어울립니다.

10 성민이가 되어 상상 속에서 가 보고 싶은 곳을 썼으면 정답으로 합니다.

11 농부는 흉년에는 흰죽 한 끼 얻어먹고 논을 팔아넘긴다고 해서 흰죽 논이라는 말이 생겨났다고 설명했습니다.

12 최 부자는 논이 헐값이면 사지 않고 곳간을 열어 굶고 있는 이들을 돌봐 주었으므로, 헐값에 땅을 팔지 않아도 되기 때문에 근방에 흰죽 논이 없는 것입니다.

13 혼자만 잘 먹고 잘 살지 않고 적극적으로 이웃을 돕는 할아버지의 행동에서 이웃이 굶어 죽지 않게 하겠다는 의지가 엿보입니다.

14 준은 다른 사람들에게 베풀고, 잘 살도록 도와주며 아랫사람들에게도 나누어 주는 할아버지가 자랑스러웠습니다.

15 할아버지는 다른 사람에게 베풀고 나누어 줄 줄 알았습니다.

16 노마는 기동이를 의심해서 기동이에게 가지고 있는 구슬을 보여 달라고 했습니다.

17 노마는 골목 밖에 있는 조그만 도랑을 지나다가 도랑물 속에서 잃어버린 유리구슬을 찾았습니다.

18 노마가 기동이를 의심한 일을 잘못이라고도 할 수도 있고 실수라고 할 수도 있습니다.

19 수사슴은 자신의 뿔은 멋지지만 다리는 못 봐주겠다고 생각했습니다.

20 수사슴은 뿔은 멋지고 다리는 못났다고 생각했지만 위험에 처했을 때 뿔이 아니라 다리 덕분에 무사히

살 수 있었습니다.

창의서술형 평가

22쪽~23쪽

1 예 등 굽은 나무를 말이라고 생각하고 타고 놀았다. 2 예 달나라까지 갈 수 있었는데 많이 아쉬울 것 같다. 3 예 성민이에게 / 안녕? 말타기놀이는 재미있었니? 나도 너처럼 말을 타고 하늘을 나는 상상을 할 때가 있어. 구름 위까지 날아오르면 짜릿한 기분이 들고, 세상을 다 가진 것 같지. 다음에는 나도 너와 함께 상상 속에서 말을 타고 싶어. 그때는 멀리 날아올라 달나라까지 가 보자. 4 예 가난한 사람들이나 지나가는 나그네가 쌀을 퍼 갈 수 있도록 만든 것이다. 5 예 혼자만 잘 먹고 잘 살지 말고 이웃과 나누라는 가르침이 담겨 있다. 6 (1) 예 할아버지의 행동을 본받아야겠다. (2) 예 혼자 잘 먹고 잘 사는 것보다 이웃과 나누는 것이 더 행복하다고 생각하기 때문이다.

풀이

1 성민이는 운동장에서 등 굽은 나무에 올라타 말타기 놀이를 했습니다.

- **상** 인물이 한 일을 자세히 썼습니다.
- **중** 인물이 한 일을 단답형으로 짧게 썼습니다.
- **하** 인물이 한 일을 제대로 쓰지 못하였습니다.

2 나무에 올라탔을 때는 신나게 말을 타는 상상을 하며 재미있었을 것이고, 친구가 불렀을 때는 달나라까지는 가지 못해 아쉬웠을 것입니다.

- **상** 시 속 인물이 느낀 점을 상상해 썼습니다.
- **중** 시 속 인물의 느낀 점을 찾아 썼습니다.
- **하** 시 속 인물의 느낀 점을 쓰지 못하였습니다.

3 시에 대한 생각이나 느낌을 정리하여 시 속 인물에게 하고 싶은 말을 편지 형식으로 썼으면 정답으로 합니다.

- **상** 편지를 쓸 때 들어가야 하는 내용을 빠뜨리지 않고, 자신의 생각이나 느낌이 잘 드러나게 썼습니다.
- **중** 알맞은 낱말을 사용하여 자신의 생각이나 느낌이 잘 드러나게 썼습니다.
- **하** 자신의 생각이나 느낌을 쓰지 못하였습니다.

4 할아버지는 이웃들에게 쌀을 나누어 주는 뒤주를 집 안에 두어서 이웃과 나누라는 가르침을 실천했습니다.

- **상** 이야기를 읽고 내용을 잘 파악해 물건의 역할을 썼습니다.
- **중** 이야기를 읽고 물건의 역할을 찾아 썼습니다.
- **하** 이야기를 읽고 물건의 역할을 쓰지 못하였습니다.

5 준이네 가훈과 할아버지가 실천하는 모습을 통해 준이네 집안이 아주 큰 규모로 이웃을 도우며 산다는 것을 알 수 있습니다.

- **상** 가훈에 대한 의미에 대해 자신의 생각을 자세히 썼습니다.
- **중** 가훈에 대한 의미를 썼습니다.
- **하** 가훈에 대한 의미를 파악하지 못하였습니다.

6 이야기에서 일어난 일에 대한 자신의 생각을 알맞은 까닭을 들어 썼으면 정답으로 합니다.

- **상** 인물에 대한 자신의 의견을 까닭을 들어 잘 표현했습니다.
- **중** 인물에 대한 자신의 의견을 썼습니다.
- **하** 인물에 대한 자신의 의견을 까닭을 들어 쓰지 못하였습니다.

더 알아볼까요!

일어난 일에 대한 자신의 의견을 분명하게 쓰기
- 먼저 일어난 일과 그 까닭을 생각해 보고 결과도 알아봅니다.
- 일어난 일을 순서대로 정리합니다

정답과 풀이

2 내용을 간추려요

개념을 확인해요

25쪽

1 목적 2 내용 3 중요한 4 빨리 5 문단 6 중심 7 시간 8 장소 9 중심 10 전개

개념을 다져요

26~27쪽

1 ㉠ 2 (3) × 3 ㉠ → ㉡ → ㉢ 4 ③, ④ 5 ① 6 (3) ○

풀이

1 여자아이가 일기 예보를 들으려는 목적은 일요일에 춘천으로 나들이를 가도 좋은 날씨인지 확인하기 위해서입니다.

2 글을 읽으면서 쓰는 것과 달리 들으면서 쓸 때에는 중요한 내용만 골라 짧게 써야 합니다. 그리고 들으면서 쓸 때에는 읽으면서 쓸 때보다 빨리 써야 합니다.

3 각 문단의 중심 문장을 찾고 여러 개의 중심 문장을 연결해서 글 전체의 내용을 간추릴 수 있습니다

4 이야기의 흐름에 따라 내용을 간추릴 때에는 장소의 변화나 시간의 흐름을 생각하며 사건을 중심으로 간추립니다.

5 글의 전개에 따라 내용을 간추리면 글의 목적에 맞는 간추리기를 할 수 있습니다.

6 이야기는 중요한 사건을 중심으로, 주장하는 글은 '문제점 – 해결 방안 – 실천 방법'으로 내용을 간추리는 것이 적절합니다.

1회 단원 평가

28~31쪽

1 ② 2 ③ 3 ④ 4 ③ 5 ② 6 ④ 7 (1) ○ (3) ○ 8 ② 9 ⑤ 10 (1) ㉢ (2) ㉠, ㉡ 11 나무 그늘 12 ③ 13 ③ 14 ⑤ 15 ㉠ 총각은 영감의 집 안으로 들어갔고, 영감은 화가 났지만 아무 말도 하지 못했다. 16 ③ 17 ⑤ 18 ②, ⑤ 19 ② 20 ㉠ 디딤이는 아가씨의 혼례를 보며 앞으로도 사람들의 마음을 헤아릴 수 있는 신을 만들겠다고 다짐했다.

풀이

1 이 글은 일기 예보로 날씨 정보를 담고 있습니다.

2 이 글에서는 '오늘 하루는 전국적으로 ~ 서울, 춘천은 19도'라고 하며 오늘 서울의 낮 기온을 19도로 예상했습니다.

3 이 글을 통해 작년 이맘때는 봄이었는데도 추웠던 경험을 떠올렸습니다.

4 들은 내용을 메모하면 중요한 내용을 빠짐없이 기억할 수 있고 나중에 기억하기 쉽습니다.

5 일요일 춘천 날씨를 중심으로 메모한 것으로 보아 글쓴이는 춘천의 일요일 날씨가 어떠할지 생각하며 일기 예보를 들었습니다.

더 알아볼까요!

메모하면 좋은 점

- 중요한 내용을 빠짐 없이 기억할 수 있습니다.
- 나중에 기억하기 쉽습니다.

6 암컷 매미가 소리를 내지 못하는 것은 암컷은 발음근이 발달되어 있지 않고 발음막이 없기 때문입니다.

7 ②문단의 중심 문장은 (1)이고 뒷받침 문장은 (2)입니다. ③문단의 중심 문장은 (3)이고 뒷받침 문장은 (4)입니다.

더 알아볼까요!

문단의 중심 문장 찾기

- 문단을 구별할 수 있어야 합니다.
- 문단에서 가장 중요한 문장을 찾아야 합니다.
- 중요한 문장은 문단의 앞이나 뒤에 나옵니다.

8 물고기는 몸속에 있는 부레로 여러 가지 소리를 냅니다.

9 물고기가 우리는 들을 수 없는 높낮이로 소리를 내기 때문에 우리는 물고기의 소리를 들을 수 없습니다.

10 둘째 문단에서 가장 중요한 문장은 ㉢으로, ㉠과 ㉡은 ㉢의 내용을 뒷받침하고 있습니다.

11 총각은 부자 영감을 혼내 주려고 나무 그늘을 샀습니다.

12 나무 그늘을 돈을 받고 파는 것으로 보아 부자 영감은 욕심이 많습니다.

13 부자의 집 앞 나무 아래 있던 총각은 부자 영감의 집 마당으로 들어갔습니다.

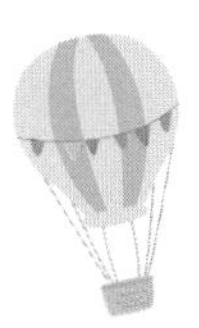

14 총각은 나무 그늘이 부자 영감 집 쪽으로 옮겨 가자 그늘을 따라 부자 영감의 집 안까지 들어갔고 그늘 주인 행세를 했습니다.
15 시간과 장소, 사건의 흐름에 따라 내용을 자연스럽게 간추려 썼으면 정답으로 합니다.
16 '석탄, 석유, 가스, 전기 같은 에너지 자원은 한없이 있는 것이 아니다.'에서 에너지 자원의 종류를 알 수 있습니다.
17 에너지 자원은 한없이 있는 것이 아니라 다 쓰고 나면 더 이상 에너지 자원을 구할 수 없게 됩니다.
18 에너지 사용을 줄이는 것에 대한 실천 방법은 전기가 적게 드는 제품을 사용하거나 전기 사용을 줄이는 것입니다.
19 소년은 자신의 꽃신을 벗어 준 아가씨에게 고마운 마음이 들었을 것입니다.
20 어떤 일이 일어났는지 알 수 있게 정리해 썼으면 정답으로 합니다.

2회 단원 평가 실전

32~35쪽

1 ③ 2 봄 3 ① 4 (2) ○ 5 예 진주의 일요일 날씨는 21도로 따뜻한 날씨이지만, 아침저녁으로 일교차가 크니 따뜻한 옷이 필요하다. 6 ③ 7 수컷 8 ① 9 ④ 10 예 물고기는 몸속에 있는 부레로 여러 가지 소리를 냅니다. 11 ② 12 ⑤ 13 ② 14 ④ 15 예 자기만 생각하지 말고 남과 함께 어울려 사는 마음을 가져야 한다. 16 ① 17 ② 18 빈방이나 아무도 없는 화장실의 전깃불은 끈다. 19 ④ 20 ⑤

풀이

1 이 글은 날씨 정보를 전달하는 일기 예보입니다.
2 '봄꽃', '활짝 핀 벚꽃이 성큼 찾아온 봄을 느끼게 해 줍니다.'에서 '봄'임을 알 수 있습니다.
3 이 일기 예보에서 오늘 하루는 전국적으로 맑은 날씨가 되겠다고 예상했습니다.
4 '작년 이맘때는 봄이었는데도 추웠던 것 같아.' 라고 생각한 것은 경험을 떠올린 것입니다.
5 진주의 일요일 날씨에 대한 정확한 정보를 썼으면 정답으로 합니다.
6 개나 닭이 소리를 내는 방법에 대한 설명을 통해 사람은 성대를 울려 소리를 낸다는 것을 알 수 있습니다.
7 매미는 배에 있는 발음막, 발음근, 공기주머니로 소리를 내는데, 암컷은 발음근이 발달되어 있지 않고 발음막이 없어서 소리를 낼 수 없습니다.
8 다섯 문장으로 이루어진 하나의 문단으로 볼 때 중심 문장은 '매미는 발음근으로 소리를 냅니다.'입니다.
9 첫 번째 문장이 ④문단의 중심 문장입니다. 중심 문장은 그 문단에서 가장 중심이 되는 중요 내용입니다.
10 ④문단의 중심 문장을 찾아 썼거나 '물고기는 부레로 소리를 낸다.'와 같은 내용으로 써야 합니다.
11 집 밖에 생겼던 나무 그늘은 시간이 지나면서 부자의 집 안으로 옮겨 갔습니다.
12 부자 영감은 자신이 돈을 받고 판 나무 그늘을 따라 총각이 집 안으로 들어왔기 때문에 총각에게 나가라고 말하지 못했습니다.
13 부잣집의 마당에 들어간 총각은 그늘에서 뒹굴뒹굴 쉬며 신이 났습니다.
14 이 글에서 중요한 사건은 총각이 부자를 골려 주기 위해서 한 일입니다.
15 '이웃과 함께 나누는 삶을 살자.', '욕심이 지나치면 안 된다.'와 같은 내용으로 썼으면 정답으로 합니다.
16 이 글은 에너지 절약을 주장하는 글입니다.
17 이 글은 주장하는 글로, 문제점 파악하기, 해결 방안, 실천 방법 제안하기로 전개되었습니다.

더 알아볼까요!

글의 전개에 따라 글의 내용을 간추리는 방법
- 문단의 중심 문장 또는 중심 내용을 찾습니다.
- 내용 전개에 따른 분류를 활용해 자연스럽게 연결해서 전체 글의 내용을 간추립니다.

18 '여름에 냉방기의 온도를 높게 설정한다.', '겨울에 내복을 입는다.' 등 집에서 에너지를 절약하기 위한 실천 방법을 썼으면 정답으로 합니다.
19 비가 올 때 사용하는 도구 중 삿갓과 도롱이에 대해 설명하는 문단이므로 빈 곳에 들어갈 중심 문장으로 알맞은 것은 ④입니다.
20 옛날에 삿갓과 도롱이를 함께 쓰면 양손을 자유롭게 움직일 수 있었습니다.

정답과 풀이

창의서술형 평가

36쪽~37쪽

1 예 일요일 춘천의 날씨 정보를 메모했다. 2 예 일요일에 춘천으로 나들이 가도 좋은 날씨인지 확인하기 위해서 3 예 일기 예보에서 알려 준 중요한 날씨 정보를 썼어. 4 (1) 개나 닭은 사람과 같이 성대를 울려 소리를 내지만 다양한 소리를 내지는 못합니다. (2) 매미는 발음근으로 소리를 냅니다. (3) 물고기는 몸속에 있는 부레로 여러 가지 소리를 냅니다. 5 예 동물들이 소리를 내는 방식은 다양합니다. 개나 닭은 사람과 같이 성대를 울려 소리를 내지만 다양한 소리를 내지는 못합니다. 매미는 발음근으로 소리를 냅니다. 물고기는 몸속에 있는 부레로 여러 가지 소리를 냅니다.

풀이

1 글쓴이는 일기 예보를 들으면서 오늘 날씨와 일요일의 춘천 날씨를 적었습니다.

상	언제 어느 지역의 날씨 정보를 메모했는지 썼습니다.
중	두 가지 가운데 한 가지만 썼습니다.
하	두 가지 모두 쓰지 못하였습니다.

2 일요일의 춘천 날씨에 대해 쓰고 화살표를 하여 '나들이 가능'이라고 적은 것으로 보아, 일기 예보를 들은 목적이 춘천으로 나들이를 준비하기 위해서라는 것을 알 수 있습니다.

상	중요하게 적은 내용을 바탕으로 하여 들을 때의 목적을 짐작하여 썼습니다.
중	중요하게 적은 내용을 썼습니다.
하	목적을 짐작하여 쓰지 못하였습니다.

더 알아볼까요!

들은 내용을 간추려 쓰기
- 읽으면서 쓸 때보다 빨리 써야 합니다.
- 중요한 내용만 골라서 짧게 써야 합니다.
- 나뭇가지 모양이나 도형, 수직선 등으로 정리할 수 있습니다.

3 글쓴이는 일기 예보를 들으면서 중요한 낱말만 썼으며, 나들이 갈 때 필요한 준비물과 중요한 날씨 정보를 썼습니다.

상	들으면서 간추려 쓴 방법을 파악하여 썼습니다.
중	간추려 쓴 방법을 짧게 썼습니다.
하	간추려 쓴 방법을 파악하지 못하였습니다.

4 문단에서 가장 중요한 문장은 보통 문단의 앞이나 뒤에 나옵니다.

상	글을 읽고 각 문단의 중심 문장을 찾아 썼습니다.
중	글을 읽고 한 두 문단의 중심 문장만 찾아 썼습니다.
하	문단의 중심 문장을 찾아 쓰지 못하였습니다.

5 문단에서 중심 문장을 찾은 뒤에 각 문단의 중심 문장을 이어 뜻이 자연스럽게 통하도록 썼으면 정답으로 합니다.

상	각 문단의 중심 내용을 연결해 글의 내용을 간추려 썼습니다.
중	일부 문단의 중심 내용만 연결해 글의 내용을 간추려 썼습니다.
하	글의 내용의 간추려 쓰지 못하였습니다.

3 느낌을 살려 말해요

개념을 확인해요

39쪽

1 표정 2 상황 3 듣는 4 표정 5 목적 6 알기 7 상황 8 나이 9 예의 10 기분

개념을 다져요

40~41쪽

1 (3) ○ 2 ④ 3 (1) – ㉡ (2) – ㉢ (3) – ㉠ 4 ③ 5 ④ 6 ㉡

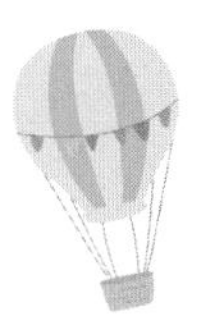

풀이

1 상황에 알맞은 표정, 몸짓, 말투를 사용하면 자신의 생각과 느낌을 효과적으로 전달할 수 있습니다.

2 상대를 설득할 대에는 따뜻한 표정과 부드러운 말투로 말하는 것이 좋고, 감정을 표현할 때에는 감정이 잘 드러나는 표정과 말투로 말하는 것이 좋습니다.

3 듣는 사람이 누구냐에 따라 말할 때 사용해야 할 낱말과 문장의 길이가 달라지고 상대에 따라 지켜야 할 예의가 있습니다.

4 읽는 사람의 나이, 처한 사항, 배경 지식 등에 따라 생각이나 느낌을 전달하는 방식이 달라지기 때문에 이를 고려해서 글을 써야 합니다.

5 겪은 일을 들려줄 때 알맞은 표정, 몸짓, 말투를 사용하면 더 자세하고 실감 나게 이야기할 수 있습니다.

6 우리 할머니라도 높임말로 이야기하고, 외국인을 만났을 때 외국어를 잘 못해도 예의를 지킵니다.

1회 단원 평가 

42~45쪽

1 ① 2 (가) ○ 3 ③ 4 ② 5 ② 6 ① 7 ④ 8 ① 9 ④ 10 (1) ○ 11 ② 12 ③ 13 예 높임말을 사용한다. / 말할 내용을 알맞은 표정, 몸짓, 말투로 표현한다. 14 ④ 15 ② 16 ③ 17 ⑤ 18 예 그때의 기분을 떠올리며 기분에 어울리는 표정과 말투로 이야기한다. 19 ③ 20 ②

풀이

1 여자아이와 남자아이의 말을 통해 학급 회의를 진행하는 장면이라는 것을 알 수 있습니다.

2 그림 (가)의 여자아이처럼 밝은 미소를 짓는 것이 생각이나 느낌을 잘 전달하는 데 효과적입니다.

3 상황에 알맞은 표정, 몸짓, 말투를 사용하면 자신의 생각이나 느낌을 잘 전달할 수 있고 듣는 사람은 잘 알아들을 수 있습니다.

더 알아볼까요!

문단의 중심 문장 찾기
- 문단을 구별할 수 있어야 합니다.
- 문단에서 가장 중요한 문장을 찾아야 합니다.
- 중요한 문장은 문단의 앞이나 뒤에 나옵니다.

4 달리기를 잘하는 친구에게는 칭찬하는 말을 해 줍니다.

5 밝은 표정으로 엄지를 올리는 것은 잘했다고 칭찬하는 상황에 어울리는 몸짓입니다.

6 석우가 먼저 멀리 찬 다음에 영택이 차례라고 말한 것으로 석우는 영택이에게 무엇인가를 차 보라고 했습니다.

7 ㉠은 멀리 찰 자신이 없어서 하는 말이므로 소리가 작고 걱정스러운 말투가 어울립니다.

8 ㉡은 친구에게 해 보라고 용기를 주는 상황에서 하는 말이므로, 친구의 등을 두드리는 몸짓이 어울립니다.

9 돈을 없을 때 사람들은 필요한 물건을 서로 교환하여 사용했습니다.

10 동생에게 무엇인가를 알려 줄 때에는 높임말을 사용하지 않고 이해하기 쉽게 설명해야 합니다.

11 이 글은 돈 가운데에서 동전의 재료에 대해 설명했습니다.

12 동전은 섞는 금속에 따라 색깔이 달라지는데 니켈이 섞이면 은백색이 납니다.

13 '높임말'이나 '알맞은 표정, 몸짓, 말투로'라는 말을 포함해 주의할 점을 알맞게 썼으면 정답으로 합니다.

14 보봉은 군대가 철수하고 생태 마을로 거듭난 마을입니다.

15 태양열을 주 에너지원으로 하고, 자동차 사용을 줄이며 물을 아낄 수 있는 곳, 콘크리트를 쓰지 않는 곳으로 만들자고 하였습니다.

16 보봉 마을에는 개인 주차장이 없습니다. 개인 주차장을 짓지 않겠다고 약속해야 들어와 살 수 있습니다.

17 자연환경 보호, 마을 전체의 이익, 주민의 실천, 생태 마을 등에 대해 생각할 수 있습니다. ①, ④는 자연보호와 반대되는 내용입니다.

18 겪었던 일을 자세하게 들려주고, 친구가 궁금해할 내용을 친절하게 말해 줍니다. 겪은 일을 몸짓으로 흉내 내면 더욱 실감이 납니다.

19 복도와 계단에서는 반드시 우측통행을 해야 하는데, 우측통행이란 길을 갈 때 오른쪽으로 가는 것을 말합니다.

20 계단을 오르내릴 때 두세 칸씩 오르내리면 헛디뎌 구를 수 있어서 위험합니다.

정답과 풀이

2회 단원 평가 실전

46~49쪽

1 ① 2 (3) ○ 3 ④ 4 ㈎ 5 ③ 6 ③ 7 (1) 예 친구의 성공을 반기는 표정, (2) 예 엄지손가락을 위로 올림. 8 예 따뜻한 표정으로 상대를 바라보고, 손을 적절하게 사용하며, 부드러운 말투로 말한다. 9 ③ 10 ②, ⑤ 11 ① 12 ① 13 ①, ⑤ 14 (1) ○ 15 예 우리나라의 동전 만드는 기술은 매우 뛰어나서 많은 나라에서 수입해서 활용한대. 16 ① 17 ㉮ 18 예 학용품을 아껴 쓴다. / 재활용품을 잘 분리해서 버린다. 19 ④ 20 (3) ○

풀이

1 그림 ㈎는 칭찬을 듣고 힘이 나서 대답하는 상황으로 아이는 밝은 미소를 짓고 있습니다.

2 그림 ㈏는 아버지께서 꾸중하시는 상황이고 아이는 죄송스러운 표정을 하고 있습니다.

3 친구들 앞에서 자신 있게 발표해야 하므로 바르게 서서 듣는 사람을 바라보며 말해야 효과적입니다.

4 그림 ㈏의 우승 소감은 어색하고 예의가 없습니다.

5 배를 잡고 허리를 구부린 몸짓이나 찡그린 표정을 볼 때 남자아이는 배가 몹시 아파 보입니다.

6 "에이, 해 봐." 하고 영택이를 격려하고 "오, 민영택! 센데!" 하고 친구의 성공을 반기는 것으로 볼 때 석우는 밝고 쾌활한 성격입니다.

7 표정은 즐겁고, 엄지손가락을 위로 들었습니다.

8 상대를 설득하는 말하기 상황에 어울리게 표정, 몸짓, 말투에 대해 썼으면 정답으로 합니다.

더 알아볼까요!

표정, 몸짓, 말투를 활용해 말할 때 주의할 점
- 듣는 사람에게 맞게 사용합니다.
- 표정, 몸짓, 말투가 서로 어울리게 사용합니다.
- 사용하려는 목적을 생각합니다.

9 카카오 열매를 돈으로 사용했던 지역은 카카오가 많이 나는 지역인 남아메리카입니다.

10 물건을 돈으로 사용하는 것을 '물품 화폐', 또는 '상품 화폐'라고 합니다.

11 이 글은 돈의 재료에 대해 설명하고 있습니다.

12 동전의 주재료는 구리이고 지폐의 주재료는 솜입니다.

13 솜으로 만든 지폐는 습기에 강하고 정교한 인쇄 작업과 위조를 방지할 수 있다는 장점이 있습니다.

14 여러 사람 앞에서 말할 때에는 높임말을 사용해야 합니다.

15 쉬운 낱말과 짧은 문장으로 동생이 이해하기 쉽게 내용을 정리했으면 정답으로 합니다.

더 알아볼까요!

글을 쓸 때 읽는 사람을 위해 고려해야 할 점
- 읽는 사람의 나이를 고려해야 합니다.
- 내용을 잘 알고 있는지 살펴봐야 합니다.
- 읽는 사람의 처지를 생각해 보고 써야 합니다.
- 기분이 상하지 않도록 예의를 지켜야 합니다.

16 보봉 마을에는 개인 주차장이 없습니다.

17 ㉯는 환경 보호를 위해 실천할 수 있는 일을 함께 지키자는 내용을 쓸 때, ㉰는 보봉 마을 사람들처럼 환경을 위해 무엇을 하자고 제안하는 글을 쓸 때 고려할 점입니다.

18 학용품 아껴 쓰기, 음식물 쓰레기 줄이기, 가까운 거리 걸어 다니기 등 환경을 보호하기 위해 실천할 수 있는 방법을 썼으면 정답으로 합니다.

19 시각 장애인은 앞을 볼 수 없으므로, 그러한 상황과 처지를 생각하면서 길을 안내해야 합니다.

20 자신의 의견과 까닭이 잘 드러나게 글을 써야 설득력이 있고 읽는 사람이 쉽게 이해할 수 있습니다.

창의서술형 평가

50쪽~51쪽

1 예 잘했다고 칭찬하는 마음 2 예 고마운 감정이 솔직하게 드러나는 말투를 사용한다. 3 예 놀이 기구를 탔을 때 그림 ㈐의 누나처럼 즐거운 표정을 지은 적이 있다. / 피구공에 맞았을 때 그림 ㈑의 아이처럼 배가 아파서 허리를 구부린 적이 있다. 4 예 남는 곡식을 어떻게 처리할지에 대한 고민 5 예 사람들이 서로 원하는 것과 생각하는 물건의 가치가 달랐기 때문이다. 6 예 처음에는 물건과 물건을 바꾸어 쓰던 사람들이 불편해져서 물건의 가격을 매길 수 있는 돈을 만들어 낸 거야.

풀이

1 선생님이 밝은 표정으로 엄지를 올리는 것은 잘했다고 칭찬하는 뜻입니다.

상	엄지손가락을 위로 올리는 것은 잘했다고 칭찬하는 뜻임을 알고 썼습니다.
중	인물의 표정이나 몸짓에 대해서만 썼습니다.
하	인물의 표정이나 몸짓을 뜻을 제대로 파악하지 못하였습니다.

2 고마운 감정을 표현할 때 고마운 감정이 솔직하게 드러나도록 말투를 사용하지 않으면 오해가 생길 수 있습니다.

상	인물의 행동에 알맞은 말투를 썼습니다.
중	인물의 행동에 대해서만 썼습니다.
하	인물의 행동을 제대로 파악하지 못하였습니다.

3 그림에 나오는 여러 가지 표정이나 몸짓을 하기에 알맞은 상황이나 경험을 떠올려 썼으면 정답으로 합니다.

상	그림 속 인물의 표정, 몸짓, 말투 등에 맞게 자신의 경험을 떠올려 썼습니다.
중	자신의 경험만 떠올려 썼습니다.
하	그림 속 인물의 표정, 몸짓, 말투 등을 파악하지 못하였습니다.

4 겨우 먹고 살 정도의 곡식으로 생활하다가 가족이 먹고도 곡식이 남게 되자 남은 곡식을 어떻게 처리할지 고민하게 된 것이라서 '행복한 고민'이라고 표현했습니다.

상	글을 읽고 내용을 파악해 썼습니다.
중	글을 읽고 내용만 파악했습니다.
하	글을 읽었지만 내용을 파악하지 못하였습니다.

5 예를 들어 쌀을 가져온 농부가 어부의 고등어와 맞바꾸려면 어부 역시 쌀을 원해야 하는데 그러지 않은 경우에는 물물 교환이 이루어질 수 없었습니다.

상	'물물 교환'의 뜻을 바르게 이해하고 내용을 파악해 썼습니다.
중	'물물 교환'의 뜻을 이해했으나, 내용을 제대로 파악하지 못하였습니다.
하	'물물 교환'의 뜻을 이해하지 못하고 내용도 파악하지 못하였습니다.

더 알아볼까요!

물물 교환

- 돈으로 물건을 사고 팔지 않고 직접 물건과 물건을 바꾸는 일을 말합니다.

6 사람들이 돈을 만든 까닭을 동생이 알기 쉬운 말로 잘 정리해 썼으면 정답으로 합니다.

상	동생에게 설명하는 것임을 알고, 이해하기 쉬운 말로 썼습니다.
중	동생에게 설명하는 것임을 알고 있으나, 쉬운 말로 쓰는 것이 미숙합니다.
하	이해하기 쉬운 말로 쓰지 않았습니다.

더 알아볼까요!

「돈을 왜 만들었을까?」의 내용을 소개할 때 듣는 사람에 따라 다르게 말하기 ㉮

- 동생에게 말할 때: 사람들이 돈을 만든 까닭을 알고 있니? 물건과 물건을 바꾸어 쓰던 사람들이 불편해서 물건의 가격을 매길 수 있는 돈을 만들어 낸 거야. 처음 돈은 조개껍데기였대.
- 친구에게 말할 때: 사람들이 돈을 만든 까닭을 알고 있니? 물물 교환을 할 때 사람들은 서로 원하는 것도 다르고 각자가 생각하는 물건의 가치도 달라서 불편했어. 그래서 사람들은 물건의 가격을 매길 수 있는 새로운 물건을 생각해 낸 거지. 그게 바로 돈이야. 최초의 돈은 중국인들이 사용한 조개껍데기래.
- 여러 사람 앞에서 말할 때: 사람들이 왜 돈을 만들었는지 아시나요? 물물 교환을 할 때 사람들은 서로 원하는 것도 다르고 각자가 생각하는 물건의 가치도 달라서 불편했다고 합니다. 그래서 사람들은 물건의 가격을 매길 수 있는 새로운 물건을 생각해 낸 것이죠. 그것이 바로 돈이랍니다. 최초의 돈은 중국인들이 사용한 조개껍데기입니다.

정답과 풀이

4 일에 대한 의견

개념을 확인해요

53쪽

1 사실 2 의견 3 까닭 4 들은 5 느낌 6 의견 7 의견 8 까닭 9 문제 10 해결

개념을 다져요

54~55쪽

1 (1) 사실 (2) 사실 (3) 의견 2 (1) ㉠, ㉡, ㉢ (2) ㉣, ㉤ 3 ⑤ 4 ㉡ → ㉣ → ㉢ → ㉠ 5 (1) ○ 6 ④

풀이

1 현재 벌어진 일이나 실제로 있었던 일을 사실이라고 하고, 대상이나 일에 대한 생각을 의견이라고 합니다.

2 실제로 겪은 일을 나타낸 것은 사실로, 그 일에 대한 생각이나 느낌을 나타낸 것은 의견으로 구별할 수 있습니다.

3 사실에 대한 의견을 친구들과 나누어 보면 같은 사실에 대해서도 사람마다 의견이 다르다는 것을 알 수 있습니다.

4 겪은 일을 사실과 의견으로 나누어 정리한 뒤에 겪은 일에 대한 생각을 글로 표현해야 합니다.

5 기사는 꼭 알려야 하는 소식이나 함께 고민해 볼 문제 등을 사실과 의견이 드러나게 써야 합니다.

6 글에 나타난 사실에 대해 자신의 의견을 떠올릴 때 글을 쓴 사람의 생각과 자신의 의견이 다를 수 있습니다.

1회 단원 평가

56~59 쪽

1 ② 2 ⑤ 3 (1) 의견 (2) 사실 (3) 의견 4 ②, ③ 5 ③ 6 의견 7 ② 8 ⑤ 9 ④ 10 (1) 예 조선 시대와 지금의 수박 껍질 모양이 다르다. (2) 예 새롭게 알게 되어 기쁘다. 11 ㉰ 12 ③ 13 ② 14 예 우리 반이 지난주 쉬는 시간에 운동장에 떨어진 쓰레기를 줍는 봉사 활동을 한 일 15 ③ 16 ④ 17 ② 18 ④ 19 ③ 20 예 장영실은 조선 세종 때의 사람이다. / 장영실은 간의와 혼천의, 자격루를 만들었다.

풀이

1 글쓴이는 정우와 함께 박물관 현장 체험학습을 다녀왔습니다.

2 정우와 함께 박물관 현장 체험학습을 다녀온 것은 '사실'이고 그림에 나타난 조상의 생활 모습은 오늘날과는 많이 다르다는 것은 '의견'입니다.

3 사실은 현재 벌어진 일이나 실제로 있었던 일이고, 의견은 대상이나 일에 대한 생각입니다.

더 알아볼까요!

사실과 의견을 구별하는 방법
- 현재에 있는 일이나 실제로 있었던 일을 나타내면 사실입니다.
- 대상이나 일에 대한 생각이 드러나 있으면 의견입니다.

4 글쓴이는 평소 독도에 관심이 많아 독도에 대한 책을 읽고 사진도 찾아보았지만 직접 가 본 적은 없었습니다.

5 ㉠은 글쓴이가 울릉도에서 독도로 가는 배를 탄 일을 나타낸 문장입니다.

6 '나비의 색깔이 서로 대비를 이루어 인상적입니다.'는 그림에 대한 생각이므로 '의견'입니다.

7 큰 수박 두 덩이, 수박 줄기에 달린 작은 수박 하나, 나비 두 마리, 쥐 두 마리, 수박 줄기와 붉게 핀 꽃 등이 보입니다.

8 수박과 나비는 아이를 많이 낳아 서로 행복하게 잘 살아가길 바라는 마음을 담고 있는 것으로 생각할 수 있습니다.

9 수박 껍질을 뚫어 내고 수박씨를 먹고 있습니다.

10 글을 읽고 알게 된 흥미로운 사실은 무엇이며, 사실에 대한 자신의 의견을 써 봅시다.

더 알아볼까요!

수박과 들쥐
- 작가: 신사임당(1504~1551년)
- 소장한 곳: 국립중앙박물관
- 기법: 종이에 채색
- 패랭이꽃의 꽃말은 '청춘'입니다. 나비는 오래 사는 것을 비는 뜻을 담고 있고, 쥐는 재물을 상징합니다. 왼쪽 아래에서 올라와 중앙을 가로질러 오른쪽으로 휘어져 있는 수박 줄기는 "뜻대로 된다"는 뜻을 표현합니다.

11 ㉮는 가족의 결혼식, ㉯는 현장 체험학습, ㉱는 생일 잔치를 한 일에 대한 그림입니다.

12 이미 겪은 일에 대한 것을 정리하는 것이므로 '무엇을 할 예정인가?'는 맞지 않습니다.

13 어떤 생각을 했는지에 대한 부분은 겪은 일에 대한 사실을 정리한 것입니다.

14 우리 반의 새로운 소식이나 우리 반의 문제점 등 학급 신문에 실릴 만한 주제를 떠올려 썼으면 정답으로 합니다.

더 알아볼까요!

학급 신문에 들어갈 내용
- 우리 학급의 일이어야 합니다.
- 우리 학급에서 있었던 좋은 소식
- 우리 반 친구들에게 새로운 소식
- 우리 반의 문제점을 해결하는 방법
- 친구들에게 부탁하거나 제안하는 편지글

15 신문 기사는 소식이나 사건, 문제점을 해결하자는 내용으로 되어 있어서 사실이나 의견이 잘 드러나게 써야 합니다.

16 자연환경이 큰 영향을 미쳐서 지붕 선이 주변 산봉우리와 잘 어울리도록 부드러운 곡선이 되도록 한 것입니다.

17 ㉠은 '사실'을 나타낸 부분이고, ㉡, ㉢은 '의견'을 나타낸 부분입니다. ㉢은 들은 일이 아닙니다.

18 장영실은 시간을 알려 주는 기구인 자격루를 만들었습니다.

19 글쓴이는 자신도 장난감을 만들어 가지고 노는 것을 좋아해서 장영실과 아주 비슷하다고 생각했습니다.

20 이 글의 내용을 바탕으로 하여 장영실과 관련해 실제로 있었던 일을 썼으면 정답으로 합니다.

2회 단원 평가 실전

60~63쪽

1 정우 2 ③ 3 그림에 나타난 조상의 생활 모습은 오늘날과는 많이 다르다는 생각이 들었다. 4 (1) ㉮ ○ (2) ㉯ ○ 5 예 사람은 동물을 사랑해야 한다. / 자전거를 타는 것은 즐겁다. 6 ③ 7 ③ 8 들은 일 9 ④ 10 ② 11 ②, ③, ④ 12 신사임당 13 ④ 14 (2) ○ 15 ④ 16 ③ 17 예 아픈 친구를 도와 준 4학년 3반 친구들 18 ④ 19 ② 20 ㉮

풀이

1 정우는 박물관에 김홍도의 그림이 있었다는 사실을 말했고, 석원이는 김홍도의 그림에 대한 생각을 말했습니다.

2 석원이는 김홍도의 그림 가운데에서 씨름하는 장면을 그린 그림이 가장 마음에 들었다고 말했습니다.

3 현재 벌어진 일이나 실제로 있었던 일을 사실이라고 하고, 대상이나 일에 대한 생각을 의견이라고 합니다.

4 '토끼는 귀엽습니다.', '동물을 아끼고 보호해야 합니다.'는 대상이나 일에 대한 생각을 나타내는 문장입니다.

5 사실 다음에는 의견을 말하는 규칙이 있고 '사실 ⇨ 의견 ⇨ 사실'의 순서로 되어 있으므로, 빈 곳에는 의견을 나타내는 문장이 들어가야 알맞습니다.

6 이 글에는 독도에서 본 것, 독도에 가서 생각한 것 등이 나타나 있습니다.

7 독도는 동해에 있고 서해와는 아주 멀리 떨어져 있습니다.

8 ㉠은 글쓴이가 들은 일로 사실과 의견 중 사실에 해당합니다.

9 어떤 일이나 대상에 대한 생각이나 느낌이 의견입니다.

10 글쓴이는 독도를 다녀와서 독도를 아끼고 독도에 꾸준히 관심을 가져야겠다고 생각했습니다.

11 수박은 검은 초록, 수박과 꽃의 줄기는 초록, 나비 한 마리와 꽃, 수박 속은 붉은색입니다.

12 조선 시대 화가 신사임당입니다.

13 커다란 수박 두 덩이가 화면의 무게 중심을 잡고, 휘어져 올라간 수박 줄기와 패랭이꽃의 직선 줄기가 서로 대비를 이루고 있기 때문입니다.

14 커다란 수박과 패랭이꽃이 그려 있는 그림입니다.

15 두 개의 수박을 아래쪽 한가운데에 배치하지 않고 왼쪽에 치우치게 배치함으로써 화면의 단조로움을 극복하고 변화와 움직임을 주었습니다.

16 쉬는 시간에 복도를 급히 뛰다가 다친 친구가 있으므로 뛰지 말자는 내용의 기사를 써야 합니다. 쉬는 시간 교실이나 복도의 모습, 사고가 일어난 사례 등을 들어 문제점을 해결하자는 내용을 쓸 수 있습니다.

17 다리를 다쳐서 몸이 불편했던 준수를 위해 친구들이 학교생활을 도왔던 이야기에 대한 제목이어야 합니다.

18 반달가슴곰은 두 마리 이상 새끼를 낳는 일이 드문데 지리산에서 세쌍둥이를 낳은 것은 지리산이 곰이 살아가는 데 적합하기 때문입니다.

19 '우리는 ~해야 한다.'에 의견이 나타나 있습니다.

20 ㉮는 문제에 대한 해결 방법이 나와 있으며, ㉯는 사실에 드러난 문제가 나타나 있습니다.

창의서술형 평가

64쪽~65쪽

1 예 독도에 괭이갈매기, 슴새, 바다제비가 산다는 것 / 독도가 화산섬이라서 식물이 잘 자라기 힘들다는 것 2 예 독도가 아름답고 생명력 넘치는 곳이기 때문이다. 3 예 ㉠은 들은 일을 나타낸 것이고 ㉡은 일에 대한 생각을 나타낸 것이기 때문이다. 4 (1) 예 박물관에는 에너지 절약과 관련한 다양한 전시물과 대체 에너지 체험 기구들이 있었다. (2) 예 선생님께서는 겨울에 입는 내복 하나, 내가 뽑은 꽂개 하나가 에너지를 아낄 수 있다고 말씀하셨다. (3) 예 지난주 수요일 에너지 박물관으로 현장 체험학습을 다녀왔다. 5 예 가는 말이 고와야 오는 말이 곱다는 말이 있다. 나부터 고운 말을 쓰기 위해 노력하면 주변의 많은 친구가 고운 말을 쓸 것이고, 보다 행복한 교실이 될 수 있을 것이다.

풀이

1 독도와 관련된 내용을 썼으면 정답으로 합니다.

상	글쓴이가 한 일, 본 일, 들은 일을 생각하여 실제로 있었던 일을 나타낸 글을 썼습니다.
중	글쓴이가 한 일, 본 일, 들은 일을 알고 있습니다.
하	실제로 있었던 일을 파악하지 못하였습니다.

2 글쓴이는 아름답고 생명력 넘치는 독도가 우리 땅이라는 것이 아주 자랑스럽다고 생각했습니다.

상	글쓴이의 생각을 찾았고, 그것에 대한 까닭을 썼습니다.
중	글쓴이의 생각만 찾았습니다.
하	글쓴이의 생각을 파악하지 못하였습니다.

3 현재에 벌어진 일이나 실제로 있었던 일을 나타내면 사실이고, 대상이나 일에 대한 생각이 드러나 있으면 의견입니다.

상	실제로 있었던 일을 나타내면 사실이고, 대상이나 일에 대한 생각이 드러나 있으면 의견임을 알고 썼습니다.
중	사실과 의견 가운데 한 가지만 썼습니다.
하	사실과 의견을 구분하지 못하였습니다.

4 겪은 일에 대한 사실을 본 일, 들은 일, 한 일로 나누어 써 봅니다.

상	겪은 일에 대한 사실을 정리하여 썼습니다.
중	본 일, 들은 일, 한 일 가운데 한 가지만 썼습니다.
하	사실과 의견을 구분하지 못하였습니다.

5 거친 말을 쓰는 친구들에 대한 자신의 생각을 써야 합니다.

상	그림과 기사를 보고 문제 사항을 파악하여 자신의 의견을 까닭을 들어 썼습니다.
중	자신의 의견이나 까닭만 썼습니다.
하	문제 사항을 파악하지 못하였고, 의견도 쓰지 못하였습니다.

5 내가 만든 이야기

개념을 확인해요

67쪽

1 시작 2 과정 3 배경 4 차례 5 처음 6 제목 7 사건 8 결과 9 흐름 10 바른

개념을 다져요

68~69쪽

1 ㉢ → ㉠ → ㉣ → ㉡ 2 ② 3 (1) ○ (2) × (3) ○ 4 ① 5 ②, ④ 6 ㉠

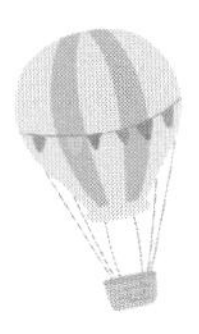

풀이

1 각 그림의 내용을 파악하고 시작 장면을 정한 뒤에 원인과 결과의 관계가 있도록 그림 차례를 정합니다.
2 사건의 흐름을 파악하는 방법은 인물, 장소, 일어난 일, 일이 일어난 차례를 찾아보는 것입니다.
3 이야기에서 일어난 일을 차례대로 정리하고 처음, 가운데, 끝으로 나누어 보면 이야기의 흐름을 정리할 수 있습니다.
4 이어질 내용을 상상해서 쓰는 것이므로 읽는 사람의 처지를 생각하고 쓸 필요는 없습니다.
5 상상한 이야기를 쓴 뒤에는 내용이 어색하거나 흐름에 맞지 않는 부분은 고쳐 씁니다.
6 이야기의 흐름에 맞게 이어질 내용을 상상해 꾸며 씁니다.

1회 단원 평가 

70~73 쪽

1 ⑤ 2 예 한 아이가 구름 사람을 만났습니다. 구름 사람은 아이에게 구름으로 모자와 목도리를 만들어 주었습니다. 그리고 아이를 태우고 하늘 높이 날았습니다. 3 ② 4 금이 있는 커다란 산 5 ④ 6 ③ 7 ③ 8 예 「흥부 놀부」 9 ② 10 (2) ○ 11 ③ 12 ① 13 ④ 14 ④ 15 예 항아리의 냄새를 맡을 것이다. / 엄마가 냄새를 풍겨 꽃담이가 냄새를 맡고 스스로 나오도록 할 것이다. 16 우주 17 ① 18 예 외계인의 도움을 받아 연료를 구해 지구로 돌아옴. 19 ③ 20 ⑤

풀이

1 그림 ❶에는 아이와 구름 사람이 나오고 아이는 구름으로 만든 모자와 목도리를 하고 있습니다.
2 일어난 일들이 서로 원인과 결과로 자연스럽게 연결되어야 합니다

더 알아볼까요!

이야기 꾸밀 때 생각할 점
• 이야기의 흐름이 자연스러운가?
• 이야기가 그림과 어울리는가?
• 일어난 일들이 서로 원인과 결과로 연결되었는가?

3 까마귀는 동생의 감을 모두 따 먹은 대신 동생을 금이 있는 커다란 산에 데려다주겠다고 말했습니다.
4 동생은 까마귀 덕분에 금이 있는 커다란 산에 갈 수 있었습니다.
5 금으로 가득한 산에 간 동생은 주변에 흩어져 있는 금을 주머니에 주워 담았습니다.
6 산에서 형이 큰 자루에 가득 채울 정도로 많은 금을 넣었습니다.
7 부자가 되고 싶어서 감나무를 빌리고 욕심을 부리다 까마귀 등에서 떨어진 것을 볼 때 형은 욕심이 많은 성격입니다.
8 착한 사람은 복을 받고 나쁜 사람은 벌을 받는다는 내용의 이야기여야 합니다.

더 알아볼까요!

「까마귀와 감나무」와 「흥부 놀부」, 「혹부리 영감」의 비슷한 점
• 착한 사람은 복은 받고 나쁜 사람은 벌을 받는다는 내용
• 착한 사람이 복을 받는 것을 본 나쁜 사람이 자신도 복을 받으려고 그 일을 따라 한다는 것

9 수현이는 마라톤 대회에 참가해 완주하겠다고 다짐했습니다.
10 이야기의 앞 내용을 바르게 이해하고 이어질 내용을 상상한 것은 (2)입니다.
11 글 ㈎에서 일어난 중요한 일은 초록 고양이가 꽃담이에게 엄마가 들어가 있는 항아리를 찾으라고 하였고, 꽃담이가 쉽게 찾아낸 것입니다.
12 꽃담이는 냄새를 맡아 보고 한 번에 엄마가 있는 항아리를 찾아냈습니다.
13 글 ㈏에서 사라진 꽃담이를 찾던 엄마는 초록 고양이를 따라 글 ㈐에서 커다란 동굴로 갔습니다.
14 초록 고양이가 꽃담이를 숨겼기 때문에 엄마는 꽃담이를 찾기 위해 초록 고양이를 따라 동굴로 갔습니다. 사건 사이의 원인과 결과를 생각합니다.
15 이야기의 흐름에 맞게 엄마가 문제를 해결하는 방법을 알맞게 상상해 썼으면 정답으로 합니다.
16 상상한 이야기에서 주인공은 우주선을 타고 우주여행을 떠났습니다.
17 상상한 이야기 속 우주선은 연료 부족으로 불시착하게 되었습니다.
18 외계인을 도와준 우주인에게 어떤 일이 생길지 이야기의 흐름에 맞게 썼고 이야기의 결말에 해당하는 내용으로 썼으면 정답으로 합니다.

19 전우치는 한자경에게 족자를 주면서 하루에 한 냥씩 만 받아 쓰라고 하였습니다.

20 한자경은 한 냥씩 얻어 쓰는 것만으로도 기뻤지만 욕심이 생긴 뒤 부터는 하루에 고작 한 냥 타서 쓰는 일이 바보같이 생각됐습니다.

2회 단원 평가

74~77쪽

1 ① 2 ④ 3 ④ 4 ② 5 예 까마귀가 동생의 감나무에 있는 감을 다 먹어 버렸다. 6 부자 7 감나무 8 ② 9 무거워 10 ② 11 ③ 12 ⑤ 13 ③ 14 주원 15 ④ 16 ④ 17 ②, ③ 18 예 꽃담이는 엄마 냄새를 맡고 엄마가 있는 항아리를 찾게 되었어요. 19 항아리 20 ⑤

풀이

1 구름 모자와 목도리를 한 아이가 구름 사람을 타고 날아가는 모습입니다.

2 꾸민 이야기 발표하기 시간이므로 글쓴이의 주장과 까닭은 맞지 않습니다.

3 옛날 어느 가을날 일어난 일입니다.

4 "당신은 마음이 착하고 욕심이 없군요."라고 말했습니다.

5 까마귀가 감을 다 먹어 버렸다는 내용을 포함해서 썼으면 정답으로 합니다.

6 형은 동생이 큰 부자가 된 것을 보고 그 까닭을 물었습니다.

7 형은 동생처럼 까마귀를 따라 금 산에 가고 싶어서 동생에게 감나무를 빌려 달라고 사정했습니다.

8 글 ㈏에서 형은 부자가 된 동생을 따라 해서 금으로 가득한 산에 갔고 그 곳에서 자루에 금을 가득 담았습니다.

더 알아볼까요!

이야기를 읽고 사건의 흐름을 파악하는 방법
- 이야기에 나타난 인물, 장소, 일어난 일을 찾아봅니다.
- 야기에서 일어난 중요한 일을 찾아봅니다.
- 일이 일어난 차례를 살펴봅니다.

9 형이 아주 큰 자루에 금을 꾹꾹 채워 넣었다는 내용이 앞에 나오므로 뒤에 이어질 내용에서도 금 자루가 무거워야 이야기가 자연스럽게 연결됩니다.

10 지나치게 욕심을 부리면 안 된다는 것을 알려 주고 있습니다.

11 수현이는 달리기를 하다가 경사진 언덕을 오를 때 너무 힘든 나머지 도중에 포기해야겠다고 생각했습니다.

12 사람들은 쓰러질 듯 달리면서도 포기하지 않는 꼴찌에게 환호 소리를 보냈습니다.

13 수현이는 뒤에 달리는 친구가 있다는 것을 알고 자신이 꼴찌가 아니라는 사실에 마음이 놓였습니다.

14 수현이에게 일어난 일을 바르게 파악해서 하고 싶은 말을 한 친구는 주원이입니다.

15 힘든 마라톤을 완주하는 모습을 통해 끝까지 포기하지 않고 노력하는 모습의 아름다움을 느낄 수 있습니다.

더 알아볼까요!

이야기의 주제
- 이야기에서 나타내려고 하는 생각입니다.
- 주제를 찾을 때에는 제목, 인물의 말이나 행동, 일어난 일 등을 살펴봅니다.
- 「아름다운 꼴찌」를 통해 글쓴이가 나타내려고 하는 생각: 포기하지 않고 끝까지 노력하는 모습의 아름다움 / 아버지의 사랑

16 초록 고양이는 엄마를 항아리 안에 숨겨 놓았습니다.

17 초록 고양이는 꽃담이에게 항아리를 두드리거나 엄마를 부르지 않고 엄마가 있는 항아리를 찾아보라고 했습니다.

18 꽃담이가 문제를 해결하는 내용을 포함해서 어색하지 않게 이어질 내용을 썼으면 정답으로 합니다.

더 알아볼까요!

이어질 내용 상상해 쓰기
- 사건이 일어난 차례와 원인과 결과의 관계를 생각하며 이야기의 흐름에 맞는 이어질 내용을 상상해 써 봅니다.
- 이야기의 흐름이 자연스러운지 살펴봐야 합니다.
- 이야기 앞부분에 나온 내용과도 어울려야 합니다.

19 꽃담이는 항아리 40개 가운데 하나에 들어 있습니다.

20 항아리 뚜껑을 열어 봐서도 안 되고, 딸 이름을 불러서도 안 된다고 하였습니다.

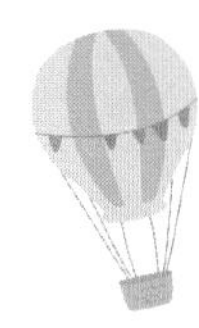

창의서술형 평가

78쪽~79쪽

1 ㉠ 금 산에서 가져온 금으로 부자가 되었다. 2 ㉠ 자루에 금을 너무 많이 담았기 때문이다. 3 ㉠ 지나치게 욕심을 부리면 안 된다. / 착하게 살다 보면 반드시 복을 받는다. 4 ㉠ 수현이가 힘든 마라톤을 끝까지 포기하지 않고 달렸기 때문이다. 5 ㉠ 끝까지 포기하지 않고 달려서 뿌듯했을 것이다. 6 ㉠ 수현이는 마라톤을 완주하지 못했다는 것을 부모님께 말씀드리지 못하고 함께 뛰었던 아빠에게도 죄송한 마음을 가지게 된다.

풀이

1 동생은 까마귀 덕분에 금산으로 가서 금을 가져올 수 있었습니다.

상 이야기를 읽고 사건의 흐름을 파악하여 인물에게 일어난 일을 썼습니다.

중 인물에게 일어난 일을 상상해 썼습니다.

하 사건의 흐름을 파악하지 못하였습니다.

2 형은 욕심을 부려 금을 너무 많이 가져오는 바람에 금 자루가 무거워 까마귀 등에서 떨어지고 말았습니다. 일이 일어난 사건을 생각해 씁니다.

상 인물의 성격과 행동을 파악하고 사건에 알맞게 글에 썼습니다.

중 사건에 맞게 글을 썼습니다.

하 사건을 파악하지 못하였습니다.

3 이 이야기를 통해 글쓴이가 전하고자 하는 생각은 욕심을 부리지 말자는 것, 착한 사람은 복을 받는다는 것입니다.

상 이야기를 읽고 글쓴이가 전하고 싶은 생각을 제대로 썼습니다.

중 이야기를 읽고 '욕심을 부리지 말자.', '착하게 살자.' 등을 썼습니다.

하 글쓴이가 전하고 싶은 생각을 쓰지 못하였습니다.

4 선생님과 친구들은 수현이가 끝까지 포기하지 않고 마라톤을 완주한 것에 감동을 느꼈을 것입니다.

상 인물에게 어떤 일이 생겼는지 알고, 까닭을 알맞게 썼습니다.

중 사건에 대한 까닭을 썼습니다.

하 내용을 파악하지 못해 까닭을 쓰지 못했습니다.

5 수현이는 힘든 상황에서도 마라톤을 포기하지 않고 끝까지 완주한 것에 대해 뿌듯한 마음이 들었을 것입니다.

상 목표를 이루었을 때의 마음에 맞게 썼습니다.

중 글을 읽고 인물의 마음을 생각하며 썼습니다.

하 인물의 마음을 짐작하여 쓰지 못하였습니다.

6 인물이 한 행동을 생각하며 상상하여 써 봅니다.

상 이야기의 흐름을 통해 이어질 일을 상상해 썼습니다.

중 인물과 사건을 생각하여 이어질 일을 썼습니다.

하 이야기의 흐름을 파악하지 못하였습니다.

6 회의를 해요

개념을 확인해요

81쪽

1 회의 2 주제 3 표결 4 기록자 5 절차 6 의견 7 해결 8 의견 9 의견 10 요약

개념을 다져요

82~83쪽

1 (1) ○ 2 ㉯ → ㉰ → ㉱ → ㉮ → ㉳ → ㉲ 3 사회자 4 ③ 5 ②, ③, ④ 6 (1) ○

풀이

1 가족회의의 내용을 정리한 것입니다.

2 회의에서는 주제를 먼저 정하여 토의를 한 후 표결을 하여 결과를 정하여 발표합니다.

3 회의 절차를 안내하고 말할 기회를 주는 것은 사회자의 역할입니다.

4 내가 하고 싶은 주제인지보다 공통의 관심사인지가 중요합니다.

5 회의 절차를 안내하는 것은 사회자가 할 일이고, 기록자는 중요한 내용을 기록합니다.

6 사회자는 회의 참여자의 의견을 자신이 판단해 마음대로 무시했습니다.

1회 단원 평가 

84~87 쪽

1 (1) – ㉠ (2) – ㉢ (3) – ㉡ 2 ⑤ 3 ③, ④, ⑤ 4 예 아침 활동 시간에 할 것 정하기 5 (1) 회의 참여자 (2) 사회자 (3) 기록자 6 ③ 7 ① 8 ④ 9 폐회 10 안전 게시판을 만들자. 11 ② 12 ⑤ 13 ① 14 ③, ⑤ 15 예 오해가 생기면 서로 말을 하지 않아서 오해가 깊어져 우정에 금이 가기 때문이다. 16 ④ 17 예 말할 기회를 골고루 주시기 바랍니다. 18 ⑤ 19 ⑤ 20 ①

풀이

1 그림에서 회의 참석자가 누구인지 잘 살펴봅니다.

2 회의 주제, 회의 목적, 회의 참석자, 회의 내용, 회의 결과를 정리해야 합니다.

3 회의를 하면 시간이 걸리지만 여러 사람의 의견을 들을 수 있어서 문제를 해결하는 좋은 방법을 찾을 수 있습니다.

4 모둠에서 해결해야 할 일을 떠올려 씁니다.

더 알아볼까요!

이어질 내용 상상해 쓰기
- 사건이 일어난 차례와 원인과 결과의 관계를 생각하며 이야기의 흐름에 맞는 이어질 내용을 상상해 써 봅니다.
- 이야기의 흐름이 자연스러운지 살펴봐야 합니다.
- 이야기 앞부분에 나온 내용과도 어울려야 합니다.

5 앞에 나와서 회의 절차를 안내하거나 말할 기회를 주는 사람은 사회자이며, 기록자는 칠판에 회의 내용을 기록합니다.

더 알아볼까요!

참여자의 역할

역할	내용
사회자	• 회의 절차를 안내한다. • 말할 기회를 골고루 준다.
회의 참여자	• 주제에 대해 의견을 발표한다. • 다른 사람의 의견을 주의 깊게 듣는다.
기록자	• 회의가 열린 날짜와 시간, 장소를 기록한다. • 회의 내용을 기록한다.

6 회의 참여자 3인 이정수 친구는 "안전 게시판을 만들면 좋겠습니다."라고 하였습니다.

7 사회자는 회의 참여자에게 말할 기회를 골고루 줍니다.

더 알아볼까요!

회의 절차

절차	내용
개회	회의 시작을 알린다.
주제 선정	회의 주제를 정한다.
주제 토의	선정된 주제에 맞는 의견을 제시한다.
표결	찬성과 반대 의견을 헤아려 다수결로 결정한다.
결과 발표	결정된 의견을 발표한다.
폐회	회의 마침을 알린다.

8 선정된 주제에 맞는 의견을 제시하는 '주제 토의' 단계입니다.

9 회의가 끝났음을 알리는 것을 폐회라고 합니다.

10 실천 내용으로 "안전 게시판을 만들자."로 결정했습니다.

11 회의 주제를 정하고 있습니다.

12 그림 ❸에서 공통으로 관심 있어 할 만한 주제가 아니라고 하였습니다.

13 주제를 실천할 수 있는 의견을 떠올려야 합니다.

14 실천할 수 있고, 도움이 되는 의견을 생각해 봅니다.

15 의견에 알맞은 분명한 근거를 생각해 씁니다. 오해는 대화로 금방 풀자는 의견을 내놓았습니다.

16 별명을 들으면 기분이 나빠지므로 서로 별명을 부르지 말자고 하였습니다.

17 사회자가 골고루 말할 기회를 주지 않고 특정 회의 참여자에게만 발언권을 주어서 회의 참여자 4가 불만인 상황입니다.

18 다른 사람의 의견을 존중하며 적극적으로 회의에 참여해야 합니다.

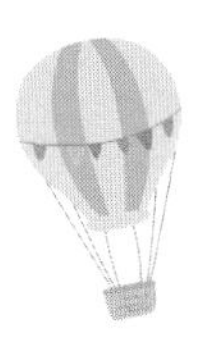

19 '표결'에서 찬성과 반대 의견을 헤아려 다수결로 결정합니다.

20 회의 참여자 4는 사회자가 표결을 하고 있는데 의견을 말했습니다.

2회 단원 평가

88~91쪽

1 ① 2 ② 3 예 여름에 아버지께서 추천하신 산 캠핑을 먼저 가고, 놀이공원에는 겨울에 가기로 했다. 4 ① 5 ① 6 (1) – ㉡ (2) – ㉠ 7 ③ 8 ④ 9 ③ 10 예 "학교 생활을 안전하게 하자."이고, 실천 내용은 "안전 게시판을 만들자."로 정했습니다. 11 (3) ○ 12 ①, ④ 13 ④ 14 (1) ㉰ (2) ㉯ (3) ㉮ 15 ①, ② 16 ④ 17 ③ 18 예 친구가 말할 때 끼어들지 않는다. 19 친구들과 친하게 지내자. 20 (1) 사회자 (2) ㉰

풀이

1 회의 참석자나 회의 주제 등으로 보아 가족회의 내용을 정리한 것입니다.

2 가족 여행 장소를 정하기 위해 가족회의를 하였습니다.

3 여름에는 산 캠핑을 가고, 놀이공원은 겨울에 가기로 했습니다.

4 회의의 시작을 알리는 단계입니다.

5 '개회'이므로 회의 시작을 알립니다.

6 사회자가 학급 회의 시작을 알리면서 회의 절차를 안내하고 있습니다. 기록자는 괄호 안의 내용으로 보아 회의 내용을 기록한다는 것을 알 수 있습니다.

7 요즘 교실이 많이 지저분하기 때문에 "깨끗한 교실을 만들자." 를 주제로 제안한다고 하였습니다.

8 표결을 해서 두 번째 주제를 선택했다고 하였습니다.

9 이 글은 '표결'에 해당합니다.

10 가장 많이 찬성한 의견은 "안전 게시판을 만들자."입니다.

11 회의 주제를 정하는 방법을 생각합니다.

12 어머니 심부름과 부모님께 인사를 잘하는 것은 가정과 관련된 회의 주제입니다.

13 어떤 의견을 말하면 좋을지에 대해 이야기를 나누고 있습니다.

14 의견을 말할 때에는 알맞은 근거를 들어 말해야 합니다.

15 ①은 실천하기가 어렵고, ②는 주제와 관련이 없으므로 의견으로 받아들일 수 없습니다.

16 사회자가 "친구들과 사이좋게 지냅시다."라는 주제를 안내하였습니다.

17 회의 참여자가 사회자 허락을 얻지 않고 말해 사회자가 회의 규칙을 이야기해 주고 있습니다.

18 친구가 의견을 말할 때 중간에 말을 가로채는 친구가 있어 발표한 친구가 의견을 끝까지 들어 달라고 했습니다.

19 주제 토의에서 친구들과 친하게 지내기 위해 우리가 할 수 있는 실천 사항을 발표하고 있습니다.

20 사회자는 회의 참여자의 의견을 자신이 판단해 마음대로 무시했습니다.

창의서술형 평가

92쪽~93쪽

1 예 쓰레기를 제대로 분리해서 버리자. 2 (1) 예 비닐봉지를 잘 모아서 버리자. (2) 예 비닐봉지는 썩지 않아서 재활용 쓰레기로 분류해서 버리지 않으면 환경 오염을 발생시킬 수 있기 때문이다. 3 예 실천하기가 어려워 의견으로 정할 수 없다. 4 예 회의 참여자가 사회자 허락을 얻지 않고 말했다. 5 예 친구가 말할 때 끼어들지 않는다. / 다른 사람의 의견을 존중한다. / 자신의 의견만 옳다고 주장하지 않는다. / 알맞은 크기의 목소리로 말한다. 6 (1) 예 친구가 잘하는 점을 칭찬해 주자. (2) 예 친구가 잘하는 점을 찾기 위해서는 친구에 대해 더 잘 알아야 하고, 칭찬을 듣는 친구도 기분이 좋아져서 더 친해질 수 있다.

풀이

1 분리배출에 관해 해결해야 할 문제를 생각해 봅니다.

상	그림을 보고 쓰레기를 제대로 분리해서 버리자는 내용의 회의 주제를 썼습니다.
중	쓰레기 분리배출에 대한 회의 주제를 썼습니다.
하	쓰레기 분리배출에 대한 주제를 쓰지 못하였습니다.

정답과 풀이

2 분리배출을 잘하기 위한 의견을 생각해 봅니다.

상	회의 주제와 관련이 있고 실천할 수 있는 의견과 근거를 썼습니다.
중	회의 주제와 관련이 있는 의견을 썼습니다.
하	회의 주제와 관련이 있는 의견과 근거를 쓰지 못하였습니다.

3 의견을 결정하는 기준을 생각해 봅니다.

상	물건을 아예 사용하지 않는 것은 실현 불가, 실천할 수 없는 의견임을 썼습니다.
중	실천할 수 없는 의견임을 알고 썼습니다.
하	의견을 평가하여 쓰지 못하였습니다.

4 회의 참여자 1은 사회자 허락을 얻지 않고 말하였습니다.

상	사회자에게 발언권을 얻은 뒤에 발언을 해야 한다는 것을 알고 썼습니다.
중	회의 참여자가 지켜야 할 점을 알고 썼습니다.
하	문제점을 파악하지 못하였습니다.

5 자신의 의견만 옳다고 고집하지 않고 질서와 예절을 지켜서 말합니다.

상	회의 참여자가 지켜야 할 규칙을 썼습니다.
중	회의 참여자가 지켜야 할 규칙을 알고 썼습니다.
하	회의 참여자가 지켜야 할 규칙을 쓰지 못하였습니다.

6 친구와 사이좋게 지내기 위한 의견과 근거를 생각해 봅니다.

상	회의 주제와 관련이 있는 의견을 알맞은 근거를 들어 썼습니다.
중	친구와 사이좋게 지내기 위한 의견을 썼습니다.
하	회의 주제와 관련이 있는 의견을 쓰지 못하였습니다.

7 사전은 내 친구

개념을 확인해요

95쪽

1 기본형 2 반대 3 반대 4 인터넷 5 정확 6 사전 7 뜻 8 내용 9 사전 10 낱말

개념을 다져요

96~97쪽

1 (1) - ㉠ (2) - ㉡ 2 ④ 3 인터넷 사전 4 ①, ⑤ 5 ㉰ → ㉯ → ㉱ → ㉮ 6 ③

풀이

1 '낮다 높다'는 뜻이 반대인 낱말의 관계이고, '움직이다, 헤엄치다'는 낱말 '움직이다'가 '헤엄치다'를 포함하는 관계의 낱말입니다.

2 속담 사전의 쓰임과 좋은 점을 보고 알 수 있습니다.

3 채아는 스마트폰으로 인터넷 사전을 이용했다고 하였으며, 남자아이는 종이책 사전을 이용했습니다.

4 국어사전을 활용하면 낱말의 정확한 뜻을 알 수 있고, 글의 내용을 더 잘 이해할 수 있습니다.

5 사전에 실을 낱말을 정하여 차례를 정하고, 낱말의 뜻을 찾아 씁니다.

6 '향신료'의 낱말 뜻을 찾은 것입니다.

1회 단원 평가

98~101 쪽

1 ③ 2 ⑤ 3 (2) ○ 4 ③ 5 ㉮ 책, ㉯ 동화책 6 ⑤ 7 ② 8 ⑤ 9 (1) 퇴적 (2) 협곡 (3) 증발 10 예 1997년 미국의 화성 탐사선은 화성의 궤도에 진입해 화성 표면의 모습을 사진으로 찍어 지구로 보내 주었다. 11 ⑤ 12 ④ 13 ③ 14 (1) ○ 15 예 가위바위보를 하여 편을 갈랐다. 16 ③ 17 (1) 예 국어사전, 인터넷 사전, 컴퓨터 사전, (2) 예 계절별 놀이 사전 / 학교 화단 식물 사전 18 ⑤ 19 ⑤ 20 ②

풀이

1 낱말의 첫 글자의 첫 자음자 순서대로 실려 있습니다. '갱지 → 묶어서 → 벽지 → 찢으면 → 창호지'의 순서대로 실립니다.

더 알아볼까요!

국어사전에서 낱말 찾기
- 첫 자음자가 실린 차례: ㄱ, ㄲ, ㄴ, ㄷ, ㄸ, ㄹ, ㅁ, ㅂ, ㅃ, ㅅ, ㅆ, ㅇ, ㅈ, ㅊ, ㅋ, ㅌ, ㅍ, ㅎ
- 모음자가 실린 차례: ㅏ, ㅐ, ㅑ, ㅒ, ㅓ, ㅔ, ㅕ, ㅖ, ㅗ, ㅘ, ㅙ, ㅚ, ㅛ, ㅜ, ㅝ, ㅞ, ㅟ, ㅠ, ㅡ, ㅢ, ㅣ
- 받침이 실린 차례: ㄱ, ㄲ, ㄳ, ㄴ, ㄵ, ㄶ, ㄷ, ㄹ, ㄺ, ㄻ, ㄼ, ㄽ, ㄾ, ㄿ, ㅀ, ㅁ, ㅂ, ㅄ, ㅅ, ㅆ, ㅇ, ㅈ, ㅊ, ㅋ, ㅌ, ㅍ, ㅎ

2 전자 종이는 원격으로 스스로 인쇄를 하고, 지면의 인쇄 내용을 완전히 바꿀 수 있습니다.
3 '원격'이 나온 앞뒤 낱말과 문장을 보고 '원격'의 뜻을 짐작하고 있습니다.
4 '침침해서'는 '눈이 어두워 물건이 똑똑히 보이지 않고 흐릿해서'라는 뜻입니다.
5 책에 포함되는 낱말은 '동화책, 그림책, 과학책'입니다.
6 '움직이다'는 '날다'를 포함하는 낱말입니다.
7 '평야 지대'는 기복이 매우 작고, 지표면이 평평하고 너른 들을 말합니다. 화성 표면의 모습은 고원 지대, 협곡, 화산 지형, 강줄기처럼 보이는 부분이 있습니다.
8 물의 영향을 받은 암석은 화성에 물이 있었다는 증거입니다.
9 '침식'은 '비, 하천, 빙하, 바람 따위의 자연 현상이 지표를 깎는 일.', '퇴적'은 '모래 등이 쌓이는 현상.'
10 설명하는 글을 읽고 알게 된 내용을 정리합니다.
11 인간은 새끼를 일정 기간 몸속에서 키워 내보낸 뒤 젖을 먹여 키우는 포유동물입니다.
12 '하찮다'는 '대수롭지 아니하다.'의 뜻을 가진 낱말입니다. ④를 제외한 나머지는 '대단하다'의 뜻입니다.
13 고래도 남의 일을 내 일처럼 여기는 따뜻한 마음을 가지고 있다는 것을 알 수 있습니다.
14 고래가 몸이 불편한 동료를 도와주는 것을 제시하여 동물에게도 감정이 있다는 것을 알려 주고 있습니다.
15 낱말 뜻에 알맞은 문장을 만들어 씁니다.
16 'ㄱ~ㅎ'은 첫자음자가 실린 차례의 모습입니다.

더 알아볼까요!

책 모양 정하기
- 나만의 낱말 사전을 어떤 책으로 만들면 좋을지 생각해 봅니다.
- 전화번호부 모양 책, 깃발책 가운데 등 여러 가지 자신이 만들 사전의 내용과 가장 어울리는 모양은 어떤 것인지 정해 봅니다.

17 이야기 주인공 사전, 컴퓨터 게임 용어 사전 등 나만의 특별한 사전을 생각해 씁니다.
18 다른 낱말의 뜻은 덧붙일 내용으로 어울리지 않습니다.
19 흑인 노동자들이 다 함께 모여 고향을 그리고 작은 잔치를 벌이던 것에서 시작되었습니다.
20 '냉대'의 낱말 뜻입니다.

2회 단원 평가

102~105쪽

1 ④ 2 ① 3 ④ 4 ② 5 ③ 6 ② 7 ② 8 ⑤ 9 (1) 마스 글로벌 서베이어 (2) 화성 표면 10 ① 11 ⑤ 12 (1) – ㉠ (2) – ㉡ 13 ③ 14 (2) ○ 15 ㉯ 글쓴이의 생각처럼 동물도 인간과 함께 살아가는 생명이므로 소중히 여겨야 한다고 생각한다. 16 (1) 4 (2) 1 (3) 2 (4) 3 17 ② 18 (1) ㉯ 봄여름가을겨울 놀이 사전, (2) ㉯ 낱말 옆에 예문으로 놀이할 때 사용하는 말을 넣어서 실감이 난다. 19 ②, ⑤ 20 ③

풀이

1 모양이 바뀌는 낱말은 국어사전에서 기본형으로 찾아야 합니다.
2 첫 번째 글자의 첫 자음자 순서를 살펴봅니다.
3 글에서 모르는 낱말이 많으면 뜻을 짐작하거나 국어사전을 찾아봅니다.
4 수아네 가족은 할머니, 할아버지들이 계시는 요양원을 방문하였습니다.
5 '가다'와 '오다'는 뜻이 반대인 낱말입니다.
6 '움직이다'에 포함될 수 있는 낱말은 '날다, 걷다, 뛰다, 일어서다, 헤엄치다' 등입니다.
7 미국의 바이킹 우주선과 화성 탐사선 마스 글로벌 서베이어는 화성 표면의 모습을 지구에 알려 주었습니다.
8 화성에서 강물의 침식과 퇴적 작용이 있었음을 보여주는 화성 암석으로 오래전에 물이 흘렀음을 알 수 있습니다.
9 두 번째 문단에서 찾아 씁니다.
10 '고원'은 해발 고도 600미터 이상에 있는 넓은 벌판을 말합니다.
11 인간은 최초의 생명이 진화하는 과정에서 우연히 생겨난 생물의 한 종일 뿐이기 때문입니다.

12 '흠씬'은 '매 따위를 심하게 맞는 모양'이고, '진화'는 '생물이 간단한 것에서 복잡한 것으로 발전함.'입니다.
13 '멸종'은 '생물의 한 종류가 아주 없어짐.'이라는 뜻입니다.
14 '옛날보다 산업이 발전하였다.'가 알맞습니다.
15 글쓴이는 생명 앞에서 고맙고 겸손한 마음을 가져야 한다고 하였습니다.
16 만들고 싶은 사전을 정해서 사전에 실을 낱말을 정하고, 낱말의 차례대로 낱말의 뜻을 씁니다.
17 낱말의 첫 글자의 첫 자음자, 모음자, 끝 자음자를 잘 보고 알맞은 차례를 정합니다.
18 나만의 낱말 사전의 형식적인 특징이나 내용적인 특징 등을 생각해서 씁니다.
19 연기를 피워서 항아리에 눈이 잘 보이지 않는 실금이 갔는지 알아내고, 나쁜 벌레도 잡을 수 있습니다.
20 '부산스럽다'는 '보기에 급하게 서두르거나 시끄럽게 떠들어 어수선한 데가 있다.'는 뜻입니다.

창의서술형 평가

106쪽~107쪽

1 (1) 감다 ↔ 뜨다 (2) 가다 ↔ 오다 2 (1) 예 음식 / 간식 (2) 예 솜사탕 3 예 동화책은 책에 포함되는 낱말이다. / 책은 동화책을 포함하는 낱말이다. 4 (1) 예 찾아냄. (2) 예 뒷문장에 '있다는 것이 밝혀졌어요'로 알 수 있음. 5 (1) 예 국어사전 (2) 예 미처 보지 못했던 사물이나 알려지지 않은 사실을 찾아냄. 6 예 잃어버린 줄 알았던 지우개를 책상 정리를 하다가 발견해서 너무 기뻤다.

풀이

1 '감다'와 뜻이 반대인 낱말은 '뜨다'이고, '가다'와 뜻이 반대인 낱말은 '오다'입니다.

상	형태가 바뀌지 않는 부분에 '-다'를 붙여 기본형을 만들고, 뜻이 반대인 낱말을 썼습니다.
중	기본형이나 뜻이 반대인 낱말 가운데 한두 개를 썼습니다.
하	기본형이나 뜻이 반대인 낱말을 쓰지 못하였습니다.

2 사탕, 과자는 음식(간식)의 종류입니다.

상	포함하는 낱말과 포함되는 낱말을 골라 썼습니다.
중	포함하는 낱말과 포함되는 낱말 가운데 한 가지를 썼습니다.
하	포함하는 낱말과 포함되는 낱말을 쓰지 못하였습니다.

3 '책'과 '동화책'은 포함 관계의 낱말입니다.

상	'동화책'은 '책'에 포함되는 낱말임을 알고 썼습니다.
중	포함 관계에 있는 낱말을 썼습니다.
하	포함 관계에 있는 낱말을 알지 못하였습니다.

4 낱말이 쓰인 앞뒤 낱말이나 문장을 살펴봅니다.

상	앞뒤 낱말이나 문장을 보고 낱말의 뜻을 짐작하여 까닭을 들어 썼습니다.
중	낱말의 뜻을 짐작하여 썼습니다.
하	낱말의 뜻을 짐작하지 못하였습니다.

5 여러 가지 사전 가운데에서 편리한 사전을 찾아봅니다.

상	사전을 활용하면 어려운 글도 쉽게 이해할 수 있다는 것을 알고, 사전을 찾아 뜻을 알맞게 썼습니다.
중	'발견'의 뜻을 썼습니다.
하	'발견'의 뜻을 찾아 쓰지 못하였습니다.

6 낱말의 쓰임이 자연스럽도록 문장을 꾸며 봅니다. '발견'의 뜻에 알맞게 문장을 만듭니다. '발견'은 미처 찾아내지 못하였거나 아직 알려지지 아니한 사물이나 현상 · 사실 등을 찾아낸 것입니다.

상	'발견'을 넣어 뜻에 알맞게 문장을 만들어 썼습니다.
중	'발견'을 넣어 문장을 만들어 썼습니다.
하	'발견'의 뜻에 맞게 쓰지 못하였습니다.

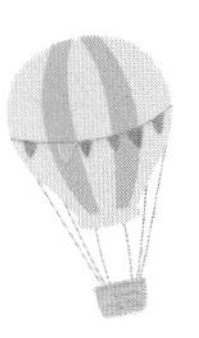

8 이런 제안 어때요

개념을 확인해요 109쪽

1 제안 2 제안 3 해결 4 누가 5 문제 6 의견 7 까닭 8 제목 9 누구 10 읽을

개념을 다져요 110~111쪽

1 ② 2 (1) – ㉠ (2) – ㉡ 3 ㉯ → ㉰ → ㉱ → ㉮ 4 ② 5 ②, ④ 6 (1) – ㉢ (2) – ㉠ (3) – ㉡

풀이

1 문제 상황, 제안하는 내용, 제안하는 까닭이 드러나야 합니다.
2 날씨가 '어떠하' 다고 하였는지 생각합니다. '날씨가'는 '무엇이'에 해당합니다.
3 문제 상황을 확인하고 제안하는 내용을 정하고, 그에 알맞은 까닭을 파악한 뒤에 제안하는 글을 씁니다.
4 제안하는 글에는 문제 상황, 제안과 그 까닭, 제목을 씁니다.
5 제안하는 글을 써 붙일 때에는 읽을 사람을 생각하고 장소와 위치, 종이의 크기와 모양을 생각해야 합니다.
6 학생들이 즐겁고 건강하게 생활할 수 있도록 복도에 안전 거울을 설치하자는 제안을 하게 되었습니다.

1회 단원 평가  112~115 쪽

1 ④ 2 ④ 3 ③ 4 ⑤ 5 ④, ⑤ 6 (1) 날씨가 (2) 따뜻합니다. 7 ④ 8 (1) 하늘이 (2) 푸르다. 9 ② 10 예 우산을 들고 갑니다. 11 ①, ②, ③ 12 ②, ⑤ 13 ㉮ 14 ④ 15 예 기부 운동에 참여하면 어린이들이 깨끗한 물을 마시고 사용할 수 있습니다. 16 (1) ○ 17 ④ 18 ② 19 ④ 20 ⑤

풀이

1 꽃밭에 쓰레기가 흩어져 있는 것을 보고 속이 상했습니다.
2 자신의 의견을 알리고자 아파트 주민에게 글을 써서 붙이기로 결심했습니다.
3 꽃밭에 쓰레기를 버리지 않았으면 좋겠다고 제안을 하고 있습니다.
4 집안일을 어떻게 나누어서 할지 정할 때, 학교에서는 어떻게 안전한 생활을 할지 생각할 때 등은 제안하는 글을 쓰는 것이 알맞습니다.

더 알아볼까요!

제안이 필요한 상황
- 불편하거나 바꾸었으면 하는 점
- 함께 결정해야 할 문제

5 제안하는 글을 쓰면 문제점과 해결 방법을 여러 사람에게 알릴 수 있어서 문제를 더 좋은 쪽으로 해결할 수 있습니다.
6 문장은 '누가/무엇이'+'어찌하다/어떠하다'의 짜임으로 이루어집니다.
7 '누가'에 해당하는 것은 '우리 모두'입니다.
8 '누가/무엇이'는 '하늘이'이고, '어찌하다/어떠하다'는 '푸르다'입니다.
9 치마를 입은 여자아이와 여자어른(아주머니)이 손을 잡고 걸어가는 모습을 나타내야 합니다. 할아버지는 우산을 들고 혼자 가고 있습니다.
10 그림을 보고 가리키는 대상의 이름이나 특징을 문장으로 표현해 봅니다. '할아버지가' 무엇을 어찌하는지를 써 봅니다.
11 제안하는 글에는 문제 상황, 제안하는 내용, 제안하는 까닭을 써야 합니다.
12 제안하는 글을 쓸 때에는 읽을 사람이 누구인지, 실천할 수 있는지 생각해야 합니다.

더 알아볼까요!

제안하는 글을 쓸 때 주의할 점
- 어떤 문제 상황인지 파악하고 자세히 씁니다.
- 문제를 해결하기 위한 자신의 의견을 제안합니다.
- 제안에 대한 적절한 까닭을 씁니다.
- 제안하는 내용이 잘 드러나게 알맞은 제목을 붙입니다.

13 정수기가 있어야 정수를 할 수 있으며, 수돗물은 상수도에서 나오는 물이므로 정수기가 있다고 가능한 일이 아닙니다.
14 더러운 물을 마시며 생활하고 있는 어린이를 위해 기부 운동에 참여하자는 내용이 잘 드러나게 제목을 붙여야 합니다.

15 '기부 운동에 참여합시다.'를 뒷받침할 수 있는 알맞은 까닭을 써야 합니다.

16 점심시간에 급식을 남기는 친구가 많다는 문제 상황을 해결할 수 있는 제안을 해야 합니다.

17 읽을 사람이 잘 보이게, 내가 강조하고 싶은 내용이 잘 전달되도록 게시합니다.

18 '~합시다, ~했으면 좋겠다, ~하는 것이 어떻습니까?'는 제안을 쓸 때 알맞은 표현이고, '왜냐하면 ~하기 때문이다.'는 까닭을 나타내는 표현입니다.

더 알아볼까요!

제안하는 글에 알맞은 표현

문제 상황	• 요즘 ~하고 있다. • (이)가 심각해지고 있다. • 가장 큰 문제점은 ~(이)다.
제안	• ~했으면 좋겠습니다. • ~해 봅시다. • ~하는 것이 어떨까요?
까닭이나 근거	• 왜냐하면 ~하기 때문입니다. • 만약 ~하면 ~할 수 있습니다.

19 복도에서 일어나는 사고가 많다고 하였습니다.

20 복도에 안전 거울을 설치하면 학교 안에서 일어나는 안전사고가 줄어서 학생들이 즐겁게 지낼 수 있다고 하였습니다.

2회 단원 평가

116~119쪽

1 ⑤ 2 ④ 3 (1) 문제 상황 (2) 제안하는 내용 (3) 제안하는 까닭 4 ⑤ 5 예 어머니 혼자서 집안일을 하시는 것을 보고 가족에게 집안일을 나누어서 하자고 제안하는 글을 썼다. 6 ② 7 (1) 운동이 (2) 건강을 지켜 줍니다. 8 (2) ○ 9 ④ 10 ㉯ 11 (1) ㉡ (2) ㉣ (3) ㉢ (4) ㉠ 12 ⑤ 13 ①, ③ 14 ③ 15 예 깨끗한 물을 마시지 못하는 아이들을 위해 기부 운동에 참여합시다. 기부 운동에 참여하면 어린이들이 깨끗한 물을 마시고 사용할 수 있습니다. 16 (1) ○ 17 예 일주일에 단 하루라도 그런 날을 정해 실천하면 조금이라도 자원을 낭비하는 일을 막을 수 있다고 생각하기 때문입니다. 18 ②, ④, ⑤ 19 ⑤ 20 ④

풀이

1 꽃밭에 쓰레기가 버려져 있는 것을 보고 속이 상해서 제안하는 글을 쓰게 되었습니다.

2 꽃밭에 쓰레기를 버리지 않았으면 좋겠다고 하였습니다.

3 제안하는 글을 쓸 때에는 '~하면 좋겠습니다.'의 표현이 사용됩니다. 제안하는 내용은 '꽃밭에 쓰레기를 버리지 않았으면 좋겠습니다.'입니다.

4 제안하는 글은 문제 상황, 제안하는 내용, 제안하는 까닭의 짜임입니다.

5 일상생활에서 불편하거나 바꾸었으면 하는 점이 있었는지 생각해 봅니다.

6 날씨가 따뜻해졌으니 우리 모두 운동을 하자고 하였습니다.

7 문장은 '누가/무엇이'+'어찌하다/어떠하다'의 짜임으로 이루어집니다.

8 '민희가'+'아침밥을 먹습니다.'로 나누어야 합니다.

9 '아저씨가'+'사진을 찍습니다.', '아저씨가'+'개를 산책 시킵니다.' 입니다.

10 할머니가 과자를 먹는 아이를 쳐다보는 그림이어야 합니다.

11 왜 그런 제안을 했는지, 제안하나 내용대로 했을 때 무엇이 더 나아지는지를 쓰는 것은 '제안하는 까닭' 입니다.

12 문제 상황은 어떤 점이 문제인지 다른 사람들이 알 수 있게 자세히 씁니다.

13 제안하는 글을 쓸 때에는 읽을 사람이 누구인지, 실천할 수 있는지 생각해야 합니다.

14 제목은 미리 정해 놓고 쓸 내용을 정리할 수도 있고, 쓸 내용을 정리하고 제목을 붙일 수도 있습니다.

15 위의 내용을 바탕으로 하여 제안하는 내용과 제안하는 까닭을 자세히 씁니다.

16 교실에서 친구를 놀리는 것이 문제입니다.

17 제안에 알맞은 까닭을 씁니다.

18 읽을 사람이 잘 보이게, 자신이 강조하고 싶은 내용이 잘 전달되도록 써 붙입니다.

19 사람들이 지식을 얻고자 할 때 독서를 하지 않고 인터넷을 검색한다는 것입니다.

20 지식을 찾기 위해 인터넷 검색이 아닌 독서가 필요하다고 말하고 있습니다.

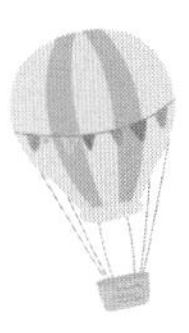

창의서술형 평가 120쪽~121쪽

1 아이를 쳐다본다. / 지팡이를 짚고 간다. 2 ㉠ 안경을 쓴 할아버지가 우산을 들고 간다. / 안경을 쓴 아저씨가 개를 산책시킨다. 3 ㉠ 아이들이 축구를 하고 있습니다. 파란색 반바지를 입은 남자아이가 공을 몰고 있습니다. 아이들의 표정이 즐거워 보입니다. 4 (1) ㉠ 차가 너무 빨리 달려서 횡단보도를 건너기 위험하다. (2) ㉠ 학교 앞에서 빠른 속도로 운전하시는 분들 5 (1) ㉠ 어린이 보호 구역에 과속 단속 카메라를 설치하면 좋겠습니다. (2) ㉠ 학교 앞은 어린이 보호 구역입니다. 과속 단속 카메라를 설치하면 규정을 어기는 차를 단속할 수 있어서 친구들이 안전하게 길을 건널 수 있기 때문입니다. 6 ㉠ 학교 앞에 차들이 빨리 달려 길을 건널 때에 위험합니다. 학교 앞 어린이 보호 구역에서 빠른 속도로 운전하시는 분들이 없도록 과속 단속 카메라를 설치하면 좋겠습니다. 과속 단속 카메라를 설치하면 규정을 어기는 차를 단속할 수 있어서 친구들이 안전하게 길을 건널 수 있습니다.

풀이

1 이 그림에는 두 분의 할머니가 등장합니다. 지팡이를 짚고 가는 할머니와 과자를 먹는 여자아이를 쳐다보는 할머니입니다.

상	'어찌하다/어떠하다'의 짜임에 맞게 할머니의 모습에 대해 알맞게 썼습니다.
중	할머니가 '어찌하다', '어떠하다'를 썼습니다.
하	'어찌하다/어떠하다'의 짜임에 맞게 쓰지 못하였습니다.

2 안경을 쓴 사람이 무엇을 하고 있는지 써 봅니다. 안경을 쓴 사람은 우산을 들고 가는 할아버지와 개를 산책시키는 아저씨입니다.

상	(누가)안경을 쓴 (할아버지/아저씨)가 + (무엇을 어찌하다)의 짜임에 맞게 문장을 썼습니다.
중	'무엇을 어찌하다'의 짜임을 알고 썼습니다.
하	'무엇을 어찌하다'의 짜임대로 쓰지 못하였습니다.

3 공을 차고 있는 아이들의 모습을 자세히 표현해 씁니다.

상	아이들이 공을 차고 있는 모습을 세 문장으로 알맞게 표현해 썼습니다.
중	그림의 모습을 세 문장으로 썼습니다.
하	그림의 모습을 세 문장으로 쓰지 못하였습니다.

4 학교 앞에서 과속하는 문제나 어두운 골목이 위험하다는 문제를 쓸 수 있습니다.

상	그림에 맞게 해결해야 할 문제를 파악하여 썼습니다.
중	그림에 맞게 문제 상황이나 제안하고 싶은 사람을 썼습니다.
하	문제 상황이나 제안하고 싶은 사람을 쓰지 못하였습니다.

5 떠올린 문제 상황을 해결하기 위해 제안할 내용과 그 까닭을 씁니다.

상	문제 상황을 정하고 제안할 내용에 알맞은 까닭을 들어 썼습니다.
중	제안할 내용과 까닭을 썼습니다.
하	제안할 내용과 까닭을 쓰지 못하였습니다.

6 문제 상황, 제안하는 내용과 제안하는 까닭이 잘 드러나도록 글을 씁니다. 문제 사항을 뚜렷하게 제시했는지, 제안하는 내용이 잘 드러났는지, 제안하는 까닭이 잘 드러났는지 확인합니다.

상	문제 상황, 제안하는 내용, 제안하는 까닭이 잘 드러나게 썼습니다.
중	제안하는 내용과 까닭이 드러나게 썼습니다.
하	제안하는 내용이나 까닭을 드러나지 않았습니다.

더 알아볼까요!

제안하는 글 쓰기
- 제안하고 싶은 문제 상황을 정해 봅시다.
- 제안할 내용과 그것을 제안하는 까닭을 떠올려 봅니다.
- 제안한 내용을 떠올릴 때에는 먼저 누구에게 제안할지 생각해 봅니다.

정답과 풀이

9 자랑스러운 한글

개념을 확인해요 123쪽

1 쉬운 2 독창적 3 사람 4 빨리 5 기계화 6 자음자 7 하늘 8 기본 9 한글 10 관심

개념을 다져요 124~125쪽

1 ② 2 ⑤ 3 ③ 4 ① 5 ② 6 (2) ○

풀이

1 문자로 생각을 표현하면 더 자세히 나타낼 수 있으며, 문자를 읽을 수 없다면 무척 불편할 것입니다.

2 한글 모음자는 하늘, 땅, 사람 모양을 본떠서 만들었습니다.

3 적은 수의 글자로 사람의 입에서 나오는 대부분의 소리를 쓸 수 있고, 컴퓨터나 휴대 전화 등에서 편리하게 쓸 수 있습니다.

4 주시경 선생님은 한글을 사랑하고 어려운 나라의 상황을 이겨 내고자 한글을 연구하고 가르치는 일에 노력을 기울이셨습니다.

5 사람들의 눈에 더 잘 띄게 하기 위해 간판에 여러 나라 글자로 쓰지만, 한글로 바꾸면 한글에 대한 소중함을 느낄 수 있습니다.

6 한글의 자음자와 모음자를 만든 원리를 자세하게 설명해 놓은 책은『훈민정음해례본』입니다.

1회 단원 평가  126~129쪽

1 ② 2 ③ 3 예 문자로 생각을 표현하면 더 자세히 나타낼 수 있어. 4 ②, ③ 5 ① 6 ⑤ 7 예 글을 읽지 못해 억울한 일을 당하는 사람이 줄었으며, 여자들도 글을 읽고 쓸 수 있었기 때문이다. 8 ④ 9 ⑤ 10 ③ 11 ② 12 예 휴대 전화의 한글 자판은 한글의 자음자와 모음자의 획을 더하는 원리에 기초해 설계했기 때문이다. 13 ③ 14 ⑤ 15 ③, ⑤ 16 ③ 17 예 우리글에 관심을 가지지 않는 사람들이 쉽게 알아볼 수 있는 문법책을 만들고 싶었다. 18 ③ 19 ④ 20 ④, ⑤

풀이

1 병풍 같은 바위 면에 고래잡이 모습, 배와 어부의 모습, 사냥하는 광경 등을 새겨서 표현하였다.

2 '사람'을 나타내는 그림 문자입니다. 중국의 그림 문자는 한자 '사람 인(人)'의 모습과 닮아 있습니다.

3 문자가 없으면 정확하게 기록을 못하고 생각을 자세히 표현하기 어렵습니다.

4 문자를 몰라서 책을 읽을 수 없어서 불편했고, 억울한 일을 당하기도 했습니다.

5 세종 대왕은 백성이 억울한 일을 당한 것을 보며 어떻게 어려움을 해결해 줄지 고민했습니다.

6 오랜 시간 책을 보며 연구하고 발음 기관과 하늘, 땅, 사람의 이치를 연구했습니다.

7 글을 읽지 못해 당했던 억울한 일도 줄고, 편리한 삶을 살 수 있게 되었습니다.

8 펄 벅은 익히기 쉬운 훌륭한 문자라고 했습니다.

9 자음자는 발음 기관을 본떠서 만들었습니다.

10 'ㄷ'은 기본 자음자 'ㄴ'에 획을 더해 만든 문자입니다.

11 한글은 디지털 문자로서 탁월합니다.

12 휴대 전화의 한글 자판은 한글의 자음자와 모음자의 획을 더하는 원리에 기초하여 설계되었기 때문에 누구나 쉽고 빠르게 글자를 입력할 수 있습니다.

13 한글은 소리와 문자가 서로 체계적 연계성을 지닌 과학적인 문자라고 하였습니다.

14 한문 공부를 하면서 답답한 마음이 들어서 한글에 빠져들게 되었습니다.

15 한글은 나무 찍는 소리나 새 울음소리도 정확하게 나타낼 수 있고 며칠 만에 읽고 쓸 수 있지만, 한문은 십 년을 배워도 다 깨치지 못합니다.

16 한글을 아끼고 사랑하는 마음이 어려운 나라의 상황을 이겨 내는 길이라고 생각했습니다.

17 당시 우리나라에는 사람들이 두루 볼 만한 쉬운 우리말 문법책이 없었습니다.

18 쉽고 아름다운 우리말인 한글을 사용하도록 노력합니다.

19 한글의 자음자와 모음자를 만든 원리를 설명해 놓은 책이『훈민정음해례본』입니다.

20『훈민정음해례본』은 1940년에 뒤늦게 발견되었고, 소중한 우리 문화유산입니다

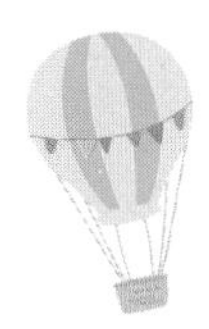

2회 단원 평가 

130~133쪽

1 예 상황을 간단한 그림으로 그려 두었을 것이다.
2 ㉯ 3 예 같은 뜻이라도 그리는 사람에 따라 다르게 그릴 수 있기 때문이다. 4 한자 5 ③
6 ① 7 ④ 8 (1) – ㉢ (2) – ㉠ (3) – ㉡ 9 ②
10 (1) ○ 11 ④ 12 ①, ② 13 우리말
14 ① 15 (1) 1894년 (2) 대한 국어 문법 16 ②
17 ① 18 예 멋진 옷 19 ⑤ 20 (2) ○ (3) ○

풀이

1 사진은 문자가 없었던 시절에 사람들이 생각한 것이나 기억하고 싶은 말을 큰 바위나 벽에 그림을 그려 놓은 것입니다.

2 같은 그림이라도 보는 사람에 따라 다르게 생각할 수 있는 까닭과 같습니다.

3 자연물이나 주변에서 관찰할 수 있는 사물의 형태를 본떠 만들더라도 사람마다 다르게 표현합니다.

4 한글이 생기기 전에 한자를 사용하였습니다.

5 벽에 붙어 있는 안내문이 한자로 써 있어서 읽지 못하는 모습입니다.

6 신하들 중에는 한자를 쓰는 데 자부심이 있는 사람들이 많아서 새로운 문자를 만드는 일을 반대할 것이 뻔했습니다.

7 백성들은 글을 읽을 수 있어서 억울한 일을 당하는 일도 줄고, 편리한 삶을 살 수 있게 되었습니다.

8 한글의 모음자는 하늘, 땅, 사람의 모양을 본떠 만들었습니다.

9 'ㄲ'은 기본 문자에 같은 글자를 하나 더한 것입니다.

공 ㄱ 꽁 ㄲ ㅋ 콩

10 'ㅇ'은 목구멍의 모양을 본떠 만들었습니다.

11 한글은 기본이 되는 자음자 다섯 개, 모음자 세 개만 익히면 다른 문자도 쉽게 익힐 수 있습니다.

12 한글이 배우기 쉽고 과학적이어서 '알파벳의 꿈'이라고 표현했습니다.

13 『대한 국어 문법』에는 한글과 우리말을 바르게 사용하기 위한 규칙인 문법이 실려 있었습니다.

14 한글 연구, 한글 연구 책을 쓴 것이 중요한 일입니다.

15 1894년에 배재학당에 입학했고, 1906년 우리말 문법책을 펴냈습니다.

16 우리글을 아끼고 사랑하는 것이 나라를 사랑하는 길이라는 것을 강조했습니다.

17 한글을 더 많은 사람이 잘 쓰게 하기 위해서 입니다.

18 우리말의 아름다움을 살려 간판 이름을 바꾸어 봅니다. '名品(명품)'은 뛰어나거나 이름난 물건을 말합니다.

19 한글을 왜 만드셨는지 알아보자고 하였습니다.

20 세종 대왕이 한글을 만든 까닭은 백성들이 글을 쓰는 것을 어려워하자 배우기 쉬운 한글을 만들기로 하였습니다.

창의서술형 평가

134쪽~135쪽

1 예 누구나 쉽게 배울 수 있다. 원리를 익히면 외국인도 몇 시간 만에 한글을 읽을 수 있다는 말을 들었다. 2 예 쉽고 빠르게 배울 수 있다는 점
3 예 스물넉 자, 한글이 위대한 이유! 숫자로도 알 수 있어요. 4 예 한글은 조선 시대에 세종 대왕이 만든 문자야. 세계의 문자 가운데에서 만든 사람을 알 수 있는 거의 유일한 문자라고 할 수 있어. 한글은 하늘, 사람, 땅의 모양을 본떠 모음자를 만들었고, 발음 기관의 모양을 본떠 자음자를 만들었어. 그래서 배우기도 쉬워. 5 예 한글 사랑 나라 사랑 한글 지킴 나라 지킴/ 바르게 쓴 한글, 나라를 키우는 힘 6 예 한글에 관심을 가져야 한다.

풀이

1 '첫째~셋째'를 살펴보고, 자신이 생각하는 한글의 우수한 점을 써 봅니다.

상	글을 읽고, 첫째~셋째까지 나온 한글의 우수한 점을 떠올려 알맞게 썼습니다.
중	한글의 우수한 점을 썼습니다.
하	한글의 우수한 점을 쓰지 못하였습니다.

2 제자 원리가 과학적이라는 점, 많은 소리를 글자로 표현할 수 있다는 점 등도 생각할 수 있습니다.

상	알리고 싶은 한글의 우수한 점을 생각해 썼습니다.
중	자신이 알리고 싶은 한글에 대한 내용을 썼습니다.
하	알리고 싶은 한글의 우수한 점을 쓰지 못하였습니다.

3 짧고 중요한 내용이 잘 나타나게 씁니다.

상	한글의 우수성을 알리는 내용을 인상적이고 분명하게 전달되도록 썼습니다.
중	한글의 우수성을 알리는 내용을 간결하게 썼습니다.
하	한글의 우수성을 알리는 내용을 쓰지 못하였습니다.

4 한글에 대해 소개하는 글을 씁니다.

상	한글의 특성, 한글의 우수성에 대해 한글에 대해 잘 알지 못하는 외국인이 이해하기 쉽게 썼습니다.
중	한글의 특성, 한글의 우수성에 대해 썼습니다.
하	한글의 우수한 점을 정리해 쓰지 못하였습니다.

5 짧고 간결한 문장으로 한글을 소중히 여기는 마음을 담아 봅니다.

상	한글을 소중히 여기자는 내용을 짧은 문구로 알맞게 썼습니다.
중	한글을 소중히 여기자는 내용을 썼습니다.
하	한글을 소중히 여기는 마음을 표어로 쓰지 못하였습니다.

6 한글의 모양을 활용하여 예쁘게 꾸며 봅니다. 그리고 한글을 바르게 사용하기 위해 어떤 노력을 할 수 있는지 씁니다.

상	필통을 한글로 꾸미고, 한글을 바르게 사용하기 위해 우리가 할 수 있는 일을 썼습니다.
중	두 가지 가운데 한 가지만 하였습니다.
하	물건을 한글로 꾸미지 못하였고, 한글을 바르게 사용하기 위해 할 수 있는 일을 쓰지 못하였습니다.

10 인물의 마음을 알아봐요

개념을 확인해요

137쪽

1 표정 2 모양 3 효과 4 과장 5 말투 6 표정 7 기분 8 차례 9 말풍선 10 의도

개념을 다져요

138~139쪽

1 ⑤ 2 ②, ④ 3 (2) ○ 4 ㈏ → ㈐ → ㈎ → ㈑ 5 ③ 6 (1) ○ (2) ○ (4) ○

풀이

1 만화는 말풍선의 글뿐만 아니라 인물의 표정과 행동, 배경, 말풍선의 모양이나 크기, 색깔, 여러 가지 기호 등으로 전하고자 하는 말을 표현합니다.

2 표정을 조금 과장되게 표현하고, 상황에 어울리는 목소리, 말투, 몸짓으로 표현해야 실감 납니다.

3 인물의 행동과 말투, 표정을 보면 인물의 마음을 알 수 있습니다.

4 재미있었던 일을 고르고, 그때의 기분과 마음을 생각합니다. 차례를 생각하여 만화로 표현합니다.

5 만화는 글보다 그림을 활용하여 그때의 상황을 표현해야 합니다.

6 인물의 마음을 짐작하기 위해서 인물의 말과 표정, 행동, 말투 등을 살펴봅니다.

1회 단원 평가

140~143 쪽

1 ④ 2 (1) ㈏ (2) ㈑ 3 ④ 4 ④ 5 ① 6 ④ 7 ③ 8 용궁 9 ③ 10 예 들뜬 표정을 과장되게 표현한다. / 씩씩한 목소리로 흉내 낸다. 11 ③ 12 ③ 13 ② 14 ① 15 ③ 16 ③ 17 예 신나고 기쁘다. 18 ② 19 예 움직이는 것처럼 보인다. 20 (1) ○

풀이

1 양팔을 높이 들고 있는 모습입니다.

2 징그러운 벌레를 보면 깜짝 놀라고 무서운 표정이 어울리고, 친한 친구가 전학을 갈 때는 외롭고 슬픈

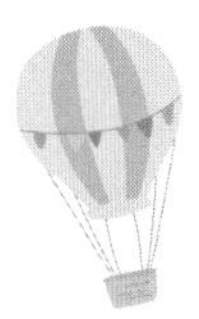

표정이 어울립니다.

3 수줍고 부끄러운 마음이 드는 상황입니다.

4 잘 읽었지만 다음부터는 좀 더 크게 읽으라고 하셨습니다.

5 소민이의 얼굴 표정과 "콩닥"이라는 말풍선을 살펴보면 긴장하는 마음을 알 수 있습니다.

더 알아볼까요!

만화를 읽을 때 인물의 마음을 짐작할 수 있는 방법

- 인물의 표정이나 행동을 살펴봅니다.
- 말풍선의 내용과 함께 그 모양도 살펴보는 것이 좋습니다.
- 인물뿐만 아니라 만화의 배경 색이나 배경에 그려진 다양한 효과로도 인물의 마음을 짐작할 수 있습니다.

6 산에 도착했을 때 더워서 입고 있던 겨울옷을 벗었습니다.

7 앞에 보이는 풍경은 겨울인데, 여기는 덥기 때문에 이상하고 신기하다는 듯한 표정이나 목소리를 내야 합니다.

8 용은 자신이 사는 용궁으로 아이들을 데려가려고 하였습니다.

9 용이 올라타라는 말에 "재밌겠다! 타자, 타!"라고 한 것으로 보아 두려움을 느낀 것과는 거리가 멉니다.

10 용은 아이들에게 용궁을 구경시켜 줄 마음에 들떠 있습니다.

11 실을 매달아 날려 보내는 장면입니다.

12 소년은 날아가는 잠자리를 보고 활짝 웃고 있습니다.

13 인물의 얼굴 표정이나 몸짓으로 알 수 있습니다.

14 소년과 할머니가 마주 앉아 밥을 먹으면서 할머니가 안 맵다고 하신 고추를 소년이 먹고 있습니다.

15 깜짝 놀라고 매운 마음이 잘 드러나게 과장되게 표현합니다.

16 처음 자전거를 타는 여자아이는 엄마가 손을 놓으면 넘어질 것 같기 때문에 놓지 말라고 하였습니다.

17 하늘에 두둥실 떠 있는 듯이 표현되어 있는 것으로 보아 기쁘고 신나는 마음입니다.

18 준수가 배가 아파서 데굴데굴 구르고 있습니다.

19 준수의 모습이 겹쳐 보이니까 움직이는 것처럼 보이고 "데굴데굴"이라는 글자와 행동이 더 실감 납니다.

20 준수가 배가 아파 데굴데굴 구르는 상황에서 입과 눈이 크게 그려져 있으면서 약을 찾는 행동으로 보아 걱정스러운 마음이 알맞습니다.

2회 단원 평가

144~147쪽

1 ㈐ 2 ① 3 ㈒ 4 ④ 5 ② 6 예 부끄러움을 많이 타는 성격이다. 7 ① 8 예 깜짝 놀란 것 같다. 9 ⑤ 10 ⑤ 11 ① 12 ③ 13 (1) ○ 14 ④ 15 ④ 16 예 넘어질까 봐 겁이 난 것 같다. 온몸이 부들부들 떨리듯이 표현되어 있기 때문이다. 17 ⑤ 18 ⑤ 19 ② 20 (2) ○

풀이

1 ㈐에는 피곤하고 지친 마음이 나타나 있습니다.

2 양팔을 높이 들어서 날아갈 것 같은 기쁜 마음을 표현했습니다.

3 그림 ㈒는 혼자 우는 장면입니다.

4 수줍고 부끄러운 마음이 들었을 때입니다. 다른 사람에게 칭찬받았을 때 수줍게 웃음이 납니다.

5 직접 말하는 것은 나타나 있지 않습니다. "콩닥"은 가슴이 세차게 뛰는 모양을 나타낸 말입니다.

6 "콩닥"으로 보아, 잘 두려워하고 부끄러워한다는 것을 짐작할 수 있습니다.

7 아이들이 용을 만나서 깜짝 놀라고 있습니다.

8 아이들은 산에서 용을 처음 발견하고 깜짝 놀라고 있습니다.

9 사람이 나타나서 놀라고 반가운 상황에 어울리는 말투와 몸짓으로 표현해야 합니다.

10 용은 아이들을 등에 태우고 빠른 속도로 하늘을 오르고 있습니다.

11 용의 속도감을 느낄 수 있는 장면입니다.

12 소년의 코에서는 콧물이 흘러나오며, 얼굴을 찡그리고 있습니다.

13 표정이나 행동, 목소리를 매워서 당황한 상황에 맞게 표현합니다.

14 여자아이가 엄마에게 자전거를 처음 배우고 있습니다.

15 "놓는 순간 우리 엄마 아니야. 아줌마라고 부를 거야!"라고 하였습니다.

16 여자아이의 얼굴은 잔뜩 긴장되어 있고, 온몸이 부들부들 떨리듯이 표현되어 있습니다.

17 장면 ❸, ❹에 나타난 여자아이의 표정과 글, 자전거가 떠오르는 그림에서 기분을 짐작할 수 있습니다.

18 눈빛이 편안해지고 입은 웃고 있습니다.

19 맛있는 음식을 먹게 되어 정말 행복해하고 있습니다.

20 마지막에 나오는 준수의 표정은 문제가 생긴 것 같은 느낌이 듭니다.

창의서술형 평가

148쪽~149쪽

1 예 수학 시간에 선생님께서 소민이에게 문제를 풀어 보라고 하자, 긴장하고 있다. 2 (1) 예 긴장하고 떨리는 마음이다. / 깜짝 놀란 마음이다. (2) 예 동그랗게 크게 뜬 눈으로 알 수 있다. / 머리 위 그림으로 알 수 있다. 3 예 학급 임원 선거에서 의견을 발표할 때 긴장해서 목소리가 작아졌다. 4 예 자전거를 처음 탈 때 넘어질까 봐 너무 무서웠습니다. / 처음 탈 때에는 자전거가 휘청거리고 뒤에서 잡고 있는 손을 놓을까 봐 겁이 나기도 했습니다. / 공원에서 자전거를 타면 바람이 시원하고 정말 기분이 좋습니다. 5 예 가족과 물놀이를 했다. / 정말 시원하고 즐거웠다. 6 (1) 예 가족과 차를 타고 바다로 출발했다. (2) 예 바다에 도착해 마음이 매우 들떴다. (3) 예 물놀이를 하며 신나게 놀았다.

풀이

1 만화의 인물과 일어난 일을 파악해서 간추려 씁니다.

상	만화를 보고 누구에게 어떤 일이 일어났는지 알맞게 썼습니다.
중	인물과 일어난 일을 파악해 썼습니다.
하	인물과 일어난 일을 쓰지 못하였습니다.

더 알아볼까요!

인물의 마음을 짐작하는 방법
- 인물이 한 말로 마음을 짐작할 수 있습니다.
- 말풍선 테두리 모양으로도 인물의 마음을 짐작할 수 있습니다.
- 인물 뒤편 배경으로도 인물의 마음이 어떠할지 짐작할 수 있습니다.
- 글뿐만 아니라 배경, 인물의 표정과 행동, 말풍선 모양, 글자 크기 따위를 함께 살펴봅니다.

2 말풍선의 말 내용과 배경, 소민이의 얼굴 표정과 행동 등을 잘 살펴봅니다.

상	만화의 상황을 파악해 보고 인물의 마음을 나타낸 표현을 찾고, 그렇게 짐작한 까닭을 썼습니다.
중	인물의 마음과 그 까닭을 썼습니다.
하	인물의 마음과 까닭을 쓰지 못하였습니다.

3 소민이처럼 다른 사람 앞에 나서기 부끄러웠던 경험을 생각해 씁니다.

상	인물과 비슷한 경험을 떠올려 자신의 경험을 자세히 썼습니다.
중	인물과 비슷한 경험을 썼습니다.
하	인물과 비슷한 경험을 쓰지 못하였습니다.

4 자전거에 대한 자신의 경험을 떠올려 써 봅니다.

상	자전거를 타 본 경험을 떠올려 보고 그때의 마음이 어떠했는지 썼습니다.
중	자전거를 타 본 경험을 떠올려 썼습니다.
하	자전거에 대한 자신의 경험을 쓰지 못하였습니다.

5 재미있었던 일을 떠올려 보고 그때의 마음과 기분을 생각해서 씁니다.

상	자신이 겪었던 일 가운데에서 재미있었던 일을 떠올려 보고, 그때의 마음과 기분을 썼습니다.
중	자신이 겪었던 일 가운데 재미있었던 일을 썼습니다.
하	자신이 겪었던 일을 쓰지 못하였습니다.

6 만화로 표현하고 싶은 내용을 차례대로 정리해 봅니다.

상	재미있었던 일을 이야기의 차례를 정해 썼습니다.
중	재미있었던 일을 썼습니다.
하	재미있었던 일을 쓰지 못하였습니다.

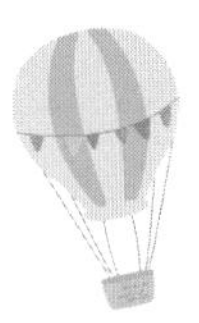

1회 100점 예상문제

152쪽~155쪽

1 ① **2** 예 시를 읽고 재미를 느낀 점이 달랐기 때문이다. **3** ④, ⑤ **4** ② **5** 예 혼자만 잘 먹고 잘 살지 말고 이웃과 나누라는 가르침이다. **6** ② **7** 성대나 입과 혀의 생김새가 사람과 다르기 때문이다. **8** (1) 동물들이 소리를 내는 방식은 다양합니다. (2) 개나 닭은 사람과 같이 성대를 울려 소리를 내지만 다양한 소리를 내지는 못합니다. (3) 매미는 발음근으로 소리를 냅니다. **9** ② **10** 에너지 사용을 줄인다. **11** ④ **12** ④ **13** 예 기쁜 마음을 공손하게 말해야 한다. **14** ④ **15** ④ **16** ①, ⑤ **17** (1) 사실 (2) 한 일 (3) 의견 (4) 생각이나 느낌 **18** ④ **19** ④ **20** ④

풀이

1 봄비가 내려와 앉으면 꽃씨는 땅속에 살짝 돌아누우며 눈을 뜹니다.
2 시 속에 일어나는 일을 서로 다르게 생각했고, 재미를 느낀 점이 달랐기 때문입니다.
3 가난한 사람이나 지나가는 나그네가 쌀을 퍼 갈 수 있도록 만든 것입니다.
4 할아버지가 한 일로 미루어 볼 때 할아버지가 바라는 삶은 이웃과 함께 나누는 삶이라는 것을 짐작할 수 있습니다.
5 사방 백 리 안의 이웃과 나누라는 것은 아주 큰 규모로 이웃을 도왔다는 것을 알 수 있습니다.
6 사람은 성대를 울려 소리를 냅니다.
7 성대나 입과 혀의 생김새가 사람과 다르기 때문입니다.
8 각 문단에서 가장 중심이 되는 문장을 찾아 씁니다.
9 글쓴이는 에너지를 절약하는 방법에 대해 말하면서 에너지 절약을 실천하자고 하였습니다.
10 에너지를 불필요하게 사용하지 않는 것과 에너지 사용을 줄이는 것을 해결 방안으로 내놓았습니다.
11 뜨거운 음식은 식힌 뒤에 냉장고에 넣습니다.
12 그림 속 인물은 비뚤게 서서 손으로 머리를 긁적이고 있습니다. 바르게 서서 듣는 사람을 바라보며 말해야 합니다.
13 인터뷰는 공식적인 자리인데 어색하고 예의 없는 말투를 쓰고 있습니다.
14 그림 속 인물은 비뚤게 서서 손으로 머리를 긁적이고 있습니다. 바르게 서서 듣는 사람을 바라보며 말해야 합니다.
15 빙하가 녹아 생존에 위협을 받고 있는 북극곰의 모습이 나타나 있습니다.
16 환경을 보호하기 위해 우리가 할 수 있는 일은 무엇인지 생각할 수 있는 광고입니다.
17 실제로 겪은 일은 '사실'이고, 그 일에 대한 생각은 '의견'입니다.
18 우리나라 동쪽 끝 섬인 독도를 아끼고 독도에 꾸준히 관심을 가져야겠다고 생각했습니다.
19 욕심을 너무 많이 부린 형은 금으로 가득한 산에서 금을 가져오지 못하고 금 산에 남게 되었습니다.
20 지나치게 욕심을 부리면 안 된다는 것을 알려주고 있습니다.

2회 100점 예상문제

156쪽~159쪽

1 ⑤ **2** 안전 게시판을 만들자. **3** ② **4** ② **5** (1) 예 말할 기회를 얻지 않고 말했다. (2) 예 사회자가 말할 기회를 골고루 주지 않았다. **6** ⑤ **7** 얼음 **8** (2) ○ **9** ② **10** 민재 **11** ② **12** ④ **13** (1) 예 수요일은 음식을 남기지 않고 다 먹는 날로 정하면 좋겠습니다. (2) 예 일주일에 단 하루라도 그런 날을 정해 실천하면 자원을 낭비하는 일을 막을 수 있기 때문입니다. **14** 말소리를 내는 기관(발음 기관) **15** '훈민정음' 28자 **16** ③ **17** ⑤ **18** 예 어려운 나라의 상황을 이겨 내는 길이 한글을 갈고 닦는 데 있다고 생각했기 때문이다. **19** ④ **20** ③

풀이

1 찬성과 반대 의견을 헤아려 다수결로 결정하고 있습니다.
2 "안전 게시판을 만들자."는 27명 가운데 21명이 찬성하였습니다.
3 사회자는 회의 절차를 안내하고 말할 기회를 줍니다.
4 친구가 발표할 때 중간에 말을 가로챘습니다.
5 장면 ❶은 회의 참여자가 사회자에게 말할 기회를 얻지 않고 말해 사회자가 회의 규칙을 이야기해 주고 있습니다. 장면 ❸은 사회자가 말할 기회를 골고루 주지 않아서 다른 회의 참여자가 불만을 이야기하고

있습니다.
6 화성 표면에서 오랜 시간에 걸쳐 물이 있다가 증발하는 과정이 반복되었음을 알려 줍니다.
7 화성 표면 바로 아래에 얼음이 있음을 확인했습니다.
8 (1)은 '환경'의 뜻이고, (3)은 '발견'의 뜻입니다.
9 코끼리의 뼈를 발견하면 큰 관심을 보이는 까닭은 뼈를 보고 죽은 어미를 떠올리기 때문입니다.
10 동물도 인간과 다르지 않음을 말하고 있습니다.
11 물을 주려고 보니 쓰레기가 꽃 주위에 흩어져 있었습니다.
12 '~면 좋겠습니다.'는 제안하는 내용입니다.
13 그림은 급식을 남기는 모습입니다.
14 "하늘과 땅이 있고 그 가운데 사람이 있다. 이 원리를 바탕으로 문자를 만들면 어떨까? 또 사람이 말소리를 내는 기관을 본떠 문자를 만드는 것도 좋을 것이다."라고 하였습니다.
15 '훈민정음' 28자를 완성했습니다.
16 훈민정음을 익힌 백성들은 글을 읽지 못해 억울한 일을 당하는 일이 줄었습니다.
17 주시경은 우리글에 관심을 가지지 않는 사람들을 보고 쉽게 알아볼 수 있는 우리말 문법책을 만들기로 마음먹었습니다.
18 주시경은 한글 연구와 강의에 온 힘을 다하며 한글을 사랑하고 아꼈습니다. 한글을 통해 나라 사랑을 실천했습니다.
19 앞을 보고 나아가도록 한 뒤, 여자아이가 눈치채지 않게 손을 살짝 놓았습니다.
20 아이는 엄마가 손을 놓으면 넘어질까 봐 겁이 났을 것입니다.

3회 100점 예상문제

160쪽~163쪽

1 ① 2 예 구슬을 찾아 기쁜 마음이 들었을 것이다. 3 ② 4 예 총각이 동네 사람들을 그늘로 불렀기 때문이다. 5 ①, ③, ⑤ 6 ④ 7 ② 8 의견 9 ③ 10 ② 11 ④ 12 학교생활을 안전하게 하자. 13 ④ 14 ㉢ 15 ④ 16 (1) – ㉮ (2) – ㉯ 17 (1) 예 킥보드(씽씽이)를 타고 있습니다. (2) 예 아저씨가 / 형이 18 예 깨끗한 물을 구하지 못하는 어린이들을 위해 기부 운동에 참여합시다. 19 ④ 20 ④

풀이

1 노마는 기동이가 구슬을 가져갔다고 확신했습니다.
2 잃어버린 구슬을 찾아 기쁜 마음이 들기도 했을 것이고, 기동이를 의심했던 것이 미안하기도 할 것입니다.
3 나무의 주인이 그늘의 주인이라는 욕심쟁이 영감을 혼내 주고 싶었기 때문입니다.
4 나무 그늘을 산 총각은 욕심쟁이 영감을 혼내 주기 위해 동네 사람들을 그늘로 불렀고, 부자 영감의 집은 날마다 사람들로 북적거렸습니다.
5 상황에 알맞은 표정, 몸짓, 말투를 사용하면 자신의 생각과 느낌을 잘 표현할 수 있고, 듣는 사람이 잘 알아들을 수 있습니다.
6 웃는 표정으로 고맙다고 말하는 것은 진심으로 고맙다는 뜻입니다.
7 동생에게는 이해하기 쉬운 말로 말해야 합니다.
8 사실은 실제로 있었던 일이고, 의견은 대상이나 일에 대한 생각입니다.
9 힘들어도 포기하지 않고 달렸던 친구에게 응원의 박수를 보내 주고 싶었기 때문입니다.
10 이야기의 끝부분에서 꼴찌로 달렸던 사람이 수현이를 위해 함께 뛰었던 아빠였다는 것을 알고 아빠의 사랑을 느낄 수 있습니다.
11 회의 주제를 정하는 장면입니다.
12 "깨끗한 교실을 만들자."와 "학교생활을 안전하게 하자." 가운데 두 번째 주제가 선택되었습니다.
13 회의 절차를 안내하고 말할 기회를 주는 역할은 '사회자'입니다.
14 '원격'의 뜻은 '멀리 떨어져 있음.'이고, '지면'의 뜻은 '기사나 글이 실리는 인쇄물의 면.'입니다
15 전자 종이는 전자 신호를 이용해 원격으로 스스로 인쇄를 하고 지면의 인쇄 내용을 바꿀 수 있습니다.
16 '가다'와 '오다'는 서로 뜻이 반대인 관계에 있습니다.
17 플루트를 연주하는 아저씨, 킥보드(씽씽이)를 타는 여자아이에 대해 써야 합니다.
18 '~했으면 좋겠습니다.', '~합시다.' 등을 써서 깨끗한 물을 구하지 못하는 어린이들이 깨끗한 물을 마시고 사용할 수 있게 해 주자는 내용의 제안을 해야 합니다.
19 정보 통신 시대에 사용하기 좋은 '디지털 문자'로서 탁월하다고 하였기 때문에 기계화에 적합한 문자라는 내용에 알맞습니다.
20 혼자 무릎을 세우고 울고 있을 때에는 외롭고 슬픈 마음입니다.

MEMO

MEMO

국어

정답과 풀이

선생님이 강력 추천하는

개념 + PLUS 단원평가